高等职业教育电子商务专业系列教材

互联网+教材

U0653180

电子商务创业

主　编　刘永广　吴　梅　陈瑞昭
副主编　方贵仁　彭纯军　李胜刚

扫码申请更多资源

南京大学出版社

图书在版编目(CIP)数据

电子商务创业 / 刘永广，吴梅，陈瑞昭主编. —南京：南京大学出版社，2020.5

ISBN 978 - 7 - 305 - 23219 - 0

Ⅰ. ①电⋯ Ⅱ. ①刘⋯ ②吴⋯ ③陈⋯ Ⅲ. ①电子商务—创业—高等职业教育—教材 Ⅳ. ①F713.36

中国版本图书馆 CIP 数据核字(2020)第 071346 号

出版发行　南京大学出版社

社　　址　南京市汉口路 22 号　　　　　邮编　210093

出 版 人　金鑫荣

书　　名　电子商务创业

主　　编　刘永广　吴　梅　陈瑞昭

责任编辑　武　坦　　　　　　　编辑热线　025 - 83592315

助理编辑　张亚男

照　　排　南京开卷文化传媒有限公司

印　　刷　南京京新印刷有限公司

开　　本　787×1092　1/16　印张 15.75　字数 383 千

版　　次　2020 年 5 月第 1 版　2020 年 5 月第 1 次印刷

ISBN 978 - 7 - 305 - 23219 - 0

定　　价　39.80 元

网　　址：http://www.njupco.com

官方微博：http://weibo.com/njupco

微信服务号：njuyuexue

销售咨询热线：(025)83594756

前　言
Foreword

　　电商创业是热点,如何抓住时代脉搏,成功创业?本教材抛砖引玉,从电商创业环境分析入手,到电商创业的未来方向和发展趋势;从电商创业的新媒体手段运用,到运营宝典详解;从团队建设,到财务融资。透析电商创业各个领域知识点,值得学习!

　　《电子商务创业》是一门以创新创业为背景,对电商行业的创新创业进行剖析的一门课程。课程共分为9个项目,包括电商创业市场分析、电商创业平台选择、新媒体营销、电商创业运营宝典、电商创业实战案例、打造电商创业核心团队、电商创业财务知识、电商创业融资、电商创业风险及法律解读等内容。每个项目包括思维导图、内容讲解和案例解析。部分项目还增加了访谈实录,以提升章节内容的宽度和深度。

　　本书资源配套丰富,配有视频、拓展资源、作业等资源,同门课程的精品在线开放课程在中国大学MOOC上线。本课程的内容主旋律:干货满满!每个项目的内容制订均以电商创新创业实践为导向,均得到电商企业一线人士的把关和指导。学生通过本课程的学习,能够掌握最新的电商创业行情,最实用的电商创业方法,能够规避电商创业的陷进。在电商创业道路上少走弯路,助力电商创业成功!

　　本课程同门慕课得到教育部全国高等学校学生信息咨询与就业指导中心立项支撑。教材编写团队成员构成丰富,其中电商专业教师6名,电商企业创业老总、企业高管等企业兼职教师4名。在电商专业教师团队中,有教授1名、副教授多名,具有丰富的教材编写经验。企业大咖来自各行业电商创业成功人士和多年电商运营经验的高层次管理人员。他们用亲身经历填补教材实战内容。专业教师分别是来自广东轻工职业技术学院的刘永广、吴梅、陈瑞昭、方贵仁、彭纯军和李胜刚等一线教师；企业兼职教师分别是来自广州同创电子商务有限公司的总经理和创始人侯立茂先生、广州宝朋电子商务有限公司的总经理肖鸣声先生、深圳头狼电子商务有限公司的新媒体运营部总监刘伟立先生、广东领前律师事务所的陈泓浩律师。课程内容体系由电商专业教师和企业兼职教师共同制订，共同参与教材内容编写，案例素材由企业兼职教师提供，保证了内容的质量和饱满度。

由于作者水平有限，编写过程中难免出现疏漏之处，敬请各位专家学者及广大读者给予批评和指正。

编　者
2020 年 3 月

目 录
Contents

项目一

电商创业市场分析

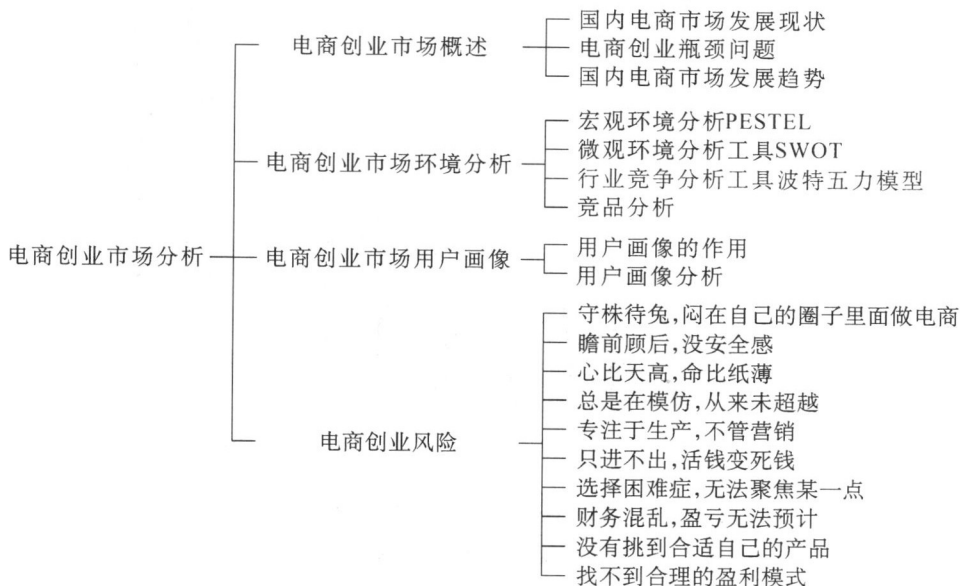

知识目标

1. 了解我国电商市场交易规模,电商发展瓶颈问题和未来发展趋势;

2. 了解电商创业市场环境分析,包括 PESTEL 宏观环境分析工具,SWOT 微观环境分析工具,衡量创业项目可行性的波特五力模型工具,以及竞争对手的竞品分析;

3. 了解电商市场客户画像,引导大家如何运用数据分析工具寻找消费者、如何透过竞争对手分析消费者群体的消费特点、通过创业者对用户画像的自我判断,以及辅以交谈、调研等传统手段更精准定位;

4. 能够分析电商创业的各种风险。

能力目标

1. 通过搜索和整理电商市场数据和信息,获得准确的市场机会;

2. 掌握 PESTEL、SWOT、波特五力模型、竞品分析等工具,应用到创业项目的可行性分析中;

3. 学会用用户画像工具来构建创业项目的用户画像标签。

思维导图

```
                          ┌─ 国内电商市场发展现状
              电商创业市场概述 ├─ 电商创业瓶颈问题
                          └─ 国内电商市场发展趋势

                          ┌─ 宏观环境分析PESTEL
              电商创业市场环境分析 ├─ 微观环境分析工具SWOT
                          ├─ 行业竞争分析工具波特五力模型
                          └─ 竞品分析

电商创业市场分析 ─                 ┌─ 用户画像的作用
              电商创业市场用户画像 └─ 用户画像分析

                          ┌─ 守株待兔,闷在自己的圈子里面做电商
                          ├─ 瞻前顾后,没安全感
                          ├─ 心比天高,命比纸薄
                          ├─ 总是在模仿,从来未超越
              电商创业风险     ├─ 专注于生产,不管营销
                          ├─ 只进不出,活钱变死钱
                          ├─ 选择困难症,无法聚焦某一点
                          ├─ 财务混乱,盈亏无法预计
                          ├─ 没有挑到合适自己的产品
                          └─ 找不到合理的盈利模式
```

案例导入

大学生张小小利用家乡资源,开启农村电商创业之旅

任务一　电商创业市场概述

互联网经济下,新一轮科技革命的快速演变,推动了电子商务的高速发展,电商创业成为当下创业的热潮。但要想创业成功,创业者就需要精心做好电商创业的相关准备。

一、国内电商市场发展现状

中国现在拥有世界上最大的电商市场,这一市场的兴起可以为国内消费提供动力,为经济增长创造新的引擎。电子商务革命也成为中国期待已久的从重工业、出口导向型、半指令性经济转变为消费和服务驱动的市场的动力引擎。在这个市场中,大大小小的私营企业都能直接接触到国内消费者。这种需求反过来可能会推动稳定、可持续、长期的增长,或许标志着中国最终进入发达市场。

据前瞻产业研究院发布的《中国电子商务行业市场前瞻与投资战略规划分析报告》统计数据显示(见图1-1),2008年中国电子商务交易总额仅仅达3.14万亿元;2010年中国电子商务交易总额超4万亿元;到了2013年,中国电子商务交易总额突破10万亿元;截止至2017年,全国电子商务交易额达29.16万亿元,同比增长11.7%。

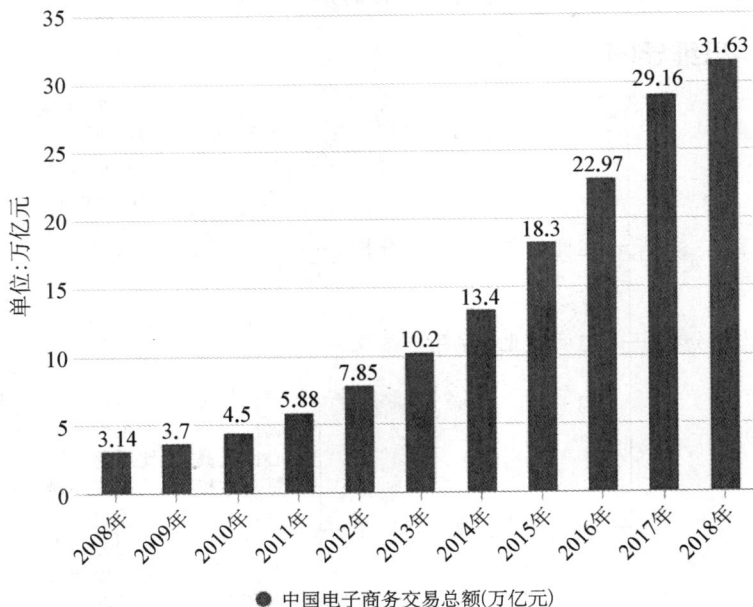

图1-1

图1-1　2008—2018年中国电子商务交易总额

其中商品、服务类电商交易额 21.83 万亿元,同比增长 24.0％;合约类电商交易额 7.33 万亿元,同比下降 28.7％。2018 年中国电子商务交易额将达 37.05 万亿元。进入 2018 年年底,中国电子商务交易总额超 30 万亿元,达到了 31.63 万亿元,2008—2018 年 这 11 年期间增长了 10 倍。由此看出,我国电子商务市场的发展速度稳定,持续增长。

在网络零售规模方面,中国网络零售规模从 2008 年的 0.13 万亿元猛增到 2018 年的 9 万亿多元,已连续多年成为全球第一大网络零售大国,如图 1-2 所示。

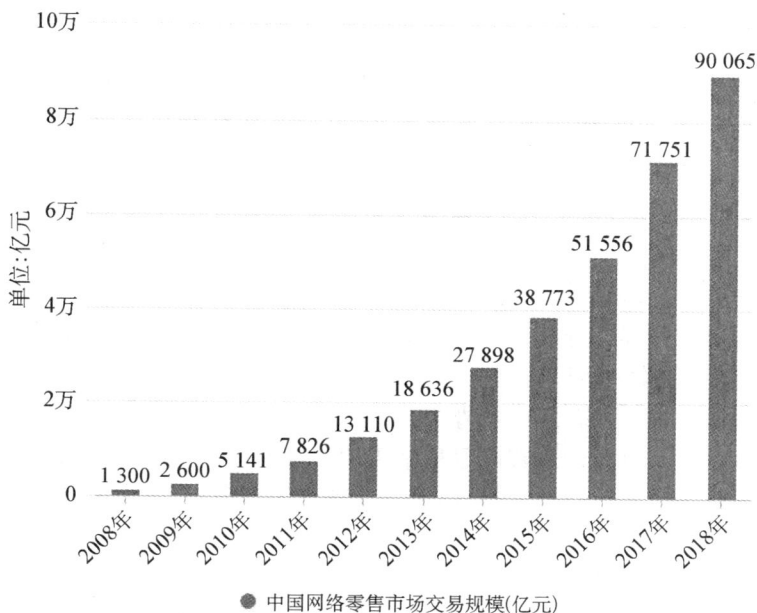

图 1-2 2008—2018 年中国网络零售市场交易规模

随着互联网普及率的不断提高,中国电商稳步发展。中国国际电子商务中心副主任 姚广海表示:不仅仅是规模在世界遥遥领先,同时我们在电商模式上的丰富程度,在电商 覆盖的领域,都是领先于世界(其他国家)的,同时直接影响电商发展的网上支付和物流快 递这两个环节,我们在世界上更是遥遥领先。

二、电商创业瓶颈问题

最近几年电商市场增速放缓,出现了一些问题,比如区域差距会带来物流问题和消费 差异,交货缓慢、服务不均衡以及产品不合格可能会损害消费者的信任。高昂的供应链成 本和市场竞争可能意味着低利润,甚至亏损。电商创业者要想在电商行业有所作为,不得 不重视影响电商创业成功的瓶颈问题。

(一)利润下滑

电商创业资金门槛低,导致创业者众多,产品同质化,竞争激烈,因此大部分电商创业 者的收入都较低,甚至一部分电商创业者开始放弃创业。

(二)法律风险

为了在激烈的竞争中获取高额利润,一些 A 货、精仿、水货、假冒伪劣品充斥着电商市场,使部分消费者对电商商品质量产生怀疑,很难轻易下单。部分商家没有某品牌授权,销售该品牌商品属于违法行为,在跨境电商领域还存在偷税漏税行为或走私。

(三) 渠道与物流制约

平台、支付和物流等渠道不可控也成为电商创业者最为担心的问题。在当前情况下,电商创业者多选择淘宝、天猫、京东、当当等平台来合作;在支付方面,支付宝、微信等第三方支付平台成为主流的电商支付方式;在物流方面,圆通、申通、顺丰等第三方物流服务商成为主要物流手段。电商创业者大多集中在主流电商平台,受制于流量红利的发展。

(四) 推广费用高

近几年电商行业的各大平台一方面纷纷通过降价、促销、购物节等方式来吸引用户;另一方面增加推广成本,推广费用甚至成为电商的大头开支,推广获得的流量能否成功地转化为销量,成为电商创业者必须考虑的经营风险,如淘宝中的直通车、智钻等,其推广费用都较昂贵,但收益不确定。

(五) 虚假宣传

一些平台存在虚假宣传等问题。社交笔记、视频直播、网红导购中的一些电商主播为了博眼球、冲销量,对商品做虚假宣传,甚至以诋毁竞争对手商誉的方式变相抬高自己。

(六) 运营成本持续上涨

除了产品、库存、推广、仓库成本外,人工成本也是电商成本中的重要组成部分,因此在电商运营的过程中,电商创业者应尽量采用软件自动处理,减少人工成本。但在电商实际运营过程中,货源寻找、包装、发货、填单等均需要人工完成,由于工资的持续上涨,人工成本在不断上涨。

(七) 团队管理能力不足

创业者往往有非常强的能力,但是在团队管理和领导力方面,缺乏经验和方法。

三、国内电商市场发展趋势

除了分析电商发展现状,还需要预测电商未来发展趋势,如新零售电商一跃而起、农村电商迎来全面优化等,以帮助电商创业者及时调整并优化电商运营策略,紧跟趋势,发现机会,谋得生存与发展。

在拉动社会消费方面,电子商务的作用非常巨大。回顾过去 20 年中国电子商务的发展成就,无疑跟信息技术和网络技术的进步是分不开的。4G 技术的发展,给移动互联网带来了便捷性,也带动了移动端消费模式的兴起。5G 技术、人工智能、大数据技术和物联网技术可能会带来更大的应用市场。移动互联网和支付技术的进步助推电商在网民中的渗透率提升,电商体系在中国已发展成熟,用户规模逐渐触达网民规模天花板。随着电商的稳步发展,各大电商平台都不遗余力地开拓新的营销模式来增加消费者的欲望,2019 年最流行的消费模式是直播带货和社团团购。

中国电子商会秘书长彭李辉表示,比如说万物互联,我们的车联网,所有的出行、无人驾驶,都可以做到零延时的信息传递;未来在 5G 环境下的一些直播短视频,因为短视频崛起之后,对带动销量有很大的帮助,通过直播视频的角度,能够充分了解商品功能,并通过互动营销,精准找到消费者的需求,实现更高效的销售。

（一）新零售电商

传统零售是指商家去批发市场批发商品来销售,市场上什么商品有前景就销售什么商品,经常会出现跟风的情况。而新零售则是基于大数据、用户、多平台合作,通过各种网络渠道把消费者、商家和零售场所连接起来,将线上线下相融合,能够更容易满足用户对商品和服务的需求,如三只松鼠和良品铺子等网络品牌都开设了实体店铺。随着移动互联网时代的到来,电商从传统的 PC 端转移到移动端,这种以移动端为载体的电商模式,就是移动电商。随着 3G、4G 网络技术的成熟,智能手机已相当普遍,手机已成为网民接入互联网的主要方式。便捷性、手机支付安全性的不断完善,支付方式的多样化,包括二维码、NFC、指纹支付等,让更多消费者体验到不一样的购物乐趣,使移动电商处于持续增长的状态,移动端流量成为众多商家的必争之地。

典型企业分析

阿里巴巴

阿里巴巴从 B2B 到生态圈,不断完善电商零售行业基础设施,以零售业务为核心,实现跨越式发展,打造以围绕电商为主业的生态圈。但随着零售公司整体进入低毛利时代,对公司的运营及优化能力更为考验。而阿里巴巴在主业增长仍然保持相对稳健情况下,各项业务亏损逐渐收窄。

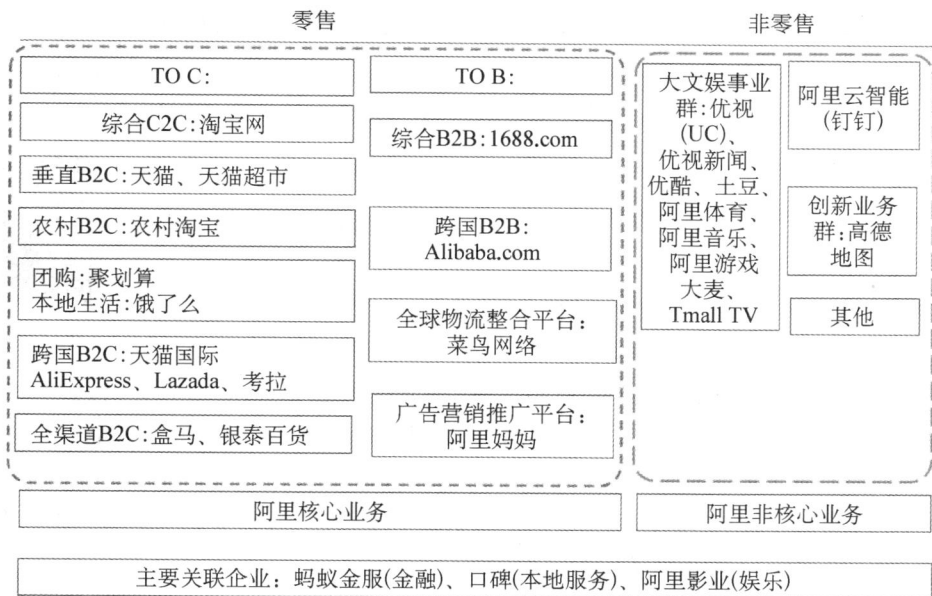

阿里巴巴新零售版图

（信息来源:报告丨解读阿里巴巴新零售电商框架,看阿里系生态圈进化,https://weibo.com/ttarticle/p/show? id=2309404454157464502289）

（二）农村电商迎来全面优化

随着新经济业态和新消费形式的崛起,中国的社会和商业环境正迎来深层次的变革。

尤其是在广袤的农村地区,在以电商为代表的新模式和新技术的推动下,农村地区的"上行下达"正经历巨大变化,助力农村经济拥抱一个前所未有的重大历史机遇。2017年以来,电子商务在政府的扶持、服务型企业的引导和支持下,在农村地区迅速掀起热潮,它不仅能推动农业的生产和销售,提高农商品的知名度和竞争力,更是新农村建设的催化剂。

截至2018年年底,中国的城镇化率已经提高到59.58%,但乡村常住人口仍有5.64亿,中国农村的生产和消费主体仍然是约2.3亿的小农户。从生产和消费的空间格局来看,中国农村仍属于数千年来"内卷化"发展所形成的自给自足型小农社会的延续。总体来看,中国农村的各类生产要素仍处于低效能的配置格局之中,而电商的发展将从三个维度推动中国农村的各类生产要素优化重组,拥抱一个前所未有的重大历史机遇。

第一个维度,高效能的互联网平台,可以将分散的农户家庭生产行为纳入后现代工业化体系中,中国农村面临互联网时代再工业化的历史机遇。例如,淘宝村以家庭为主生产并经营工业品的模式,建立在以下三个前提之上[①]:一是互联网以极低的成本将数以亿计的消费者与家庭生产者连接起来;二是中国农村仍有包括富余劳动力在内的大量生产要素处于闲置或低效率配置状态;三是高速发展的软硬件基础设置使得物流、资金流和其他要素的流动成本大幅度降低。

第二个维度,电商推动工业品下行(让工业品走进农村市场)农村,不仅会大幅提高农村居民的生活水平,使农村的生产和消费迅速融入国家现代化体系之中,而且将高效推动城乡融合,重构中国特色城镇化的边界。

第三个维度,农货上行(把农产品卖到城里去)将小农户与大市场低成本对接,有望破解中国现代化之路上所面临的千年难题,以拼多多为代表的农货上行模式,正在推动中国的农村电商走出一条完全不同于现有发达国家的小农户背景下的现代化之路。

延伸阅读

农村电商9大创业机会

(三)跨境电商迎来全面发展

跨境电商是指分属不同关境的交易主体,通过电子商务平台达成交易、进行支付结算,并通过跨境物流送达商品、完成交易的一种跨境商业活动。随着互联网时代的不断发展,消费者的需求不再满足于国内,这就使跨境电商迎来了发展的契机。其实,现在很多的电商平台,如亚马逊、天猫国际、洋码头、网易旗下考拉海购、蜜芽、香江商城旗下的香江海购等,都已经成功地把电商模式推广到国外。

iiMedia Research(艾媒咨询)数据显示,预计2019年中国海淘用户规模将达到1.49亿人,并持续快速增长,在2020年将达到2.11亿人。艾媒咨询分析师认为,在消费升级的情况下,中国海淘用户持续增长。且随着相关政策法规的完善、市场监管趋严,商家在供应链升级、产品质量保障方面不断进步,将有更多消费者进行海淘,商家和平台对于用

---

① 人民网新电商研究院:《农村电商发展趋势报告》。

户体验的关注也显得更为重要。

跨境电商市场规模将超 10 亿元,行业迎来三大发展趋势。中国跨境电商行业保持快速增长势头,2019 年市场规模预计达到 10.8 亿元。行业快速发展吸引更多企业入局跨境电商,但其发展仍然面临获客成本高和用户体验感不足的问题。在此背景下,双线融合、直播带货和社交化传播成为行业发展三大趋势。

七成用户认可海淘门店在质量和体验方面的优势,奥买家领先线下布局。分别有 67.9% 及 56.5% 的受访用户认为线下门店海淘最大优势在于商品质量更有保障和购物体验提升,线下渠道对于跨境电商重要性突显。目前主流平台均加强线下布局,奥买家在门店数量和入驻城市方面均领先行业,占据市场先机。

直播模式兴起,过半海淘用户观看过海淘直播。海淘直播的风潮逐渐兴起,目前以购物现场直播、保税仓直播和线下门店直播为主要形式。直播形式趣味性强,且能够为用户带来直观的商品展示,增强用户信心,因此更容易吸引用户观看,目前 51.9% 的受访海淘用户已观看过海淘直播。

典型企业分析

奥买家

广东奥园奥买家电子商务有限公司,是一家专注跨境领域创新生态圈的电商公司。业务涵盖全球购、双线购零售和供应链服务平台,涉及 B2B、B2C,致力于以数据驱动线上线下融合。已形成了手机客户端、小程序等移动端全平台组成的完整购物布局并建立双线购门店,实现"线上+线下"双线融合发展,以"挑遍全世界"为口号,满足消费者对美好生活向往的需求。

奥买家全球购经营商品包括海外母婴、美妆、个人护理、服饰箱包、食品酒水、家居百货等 10 万种海外商品,3 000 个品牌,覆盖了澳洲、欧洲、美国、日本、韩国等 60 个国家和地区。

奥买家双线购

(信息来源:艾媒报告|2019 中国跨境电商发展趋势专题研究报告)

奥买家在 2019Q3 中国跨境电商平台市场份额占比中排名第五,较上半年排名上升 1
位,紧跟天猫国际,考拉、海囤全球、唯品国际等跨境电商巨头。有此佳绩,与其双线购新
零售模式在一二线城市的快速渗透有着脱不开的关系。数据显示,截止到 2019 年 11 月,
奥买家平台用户约 3 000 万,双线购零售门店已覆盖全国 9 省、25 个一二线主要城市。

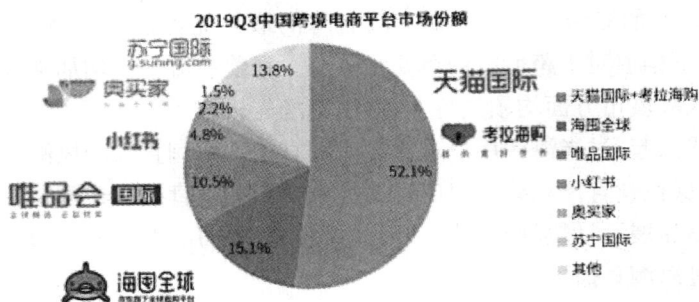

2019Q3 中国跨境电商平台市场份额

(信息来源:艾媒报告|2019 中国跨境电商发展趋势专题研究报告)

艾媒咨询分析师认为,奥买家全球购双线购用科技驱动新零售发展,基于线下零售实
体店和线上电商平台的双线深度融合的商业模式,再加上大面积的门店布局,提供全场景
化的购物体验,配以个性化的配送服务,能够更大范围、更深度地触达目标客户群体。

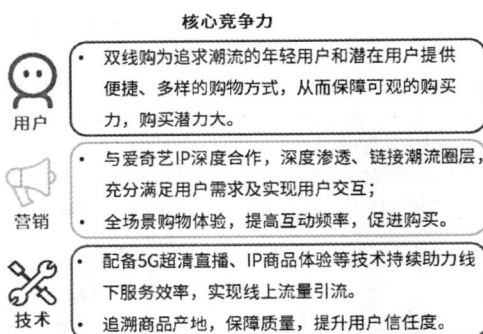

奥买家核心竞争力

(信息来源:艾媒报告|2019 中国跨境电商发展趋势专题研究报告)

（四）自媒体电商是大势所趋

自媒体是指普通大众通过网络等途径向外发布他们本身的事实和新闻的传播方式。"自媒体"，英文为"We Media"，是普通大众经由数字科技与全球知识体系相连之后，一种提供与分享他们本身的事实和新闻的途径；是私人化、平民化、普泛化、自主化的传播者，以现代化、电子化的手段，向不特定的大多数或者特定的单个人传递规范性及非规范性信息的新媒体的总称。自媒体和零售业这两个资源丰富又互有所需的领域，已经彼此连接生长出新的生态系统——自媒体电商。它正以几何倍增，难以置信的发展速度和互相融合的广阔发展前景，成为未来电子商务产业发展的新焦点。

自媒体电商主要通过微博、微信、直播等社交平台，个人或依靠背后运作团队发布原创性、高质量内容用来吸收粉丝，再利用电商将流量变现。带货，是一个网络流行词，指明星等公众人物对商品的带动作用。在自媒体平台上，一些拥有较高粉丝量的微信公众号，不仅通过好看的文章吸引粉丝，也会推荐一些商品，形成"内容＋社交＋电商"的模式。自媒体电商中，网红利用自身优势，如时尚品位、专业能力等，顺应大众潮流，持续发布网民感兴趣的内容或直播吸引千万数量的粉丝，并与粉丝互动，宣传其他店铺的商品来赚取广告费或直接经营网店将粉丝流量变现。网红已是自媒体电商中的重要角色，网红经济也是大势所趋，但是随着网红的增多，用户品位的提高，用户对网红的要求越来越高。所以自媒体电商必须要有自身的特色和核心竞争力，必须要有好的内容，不然就很容易在竞争激烈的市场中被淘汰。

（五）社交电商逐渐成型

随着社交电商的深度布局，特别是加入更多新的技术元素、内容元素，所谓的社交电商正在成熟，并且与传统意义上微商之间的界限开始变得泾渭分明。在孵化了拼多多之后，新零售、直播、新技术等一些新的元素都开始加入进来，当社交电商不再是一个概念，我们将会看到越来越多的新元素在社交电商当中开始出现，社交电商不再是简单地收割流量，而是有更多的新内涵和新意义，并且开始吸引以阿里、苏宁和京东为代表的更多新玩家的加入。我们看到拼多多不仅在布局新零售，同样在与扶贫相关的热门领域结合在一起；阿里巴巴则是在用直播来不断激活用户活性，实现转化；苏宁则是在主打拼购概念来激活用户……社交电商出现的新内涵和新概念，其实是它从早期的野蛮生长开始回归到精耕细作的一个具体体现，同样是社交电商走向成熟的一个重要标志。

社交电商平台，包括专业的垂直信息分享社交电商，大多由美丽说、蘑菇街等流量庞大的成熟社区转型而来，具有深厚的用户根基，也包括综合性大型电商为了抢占社交电商市场而新设的板块，如淘宝直播、京东直播等，以及购物平台手机端 App 的相关模块，如手机淘宝中微淘页面中的上新、视屏直播、特别关注、达人等。

目前社交电商以服装、美妆、鞋帽、食品为主，未来将向摄影、母婴、旅游、电子竞技、视觉素材用品等品类扩展。例如，达人发布诸如服装搭配等实用技巧，配以相关淘宝商品和点评，引导淘宝消费者的购买选择；达人也通过与粉丝交流，及时推送粉丝希望了解的内容。如果由专业的服装搭配师推荐的商品针对性更强，可以达到更高的浏览购买转化率。对于社交电商而言,其重点不仅要持续输出好的内容,还要有自己的核心竞争力,这样才会有真的粉丝随之而来,社群才会变得电商化。只有这样,真正的社交电商才会成形。

社交电商的发展并不仅仅只是以大数据、云计算、AI和区块链为代表的新技术,更多地代表的是我们对于社交电商观察和应用的深度,以及我们对于社交电商对传统电商促进的深度的理解和实践。从这个角度来看,在流量红利不再的时候,我们不需要太多所谓的新技术和新模式,真正需要的是对于这些新的物种如何深度地运营和发展。

典型企业分析

小红书社区十电商模式

小红书是一个生活方式平台和消费决策入口。在小红书社区,用户通过文字、图片、视频笔记的分享,记录了这个时代年轻人的正能量和美好生活,小红书通过机器学习对海量信息和人进行精准、高效匹配。

小红书是从社区起家。一开始,用户注重于在社区里分享海外购物经验,到后来,除了美妆、个人护理,小红书上出现了关于运动、旅游、家居、旅行、酒店、餐馆的信息分享,触及了消费经验和生活方式的方方面面。如今,社区已经成为小红书的壁垒,也是其他平台无法复制的地方。

小红书电商的独特性在于:

典型企业分析——小红书

艾媒咨询 iiMedia Research

小红书

成立时间 **2013** 年

26.8% 👤 👤 73.2%

| 年龄 | 30岁以下 | 86% |
| 城市 | 一线、准一线 | 54% |

主要竞品

考拉海购　洋

小红书 是一个生活方式平台和消费决策入口,和其他电商平台不同,小红书是从社区起家,小红书有一个真实用户口碑分享的社区,通过口碑数据,小红书精准分析出用户的需求,保证采购的商品能够受到用户推崇。

企业融资情况

融资时间	融资轮次	融资金额
2018-06-14	D轮	超3亿美元
2016-03-31	C轮	1亿美元
2015-06-08	B轮	数千万美元
2014-06-29	A轮	数百万美元

数据来源:艾媒北极星互联网产品分析系统(bjx.iimedia.cn)

艾媒报告中心:report.iimedia.cn ©2019 iiMedia Research Inc

小红书社区十电商模式

(信息来源:艾媒报告|2019中国跨境电商发展趋势专题研究报告)

第一，口碑营销。没有任何方法比真实用户口碑更能提高转化率，就如用户在淘宝上买东西前一定会去看用户评论。小红书有一个真实用户口碑分享的社区，整个社区就是一个巨大的用户口碑库。

第二，结构化数据下的选品。小红书的社区中积累了大量的消费类口碑，就好像几千万用户在这个平台上发现、分享全世界的好东西，此外，用户的浏览、点赞和收藏等行为，会产生大量底层数据。通过这些数据，小红书可以精准地分析出用户的需求，保证采购的商品是深受用户推崇的。

艾媒咨询分析师认为，社交电商目前存在着拼团、内容、KOL分销等多种形式，小红书是内容社交中的佼佼者，依托UGC/PGC生产内容，制造场景化的购物引导和口碑营销，实现社区向电商的流量转化。除了传统的笔记种草，小红书也通过直播和Vlog多向种草，继续激发平台潜力。要做好内容社交，需要长时间的用户积累，以此巩固平台口碑，因此提高供应链水平、增加产品保障方面需要平台不断努力。

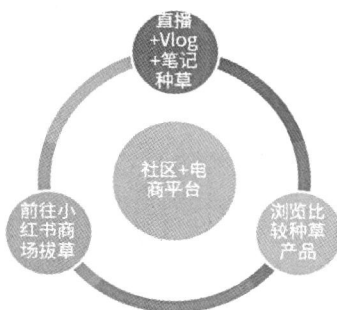

小红书社交电商

（信息来源：艾媒报告|2019中国跨境电商发展趋势专题研究报告）

综上所述，中国拥有全球最大的消费市场，推动了电商的快速发展，并持续地转型升级，也就意味着更多的市场空间，为更多创业者提供了商机。

电子商务的机会比比皆是。中国仍然处于数字革命，大公司可以推动大众消费，缩小地区劳动和收入差距、优化供应和分销价值链，使用大数据来管理物流，提供企业可持续增长和农村市场，并整合O2O零售经验。事实上，中国的电子商务革命才刚刚开始。

任务二　电商创业市场环境分析

当下我国的电子商务正呈现出一个良好发展的态势。近年来,电子商务飞速发展,利用网络优势,快速形成自己独特的商业发展群体。越来越多的人看到电子商务市场的发展潜力,主动投身到电商竞争的热潮之中。随着电子商务单位数量的增加,电商市场竞争愈发激烈,越来越多的电商商家被逼进入价格大战。规则上的漏洞、不完善的网络法则和网络本身所具有的弊端,让恶性竞争变得难以控制。

在开始创业之前,需要对创业项目进行可行性分析,这样能降低创业的风险,提高创业成功率。接下来介绍用于宏观环境分析的 PESTEL、用于微观环境分析的 SWOT、用于创业能力分析的波特五力模型,以及竞品分析。

一、宏观环境分析 PESTEL

PESTEL 模型是分析宏观环境的有效工具,不仅能够分析外部环境,而且能够识别一切对组织有冲击作用的力量。它是调查组织外部影响因素的方法,分为 6 大因素:政治因素(Political)、经济因素(Economic)、社会因素(Social)、技术因素(Technological)、环境因素(Environmental)和法律因素(Legal),如图 1-3 所示。

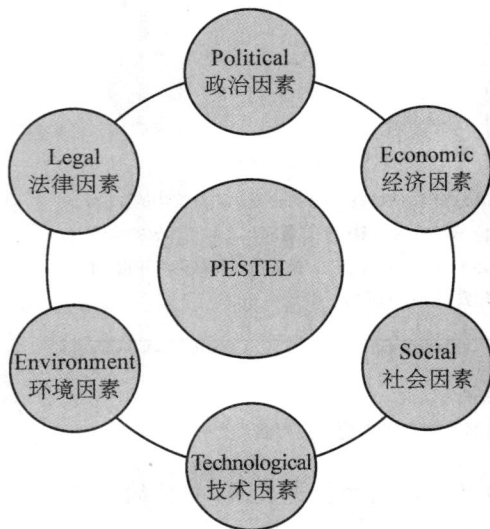

图 1-3　PESTEL 模型

（1）政治因素。它是指对组织经营活动具有实际与潜在影响的政治力量和有关的政策、法律及法规等因素。

（2）经济因素。它是指组织外部的经济结构、产业布局、资源状况、经济发展水平以及未来的经济走势等。

（3）社会因素。它是指组织所在社会中成员的历史发展、文化传统、价值观念、教育水平以及风俗习惯等因素。

（4）技术因素。技术因素不仅仅包括那些引起革命性变化的发明,还包括与企业生产有关的新技术、新工艺、新材料的出现和发展趋势以及应用前景。

（5）环境因素。一个组织的活动、产品或服务中能与环境发生相互作用的要素。

（6）法律因素。组织外部的法律、法规、司法状况和公民法律意识所组成的综合系统。

从宏观上来看,目前的电商宏观创业环境是非常好的。经过近 20 年发展,我国电子商务在提升市场资源配置水平、带动传统产业转型升级、推动贸易便利化等方面发挥日益重要的作用,成为国民经济中最有活力的一个经济领域。特别是"十二五"期间,我国电子商务实现跨越式增长,交易规模连续五年增速超过35%,网络零售额连续三年位居世界第一,实物商品网络零售额占社会消费品零售总额比例超过十分之一,电子商务催生了规模化就业新领域,开辟了"脱贫攻坚"新途径,形成了国际竞争合作新局面,成长为经济增长的新引擎。

(一)政治因素

政治上,有国家的大力支持和鼓励,国家对创业的支持,对电商行业的扶持,都是很好的电商创业背景。党中央、国务院高度重视电子商务发展。十八大以来,国务院相继出台一系列促进电子商务发展的政策文件,包括加快培育经济新动力、"互联网+"行动、促进跨境电子商务、推进线上线下互动、促进农村电子商务、深入实施"互联网+流通"行动计划等,有力推动了行业发展,同时也对加强顶层设计、形成政策合力提出了更高要求。

2016年商务部、中央网信办、发展改革委三部门联合发布《电子商务"十三五"发展规划》(以下简称《规划》),全面总结了"十二五"期间电子商务发展取得的成果,分析了"十三五"期间电子商务发展面临的机遇和挑战,明确了电子商务发展的指导思想、基本原则和发展目标,提出了电子商务发展的五大主要任务、17项专项行动和六条保障措施。2019年开始实施的《电子商务法》,国家鼓励发展电子商务新业态,创新商业模式,促进电子商务技术研发和推广应用,推进电子商务诚信体系建设,营造有利于电子商务创新发展的市场环境,充分发挥电子商务在推动高质量发展、满足人民日益增长的美好生活需要、构建开放型经济方面的重要作用。

(二)经济因素

电子商务服务经济增长和社会发展双重目标。根据"一带一路""供给侧结构性改革""脱贫攻坚""大众创业、万众创新"等国家战略举措对电子商务提出的新任务,"十三五"期间,电子商务不仅在经济领域还将在社会发展领域逐步发挥更大的作用。《规划》确立了2020年电子商务交易额超过40万亿元、网络零售总额达到10万亿元左右、相关从业者超过5 000万人三个具体发展指标。一方面,电子商务全面融入国民经济各领域,推动形成全球协作的国际电子商务大市场,成为经济增长和新旧动能转换的关键动力;另一方面,电子商务要全面覆盖社会发展各领域,电子商务带动教育、医疗、文化、旅游等社会事业创新发展,成为促进就业、改善民生、惠及城乡的重要平台。

国民经济稳定发展,居民消费能力增强,生活品质不断提高,对产品的品质和体验有了更高的要求,有利于电商企业的发展。这一点做非洲跨境电商创业的人特别有体会,把空调等单价比较高的商品卖到非洲是很困难的事,不是顾客不需要,是顾客缺乏消费能力。

(三)社会因素

人口、居民教育程度、网民的消费习惯、社会的信用体系等都对电商创业有一定的影响。人口是消费者数量的基础,而居民教育程度对电商行业有直接影响,因为电商的顾客群体一定是网民,具有一定的知识和文化,至少会上网买东西。城镇居民网民的普及率远高于农村,就是因为这个原因。这个因素也告诉创业者,如果你的创业项目针对的是农村消费群体,那么在产品描述上要尽量避免烦琐的文字,多用图片。

当今社会,消费者尤其是女性,仍比较重视和享受购物的体验过程。虽然线下体验线上下单的现象不算少见,但消费者依然倾向线下购买一些商品,包括酸奶、运动饮料等食品饮料,大宗家具用品和个人护理产品等。

(四)技术因素

电子商务的迅猛发展,得益于互联网技术的日益普及(如定向搜索、精准推广等),同时对物流服务提出了更高的要求。未来,人工智能、大数据、VR、物联网等技术,在增加本行业优势的同时,也让线下消费者的购物更加便捷。

主要分析现有的技术条件是否能够支持电商创业项目的运作?比如创业者有一个很好的商业模式,而现有的技术无法实现他的商业模式,那就是技术障碍。无论是自己创建电商网站,还是入驻现有电子商务平台,对于大多数电商创业者来说,目前的技术水平足以满足基本的商业需求。

(五)环境因素

《电子商务"十三五"发展规划》以"绿色、创新和协调"引领发展,优化电子商务治理环境。积极开展制度、模式和管理方式创新,健全法律法规及相应机制;建立新型监管体系,优化电子商务市场秩序;推动绿色电子商务发展,发挥电子商务对"循环经济、低碳经济"的促进作用。

主要指行业环境中竞争是否激烈、创业环境是否优良、是否对自然环境有影响等。国家目前限制高污染、高能耗的行业,以及涉及知识产权问题的产品,电商创业者选择类目时要尽量避免此类行业。

(六)法律因素

有了法律规范,行业才能健康发展。电子商务的规则和法律包括诸如贸易惯例和指导原则等自发形成的行业规则和政府确立的法律体系。政府应当为电子商务的发展提供必要的法律保证,通过创新监管方式规范发展,建立开放、公平、诚信的电子商务市场秩序,以创建一个适合电子商务发展的法律法规环境。电子商务的参与者应在政府的指导下,理解电子商务的法律法规,制定行业规则,加强行业自律。

2019年1月1日实施的《电子商务法》对电商行业是有力的法规,也为电商创业者营造一个公平有序的市场环境。电商创业者在选择某些类目时,要关注该商品类目相关的法规。比如从事保健食材销售的网店,某些常见的食材也属于药材,需要取得销售许可证方能销售,否则上架销售后,会面临商品下架罚款甚至封店的风险。

延伸阅读

1.《电子商务"十三五"发展规划》
2.《电子商务法》
查找跟电商创业项目相关的信息。

案例分析

全聚德的 PESTEL 分析

二、微观环境分析工具SWOT

在SWOT中,S(Strengths)是优势,W(Weaknesses)是劣势,O(Opportunities)是机会,T(Threats)是威胁,如图1-4所示。按照企业竞争战略的完整概念,战略应是一个企业"能够做的"(即组织的强项和弱项)和"可能做的"(即环境的机会和威胁)之间的有机组合。运用这种方法,可以对研究对象所处的环境进行全面、系统、准确的研究,从而根据研究结果制定相应的发展战略、计划以及对策等。

	有利的	有害的
内部	Strengths 优势	Weakness 劣势
外部	Opportunities 机遇	Threats 威胁

图1-4 SWOT分析模型

所谓SWOT分析,即基于内外部竞争环境和竞争条件下的态势分析,就是将与研究对象密切相关的各种主要内部优势、劣势和外部的机会和威胁等,通过调查列举出来,并依照矩阵形式排列,然后用系统分析的思想,把各种因素相互匹配起来加以分析,从中得出一系列相应的结论,而结论通常带有一定的决策性。

通过和同行业其他竞争对手相比,梳理本项目的优势、劣势、机会和威胁。通过分析和对比,更清晰地知晓本项目的可行性所在。创业者需要扬长避短、趋利避害,抓住机会,弱化威胁。对于劣势无法突破的,或者威胁无法规避的,并且严重影响项目的运作,则需要重新审视该创业项目的可行性。

(一)电商创业的优势

电商创业与传统创业相比,具体表现在以下四个方面:

(1)成本低。无实体店铺,可以节约大笔装修、租金、运营费用,开店手续简单快捷,是目前大多数电商普遍采用的经营方式。

(2)库存低。电商的销售模式是将商品图片和信息发布到电商平台上来实现对商品的销售,消费者通过商品链接,并不能看见实物,并且下单后不能马上提货,商家可以在接到订单后再进货、发货,或直接从厂家发货,降低库存积压的风险与成本。

(3)资金、技术门槛低。相对于传统企业创业而言,电商创业的资金投入少,并且没有传统企业那么高的技术壁垒,非常适合创业刚起步的商家。

(4)渠道宽。可以实现线上和线下渠道的融合,更方便快捷。

(二)电商创业的劣势

由于受到电商自身经营模式的限制,电商创业在商品体验、购物流程、流量引入、客户沟通等方面存在着缺陷:

(1)商品体验较差。在虚拟的市场购买商品,消费者只能通过文字和图片信息来判断商品,不能对商品进行实际上的接触和研究,这样容易导致消费者对商品的品质产生怀疑,从而影响销售。

(2)购物流程相对复杂。电子商务的购物流程与实体店购物相比更为复杂,下单购买还涉及支付方式、优惠使用、物流运输、规格咨询等多个环节。若消费者对其中的某一环节不满意,如付款麻烦、物流费用高、物流时间长、退货麻烦等,都会直接影响其对商家的整体评价。

(3)流量引入成本高。流量是指进入店铺的客户数量,是电商存活的关键,因此绝大部分电商都会花大笔费用进行推广引流,或者通过让利引流,如"9.9元包邮",但能否成功引流、引流后的转化率能否达到预期都会是很多商家费心解决的难点。

（4）与客户沟通困难。在电子商务的购物过程中，买卖双方没有实际的交流接触，导致客户对商家缺乏信任。并且当客户在咨询商品信息或反馈商品问题后，希望立即得到回复，但很多电商都很难做到立刻响应客户的咨询，或及时、有效地解决客户遇到的问题，从而导致客户的流失。

（三）电商创业的机遇

电商创业与互联网接轨，能让电商创业者的机遇更多。下面分别对常见的三大机遇进行介绍：

（1）消费区域无限。电商创业覆盖的区域面广，消费者只要能上网，就能购买店铺的商品；不像传统实体店铺，只能覆盖店铺周围的消费群体。

（2）特色化商品。某地区品质好、产量大的特色化商品，通过电商可以迅速打开销路，如和田玉、新疆大枣等。

（3）创意商品。在大量山寨、仿制品进入市场的情况下，商品的同质化越来越严重，如果创业者想从激烈的价格竞争中脱颖而出，个性的创意商品将是电商发展的前景。

（四）电商创业的威胁

虽然电子商务快速发展并越来越被大众所接受，但其存在的威胁也日益凸显。下面对电商创业的各种威胁进行介绍：

（1）行业恶性竞争。由于电商门槛低，扎堆进入热门行业的电商人员众多，导致行业内出现恶性竞争。例如，某商品的线上价格相较于同等材质、制作成本的线下商品明显偏低，或材质质量降低、正品率低等，导致客户信任度不高。

（2）大量虚假交易。交易额、信誉度、好评是大部分网站排名商品的重要指标之一，也是影响客户购买的重要因素，这引起了商家大量"刷单""刷信誉""刷好评"等虚假行为。

（3）烧钱抢占市场。为了抢占市场，打压同行，有些有实力的商家会采取价格补贴、超低价、超多优惠等策略，在减少盈利甚至赔本的情况下抢占客户和市场，挤垮其他商家，这种行为被称为"烧钱"。不得不说在大部分O2O电商领域中，通过烧钱抢占市场份额和拉拢用户仍然是最为简单、粗暴又有效的手段。从最早的"千团大战"到如今的打车市场、外卖市场、旅游市场、社区市场，"烧钱"大战从未停止。

比如某电商创业者打算在网上开店卖彩妆产品，优势是创业者自身热爱彩妆、对该行业也很熟悉、有相关的资源；劣势是没有运营经验；机会是彩妆目前是电商的热门类目，市场潜力很大；威胁是竞争很激烈，前有大品牌，后有各种网红流量带货。

创业者用SWOT分析之后，通过学习运营经验或挑选有运营实力的合伙人，以此克服劣势；通过寻找自家店铺彩妆的差异性、制订一套行之有效的推广手段，能够化解威胁，那么该创业项目多了可行性的保障。

因此，创业者在创业之前要善于运用SWOT模型进行项目可行性分析。

思维拓展

SWOT分析的26个问题清单

三、行业竞争分析工具波特五力模型

波特五力模型是哈佛大学教授迈克尔·波特（Michael Porter）于 20 世纪 80 年代初提出。他认为行业中存在着决定竞争规模和程度的五种力量，这五种力量综合起来影响着产业的吸引力以及现有企业的竞争战略决策。五种力量分别为同行业内现有竞争者的竞争能力、潜在竞争者进入的能力、替代品的替代能力、供应商的讨价还价能力、购买者的讨价还价能力，如图 1-5 所示。五力模型可以分析一个行业的基本竞争态势，也用于创业项目的创业能力分析，以揭示该创业项目在行业中具有何种盈利空间。

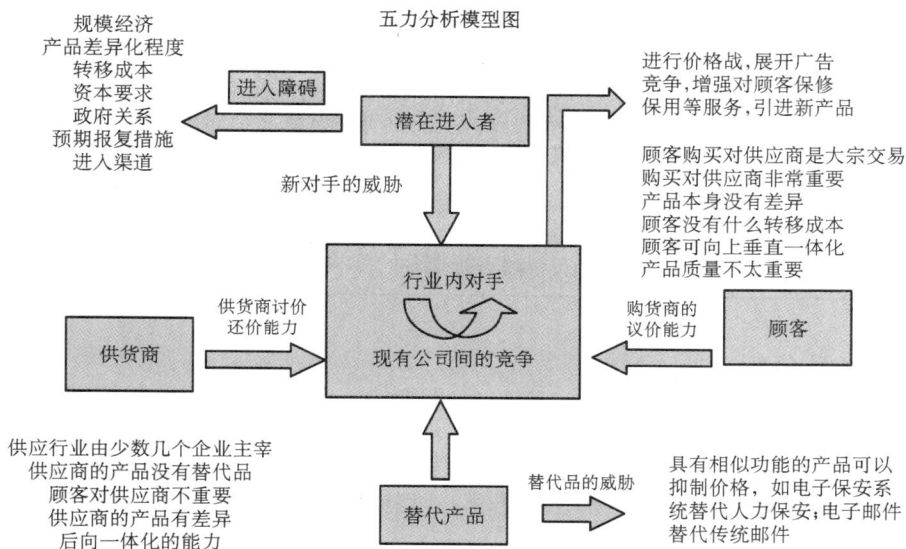

五力分析模型图

规模经济
产品差异化程度
转移成本
资本要求
政府关系
预期报复措施
进入渠道

进入障碍

潜在进入者

新对手的威胁

进行价格战，展开广告竞争，增强对顾客保修保用等服务，引进新产品

顾客购买对供应商是大宗交易
购买对供应商非常重要
产品本身没有差异
顾客没有什么转移成本
顾客可向上垂直一体化
产品质量不太重要

供货商

供货商讨价还价能力

行业内对手
现有公司间的竞争

购货商的议价能力

顾客

供应行业由少数几个企业主宰
供应商的产品没有替代品
顾客对供应商不重要
供应商的产品有差异
后向一体化的能力

替代产品

替代品的威胁

具有相似功能的产品可以抑制价格，如电子保安系统替代人力保安；电子邮件替代传统邮件

图 1-5　波特五力模型

电商创业项目选择过程中，对现有竞争者的竞争能力分析，做到知己知彼；对潜在竞争者进入的能力分析，可以预期未来可能面对的竞争环境是否激烈；对替代品的替代能力分析，替代品价格越低、质量越好、用户转换成本越低，其所能产生的竞争压力就强；供应商的讨价还价能力，影响电商创业项目的盈利能力和未来竞争力，比如电商初创企业采购规模小，资金有限，如果供应商不能给予一定程度的支持和配合，项目运营是非常艰难的。最后是购买者的讨价还价能力。电商行业的一个特点是价格很透明。而决定价格差异化的因素是产品差异化、推广手段差异化、运营策略差异化以及购买者意愿支付的心理价位。在面对顾客提出的减价、优惠、包邮、礼物等要求时，如何在满足顾客需求的同时又不影响企业的利润，是每位电商创业者需要面对的问题。表 1-1 为微商平台（有赞）的竞争分析。

表 1-1　微商平台（有赞）的竞争分析

现有竞争者的竞争能力	微店，首先作为微信旗下的官方平台，享有一切先决条件。它有更好的资金、技术和后台

潜在竞争者进入的能力	移动电商行业是一个竞争异常激烈的领域,它的特点是门槛高、投入大、回报周期长,如果没有合适的市场机会,即便有雄厚的资金和资源,进入该行业分一杯羹也是很难的事情。 　　即便阿里巴巴是电子商务的一大巨头,也难以跨越腾讯微信为突破口切入微商行业。 　　所以,对于潜在进入者而言,对微商平台的威胁很小
替代品的替代能力	淘宝、京东等电商平台面对的顾客群和微商平台有着较大的差异,淘宝和微商相对来说比较接近的平台,都是 C2C 平台,可能淘宝比起微商的规模相对较大,市场准入和产品的要求比较高;另一方面淘宝首页和详情页还需要一定的美工和网页编辑基础,而微商平台更加容易上手,可以一键分享到微信
供应商的讨价还价能力	微商平台的产品来源一部分是淘宝、阿里巴巴、唯品会、美丽说等电商平台。前者几乎可以说是寄生在这些平台之下的产业。这些处于上游的供应商平台议价能力强大。 　　还有一部分是海外代购,或者通过一定的代购平台完成,供应商是国外实体店,或者卖家自己,这时供应商的议价能力就下降了许多
购买者的讨价还价能力	有赞作为一个微商平台,在免费使用 3 年之后,自 2016 年 5 月开始收费,在销售的过程中只收取一小部分对于卖家的费用。 　　总体来说,客户的议价能力非常强

四、竞品分析

小故事

　　从前有个村子。那里有个馒头铺,十里八村特别有名。早上没开门就开始排队,馒头供不应求,几个时辰就卖光了。

　　一个做过路生意的小贩,在馒头铺偷偷观察。他发现那家馒头铺的馒头居然是绿色的,于是如获至宝,回到自己家乡开了一家馒头铺,也卖绿色馒头……没多久倒闭了……

　　他不甘心。再次来到馒头铺,混进去当伙计。没多久得知绿色是因为村子里的水不一样,只有用这水蒸出的馒头才是绿色的。于是他雇人从这里不断地运水回去,重新开了一个铺子……

　　没多久又倒闭了,还因为馒头难吃被打成了重伤……

　　他从没尝过一口原生馒头,自己蒸出来的馒头也从没吃过。

　　他并不知道那个村子的水质不好,但村民早已习惯,而且吃完馒头后会出现一种亢奋状态,干活不累,但只对这里的村民管用。

　　那个原生馒头对他来说,是一个竞品。但是他从来没有尝过。虽然后来也知道了绿馒头的奥秘,却不知道只有那里的村民才能享受这独特的产品。

　　你可能会觉得这小贩蠢得可爱,但现实中,这样的例子比比皆是。

　　产品运营成功的影响因素很多,但成功的产品一定做对了一件事情,那就是制定了清晰的产品战略并据此严格执行。他们会搞清楚：自己核心用户是谁（参照用户画像），知道他们有哪些痛点问题，明白哪些问题有解决的价值，为这些有价值的问题提供合适的解决方案，并最终通过执行解决方案实现商业价值。这是对产品及其商业价值的塑造过程。

竞品分析(Competitive Analysis)一词最早源于经济学领域。市场营销和战略管理方面的竞品分析是指对现有的或潜在的竞争产品的优势和劣势进行评价。这个分析提供了制定产品战略的依据，将竞品分析获得的相关竞品特征整合到有效的产品战略制定、实施、监控和调整框架当中来。

竞品分析，应该是对产品塑造过程的一次逆向解析。从产品结果和商业价值倒推，深入解析产品提供的方案是什么，解决了什么问题，这些问题是谁的问题，这些问题创造了什么价值。简单说，竞品分析就是根据自己的分析目的，确定切入角度，对竞争对手或市场进行客观分析，找到竞品或自己的优势与不足，为下一步决策提供科学依据。从这个角度看，竞品分析的过程就是知己知彼的过程。

我们反复强调的一句话就是"竞争对手才是最好的老师"，做任何事都是如此，如果不清楚不熟悉竞争对手的情况，想仅凭自己的想法就做好一件事，其结果是必然有偏差的。

下面以亚马逊卖家为例，谈谈如何做好竞品分析。

(一)确定竞争对手

所谓的竞争对手，绝对不仅仅指和你所卖的产品一模一样的那些卖家和 Listing，对于竞品，我们要分两阶考虑：① 同类型产品，这包括同款产品、同功能可替代的产品等；② 同参数，这才是很多卖家狭隘的理解的竞品，即参数相同、组合相同或相似或价格处在同一阶段等。

对于竞品两阶的含义，不可逆，不可漏。否则，根本把握不到全面的竞品信息。

(二)选出竞争同行们

当你决定做一个产品时，首先需要知道竞争对手是谁，而且，竞争对手绝对不会只有一个，要找出这些同行，关注，分析，学习，并且把他们的优秀之处，学以致用地用于自己的运营中，这是非常必要的。

要想找出这些竞争对手，需要从这几个方面做起：

(1)用核心关键词(2～3个)进行搜索，查看搜索结果前3页，销量好的那些 Listing，都是值得作为竞争对手，并圈定和记录在自己的小本子上的；

(2)查看 Best Seller 榜单，把 Best Seller 榜单五个维度的500条 Listing 逐个浏览，选择同类的优秀 Listing 作为自己的竞争对手和学习对象；

(3)精选20个竞品 Listing，关注这些优秀的 Listing 产品详情页上出现的那些关联 Listing。

(三)竞品细节分析、学习和应用

具体包括以下几个方面：

(1)产品。从产品的功能和款式方面考虑，要考虑用户需求的真实原因、应用场景等，通过这一环节的分析，你可以得出结论，这产品究竟是刚需，还是伪需求，而这个结论的准确性将影响着选品的成功与否。

（2）Listing 详情参考。对确定为竞品的 Listing 逐个分析，从图片、标题、五行特性、产品描述，到价格、Review、QA 等，一个细节都不放过，遇到好的点，记录并应用于自己的 Listing 优化中。

（3）价格利润核算。根据你所圈定的竞争对手们的价格，核算和评估自己在打造过程中的前景和节奏，如果利润空间太小，对该选品就需要慎重考虑了。

（4）消费者反馈。包括 Review、Feedback 以及销量评估等，Review 等情况是消费者购物过程中的真实体验和感受的反映，而竞品的销量情况将直接决定着你自己的销量情况，只有详细分析这些内容，才能对后期的打造有预期。

（5）侵权要素评估。无论再怎么热卖的产品，无论卖家有再怎么多的产品，都不意味着不存在侵权风险，从长期稳定运营的角度，侵权是底线，也是红线，所以一定要做好分析，通过向供应商核实，向有经验的卖家请教，通过专利网站查询等方式对产品的侵权要素确认清楚，一旦有确定的侵权存在，就应该坚决放弃。

（6）卖家情况。要对确定出来的竞争对手们进行分析，是否有巨无霸型的大卖，是否有卖家霸屏，如果一个产品已经被大卖把持，如果里面的竞争对手们做事无底线，那这样的产品也需要谨慎考虑了。

如果能够在选品过程中对上述要素进行详细的分析，分析并证明该产品风险小、利润高、运营生态好，那么即可付诸行动。

延伸阅读

1. 阅读 App 竞品分析：掌阅 VS 微信读书
http://www.woshipm.com/evaluating/3195063.html
2. 手把手教你从 0 开始做竞品分析
http://www.woshipm.com/pmd/1660566.html

案例思考

反思犯过的错：复盘思维

《论语》有云，"吾日三省吾身"，放到当下，就是复盘思维能力。这应该是唯——个经过大量的刻意练习，能够获得的思维能力。

复盘来源于棋类术语，是指下完这盘棋后，从以前的对垒中发现自己错误。在什么情况下会犯错，为什么会犯错，反思除了这种做法外还有哪些更好的解决办法。

法兰克·比吉尔是美国最了不起的保险业巨头。这种方法不仅帮他减少了生意上的忧虑，而且使他的收入几乎增加了一倍。

法兰克·比吉尔说：

"很多年前，我刚开始做保险推销业务时，对自己的工作充满了无限的热诚和喜爱。后来发生的一件事情让我非常气馁，开始看不起自己的工作。我甚至想过要放弃，在我几乎都要辞职的时候,我开始反思。

问题就在于:我拜访过那么多人,但业绩并不是很理想。我跟那些希望很大的顾客都谈得很好,可在最后快要成交的时候,这些人就会跟我说:啊!我想再考虑考虑。比吉尔先生,过些时候再说吧。于是我就得再去找他们,这样就浪费了不少的时间,使我觉得很颓丧。

为了进一步挖掘问题的本质,我开始大量研究过去的事实。

我拿出过去12个月以来的记录本,仔细查看上面的数字。结果,发现了一个非常惊人的事实:

我所卖的保险里,

有70%是在第一次见面时就成交的,

而另外有23%是在第二次见面的时候成交的,

剩下的只有7%是在第三、第四,甚至第五次……才成交的。

这些事实让我觉得难过,因为我意识到自己浪费了很多的时间。

换句话说,我的工作时间几乎有一半浪费在实际只有7%的业务上。

我马上停止第二次之后的拜访,那么多出来的时间,我就可以用来寻找新的顾客。

很短的时间内,我从以前平均每次赚2.8美元的业绩,提高到4.27美元。"

如果不是那一次进行一次长久的复盘反思,比吉尔永远也不会发现那7%的工作,将如何毁掉自己的工作。

思考:

如何运用复盘思维来分析创业项目?

任务三　电商创业市场用户画像

用户画像是一个新颖的词,最初它是大数据行业经常谈的时髦概念。现在我们运营谈到用户画像的概念,它是和精准营销、精细化运营、个性化营销直接相关的。用户画像一点也不神秘,它是根据用户在互联网留下的种种数据,主动或被动地收集,最后加工成一系列的用户标签。比如猜测用户是男是女,哪里人,什么职业,工资多少,有没有谈恋爱,喜欢什么,网购频率、是否准备剁手购物等。

随着互联网的不断发展,积累的用户信息、行为记录越来越丰富,同时大数据处理和分析技术也已成熟,可以计算出每一个用户的特征。特征使用从人口基本属性、社会属性、生活习惯、消费行为等信息抽象出来的一个个具体的标签表示,标签是某一用户特征的符号化表示。为每个用户计算用户画像,这样更加贴近真实的世界,每个人都是独一无二的,不能随随便便被其他人代表,用户画像精准到人。用户画像用标签集合来表示,例如:

吴某,男,32岁,河南人,北京工作,银行业,投资顾问,年收入50万元,已婚,两套房,

有孩子,喜欢社交,不爱运动,喝白酒,消费力强等。

基础用户信息可以通过用户注册信息获得,如是否有孩子、喜欢社交、喝白酒、消费能力等级等,用户不会告诉我们,需要建立数据模型才能计算出来。这也是用户画像的真正价值。

用户画像(User Profile)是根据用户社会属性、业务场景、生活习惯和消费行为等信息而抽象出的一个标签化的客户模型,如图1-6所示。构建用户画像的核心工作即是给客户贴"标签",而标签是通过对客户信息分析而来的高度精练的特征标识。简而言之,用户画像就是将典型客户信息标签化。

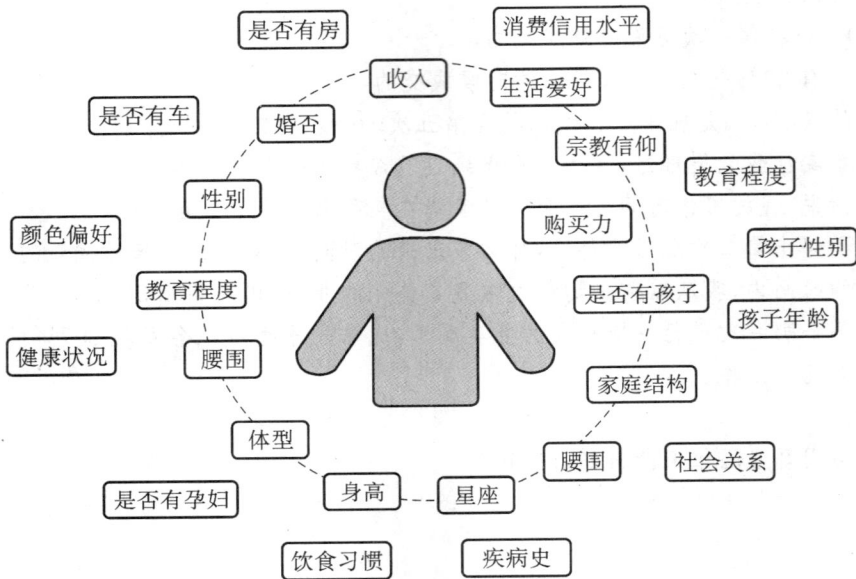

图 1-6 用户画像

用户画像的目的是尽量全面地抽象出一个用户的信息全貌,为进一步精准、快速地分析用户行为习惯、消费习惯等重要信息,提供了足够的数据基础。它是对人的深入挖掘,除了基本的人口统计信息和地理位置等客观属性外,像兴趣爱好这类属性,就是主观度很大、变化很快且很难统计的属性。

一、用户画像的作用

(一) 精准营销

分析产品潜在用户,从粗放式到精细化,将用户群体切割成更细的粒度,利用短信、邮件、App Push、App 弹窗、微信公众号、微信群等方式,针对特定群体进行营销。

(二) 用户统计

根据用户的属性、行为特征对用户进行分类后,统计不同特征下的用户数量、分布,分析不同用户画像群体的分布特征。比如中国大学购买书籍人数 TOP 10,全国各城市奶爸指数。

（三）数据应用

用户画像是很多数据产品的基础，诸如耳熟能详的推荐系统广告系统。以用户画像为基础构建推荐系统、搜索引擎、广告投放系统，提升转化率。广告投放就是基于一系列人口统计相关的标签，如性别、年龄、学历、兴趣偏好、手机等。

（四）数据挖掘

在用户画像的数据上构建智能推荐系统，如利用关联规则计算喜欢红酒的人通常喜欢什么运动品牌。

（五）对服务或产品进行私人定制

即个性化的服务某类甚至某位用户（个人认为这是目前的发展趋势，未来的消费主流）。比如，某公司想推出一款面向 5～10 岁儿童的玩具，通过用户画像进行分析，发现形象＝"喜羊羊"、价格区间＝"中等"的偏好比重最大，给新产品开发提供了非常客观有效的决策依据。

（六）行业研究

通过用户画像分析可以了解行业动态，比如人群消费习惯、消费偏好分析、不同地域品类消费差异分析。

（七）高效运营管理

业务经营分析以及竞争分析，影响企业发展战略。提升效果评估，完善产品运营，提升服务质量。其实这也相当于市场调研、用户调研。

小例子

金融公司会借助用户画像，采取垂直或精准营销的方式，来了解客户、挖掘潜在客户、找到目标客户、转化用户。以某 P2P 公司智投产品搞的投资返现活动为例，通过建立用户画像，分别为出借人 A 和 B，来避免大量烧钱的运营行为。经过分析得知，分析出借人 A 的复投意愿概率为 45％，出借人 B 的复投意愿概率为 88％。为了提高平台成交量，在没有建立用户画像前，我们可能会对出借人 A 和 B 实行同样的投资返现奖励。建立用户画像后，跟进分析结果，出借人 B 不需要投资就会复投，只需激励出借人 A 进行投资，提高了 A 类客户的复投率，同时还节约了运营成本。

二、用户画像分析

（一）收集数据

收集数据是用户画像中十分重要的一环。客户数据来源于网络或者线下人群，而如何提取有效数据，比如打通平台产品信息、引流渠道用户信息、收集用户实时数据等，这也是我们需要思考的问题。

用户数据分为静态信息数据和动态信息数据。对于一般公司而言，更多是根据系统自身的需求和用户的需要收集相关的数据。

用户数据主要包括用户行为数据、用户偏好数据、用户交易数据，如表 1-2 所示。

表 1-2　用户数据

用户数据		
用户行为数据	用户偏好数据	用户交易数据
活跃人数	使用 App/登录网站	贡献率
访问/启动次数	时间/频次	客单价
页面浏览量	浏览/收藏内容	连带率
访问时长	评论内容	回头率
页面停留时间	互动内容	流失率
直接跳出访问数	用户生活形态偏好	促销活动转化率
浏览路径	用户品牌偏好	唤醒率

以某电商平台为例,收集用户行为数据,如活跃人数、页面浏览量 PV、访问时长、浏览路径等;收集用户偏好数据,如登录方式、浏览内容、评论内容、互动内容、品牌偏好等;收集用户交易数据,如客单价、回头率、流失率、转化率和促活率等。收集这些指标性的数据,方便对用户进行有针对性、目的性的运营。

我们可对收集的用户数据做分析,让用户信息形成标签化。比如搭建用户账户体系,可自建立数据仓库,实现平台数据共享,或打通用户数据,为用户的精准分析提供依据。

(二) 行为建模

行为建模就是根据用户行为数据进行建模。通过对用户行为数据进行分析和计算,为用户打上标签,可得到用户画像的标签建模,即搭建用户画像标签体系。

以今日头条的文章推荐机制为例,通过机器分析提取你的关键词,按关键词贴标签,给文章打上标签,给受众打标签,如图 1-7 所示。接着内容投递冷启动,通过智能算法推荐,将内容标签跟观众标签相匹配,把文章推送给对应的人,实现内容的精准分发和个性化定制。

今日头条标签云

AI人工智能	APP运营	Axure	SEO优化	SEO排名	互联网运营	运营推广
产品经理	产品设计	产品运营	信息流	内容运营	增长黑客	社群运营
复盘	PMLink	小程序	微信运营	抖音运营	用户运营	裂变	短视频
产品体验	新媒体运营	新零售	活动运营	用户体验	用户增长	网站优化

图 1-7　用户标签

(三) 构建画像

用户画像包含的内容并不完全固定,不同企业对于用户画像有着不同对理解和需求。根据行业和产品的不同,所关注的特征也有不同,但主要还是体现在基本特征、社会特征、偏好特征、行为特征等,如图 1-8 所示。

用户特征分析

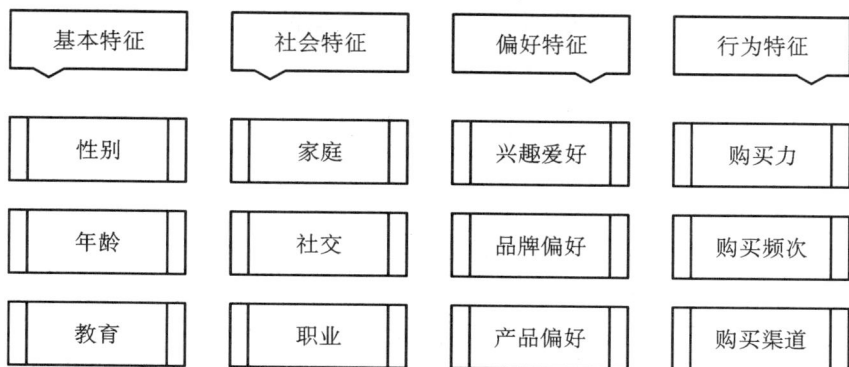

图1-8 用户特征分析

用户画像的核心是为用户打标签。即将用户的每个具体信息抽象成标签,利用这些标签将用户形象具体化,从而为用户提供有针对性的服务。

以李二狗的用户画像为例,我们将其年龄、性别、婚否、职位、收入、资产标签化,通过场景描述,挖掘用户痛点,从而了解用户动机,如图1-9所示。其中将21~30岁最为一个年龄段,薪资2万~2.5万作为一个收入范围,利用数据分析得到数据标签结果,最终满足业务需求,从而让构建用户画像形成一个闭环。

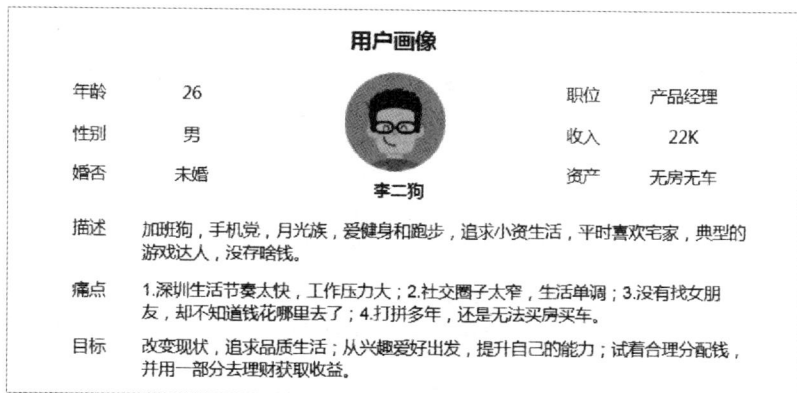

图1-9 用户画像示例

用户画像作为一种勾画目标用户、联系用户诉求与设计方向的有效工具,被应用在精准营销、用户分析、数据挖掘、数据分析等。

总而言之,用户画像根本目的就是寻找目标客户、优化产品设计,指导运营策略,分析业务场景和完善业务形态。

思维拓展

如何进行客户精准定位?

新的流量洼地——直播带货

如果直播带货这个模式是刚需,就像社交、打车、吃饭这样的刚需,那么直播带货会成为商家的标配,是足以存活几十年的,未来必然一片光明。也许还会走到线下,在店铺内实时播放,扮演的是实体店销售员的角色。

有句话这样说的:资本往哪里流动,哪里就是热土。因为资本的嗅觉最灵敏,他们一定会往回报率最高的新兴行业去,便产生了扎堆的现象。和资本一样,企业的风向也是如此,哪里是热土,企业的风向就往哪里转。

就像 2019 年上半年大家都在讨论私域流量,都在招社群运营一样,那时私域流量是热土,大家都往里面钻。到了下半年,一个沉寂了多年的业务,因为结合了电商,一飞冲天,这个业务就是直播,打通了电商后,出现了一个新的玩法:直播带货。预计直播带货是 2019 年下半年及 2020 年初的流量洼地,到 2020 年下半年,红利消失,届时洼地填平,进入刺刀见红的红海了。

本文从以下四个方面来为大家剖析下新的流量洼地——直播带货的玩法和套路。

1. 直播带货的含义

直播带货指的是通过视频直播平台,进行现场直播卖货的模式。目前带货平台以淘宝、快手、抖音为主,京东、拼多多、有赞等电商平台也开始试水直播带货的玩法。

之所以说直播带货目前是流量洼地,是因为直播带货现在所处的阶段像极了抖音、公众号的初期,仔细回忆下,2018 年的抖音和 2014 年的公众号,是不是随便做个内容都可以涨粉的,到了现在,再谈涨粉,难度犹如上青天。现在的直播间,刚好处在吸粉阶段,关注直播间得礼物,送代金券是目前的主流玩法。

群雄逐鹿的年代是美好的,说明用户的归属还没有尘埃落定。为什么直播一姐、一哥一场直播能带货几千万,归根结底是供需关系决定的。比如市场中有 100 万的直播用户,播主只有 10 个,每人可以分到 10 万甚至更高的流量。如果播主有 100 万,那么竞争的惨烈可以想象。

只要供小于求,就是红利期,是流量洼地。这期间也会有大批玩家进入,就看谁下手快了。等供需平衡时,再入场就晚了。如果你看到这篇文章,那么恭喜你,现在下手正当时。

2. 直播带货的参与者

直播带货有一个完整的链条,这里面的角色有:平台、电商公司、直播机构、资源整合者。

(1)平台。平台指的是直播平台,直播不是新鲜事物,2016 年就有直播了,但是直播带货的元年是从 2019 年开始的。这个很好理解,开始的直播变现方式是打赏。打赏就像游戏的充值,是有生命周期的,也可以理解为是不可持续的,新鲜劲一过就不会再花钱打赏了。那么直播必须要找一条新的盈利模式,否则直播模式必挂。

这时,直播电商的出现可以说是拯救了直播,甚至重塑了直播。我推测真正的直播要从 2020 年 5G 的普及开始,就像真正的短视频是从抖音崛起才开始一样,技术、市场不成熟,所有的先行者都是炮灰,就看接下来一家独大的重任是落在淘宝还是快手的肩上了。

(2)电商公司。电商公司是直播带货的核心玩家,是受益者,也是金主。淘宝做到这么大,离不开全国千千万万的卖家。加之淘宝流量价格这几年突飞猛涨,商家越来越难以承受,逼得他们去外部寻找便宜的流量。

2019年"双十一",淘宝直播一小时成交额超过了去年"双十一"一天的销售额。为每一个商家指明了新的方向,做直播吧。直播有流量、有转化、有利润。不管是年销售额过亿,还是刚刚上线淘宝的夫妻小店,纷纷开始了自己的直播,或者找网红直播。目的只有一个:多卖货。

(3) 直播机构。直播机构指的是孵化出李佳琦这样直播网红的机构。我们可能只知道李佳琦,却不知道2019年下半年如雨后春笋般涌出来的大大小小几千家直播机构。有些是MCN转型,有的是直接招募网红,做直播带货。各有各的玩法,但都往带货方向去培养。

最近出现了很多直播带货的培训课程,足见想踏入这个行业的人有多少了。不懂,不会怎么办呢?先去听课,听完课就会了,又是一茬新鲜待割的韭菜呐。

(4) 资源整合者:一方是直播网红机构,一方是电商卖家,两个齿轮不一定能吻合到一起。这就诞生了资源整合者,也就是中介。左手一大批网红资源,右手一些想要花钱推广的厂家。中间赚个差价,so easy。

3. 电商如何进行直播带货

接下来讲重点了。我们研究直播带货,最终还是要从游戏的主要参与者卖家的角度来看。平台只有不到十家,网红机构顶多几千家,但是电商产品的卖家却有千万家,每一个电商卖家都需要卖货,也都有直播带货的需求。那么,电商如何进行直播带货呢?

玩法一:自建直播间,培养自己的带货主播

优点:成本低,可控性强,是电商的主流玩法。参与"双十一"的电商中,有一半都搭建了自己的直播间。在直播间进行直播的,是普通的员工。有一家零食企业,每次直播有2个主播出镜,4小时轮换一次,每天直播一场。假设一家公司有4个职员专职直播出镜,一个月5000元底薪,加提成。一个月成本2万多,比投一次广告划算很多。

自建直播间,切记要弱化主播的个人性格,突出品牌性格。要让用户是冲着品牌而来,不是冲着主播而来。这样即使主播离职,换人了也不会对粉丝有影响。有个电商产品自己的某场直播中,用户一直问,某某小姐姐什么时候上线带货呢?这是一个很危险的信号,要立刻消灭掉。

做直播间对于传统企业来讲可能有点难度,毕竟有的公司几乎没有线上运营能力的。但换个思路,就当作把销售从线下搬到线上就可以了。直播带货的大拿不是长得好看,不是多才多艺的达人,而是销售能力强的人。试问,哪个公司没有几个销售冠军呢?让他们去线上带货,一样能卖得很好。

缺点:流量少,带货效果不佳。直播带货是个新鲜事物,大家都来尝试,但做得好的很少,一是不熟悉平台规则,不知道如何获得流量和吸引关注;二是销售技巧缺乏,带不动。风险与机遇并存,就看公司的运营水平了。

玩法二:找网红达人带货,付费推广

优点:见效快,分分钟卖断货。这是有广告预算的电商公司玩的,付费推广是一门学问。花钱不难,难的是花出去的钱,能收的回来且有盈利。我们看到直播带货,一场卖掉几万支口红,成交几百万,这都是个案,不具有参考性。正常来说,能做到1:1的投入产出比已经很不错了。投的钱,回不了本也很正常。要知道,主播带货并不是任何产品都能带得动的。

我们在找主播带货时,一定要打听清楚,自己这种类型的产品主播有没有带过,效果如何。比如电子产品直播带货,基本上是亏钱的买卖。直播带货最好的产品是护肤品和快消品,除此以外的,目标用户不精准,再大牌的主播也带不动。

和达人合作的方式有两种:一种是只收坑位费,另外一种是坑位费加提点。现在有纯按提点来收费的合作模式了,但是那个点数跟我们想象得不太一样。我和一个以佣金结算合作方式的机构聊过,差不多要返 50 个点,完全不适用于普通产品,除了那种利润率超高的暴利产品。找什么样的网红,要看自己的产品来选择的。

缺点:投入高,效果无法保证。既然是做推广,多花钱是肯定的。尤其是直播带货的市场还不太透明的当下,价格虚高、数据作假的情况不少。还记得之前某个百万粉丝的大V零成交的案例吗?买的永远没有卖的精。

4. 直播带货的未来

说一点个人的看法,直播带货的未来也许一片光明,也许只是一个小热点。如果直播带货这个模式是刚需,就像社交、打车、吃饭这样的刚需,那么直播带货会成为商家的标配,是足以存活几十年的,未来必然一片光明。也许还会走到线下,在店铺内实时播放,扮演的是实体店销售员的角色。

如果直播带货这个行为和初期的打赏一样,玩的只是新鲜感,久了用户没有看直播下单的冲动了,那么直播带货只是昙花一现的热点而已。我们不要被一时的虚假繁荣带到沟里去,就像之前的共享单车,有多少人觉得这是未来,然而历史证明,这不过是个击鼓传花的游戏而已。

直播带货的最大变量是5G,5G到来后,视频的清晰度会提升很多。那时,直播带货的体验会完全不同。看淘宝直播,淘宝一姐直播间画质的清晰度,要远远高于普通企业的直播间,这也算是马太效应了。直播带货的未来会如何发展,还很难下结论。不过既然眼下是流量洼地,先下手为强咯。

(资料来源:本文由@老虎讲运营原创,发布于人人都是产品经理,http://www.woshipm. com/it/3273602.html)

思考:

电商直播的用户画像具有哪些标签?

任务四　电商创业风险

▶▷ 案例导入

说实话,您为什么想创业?

很多人都曾被问到："创业中最大的挫折是什么？"

大部分人的答案，是深夜里痛哭的无力感，是团队解散时的伤感，又或是作为女性创业者遭受过的不公。

可惜，这些都只是对创业的片面理解。真正能让一个电商创业者折磨到整夜整夜失眠的，是不确定的感觉。马云曾经说过："今天很残酷，明天更残酷，但是后天很美好，但是大多数人死在了明天的晚上。"这一句话很明了地概括了创业者的一生。

眼下无论是国内还是跨境，电商一片火热，很多朋友按捺不住躁动的心，一个猛子就扎了进去。殊不知在电商创业的前路上，布满了各种陷阱、风险等。

一、守株待兔，闷在自己的圈子里面做电商

最常见就是在自己的圈子里面闭门造车，坐等顾客上门，佛系运营。这恰恰是一个极大的风险，如今是一个资源整合的时代，市场信息瞬息万变，电商创业者唯有经常互动交流，抱团取经，及时获取产品市场信息才能快速抓准良机，才能走得更远。

二、瞻前顾后，没安全感

最常见的一类人就是缺乏拼搏的勇气，没十分的把握绝不动手，凡事总想着周全稳妥。但是凡事或多或少总有你无法预知的风险，就算有十分的把握，等咱们耗到这个时间点上，赚钱的好的时机也错过了。电商创业讲究的是，反应快速，运转灵活，作风勇猛。

三、心比天高，命比纸薄

主要表现在小事不愿做，大事做不了。看了那些前人的睡天桥，跑市场跑烂几双鞋，风里雨里去拿货的例子总觉得自己也能做得到，实际上只想使唤别人去做，憧憬着自己明天就是第二个马云。有理想是没错的，但是不愿从基层做起，不想小本小利的积累的话，是没办法从量变到质变的。

四、总是在模仿，从来未超越

最常见的就是市场上什么火，就模仿跟上卖什么。模仿是没错的。在没完全熟悉这个市场的时候，模仿是最有效的手段，可以让电商创业者绕过了诸多坑坑洼洼，快速上手。但是上手了之后，还是一味地模仿、跟风，那纯粹是没有理解到电商的精髓了。有一句话是这样说的"能打败微信的，绝对不会是第二个微信"。

五、专注于生产，不管营销

这几年一直有人在提工匠精神。他们做出来的产品如同一件艺术品，令人爱不释手。总会有创业者觉得，只要我把产品做得非常的好，自然会有很多人来找了。事实上，在电商市场中，酒香也怕巷子深。君不见经常在报道中提及各地各种各样的优质农产品烂在地里无人采买，君不见在2018年服装巨头 H&M 烧掉了60吨卖不出的库存。

六、只进不出，活钱变死钱

赚了钱不投入，不扩大规模，不是存起来就是奢侈地消费掉了。有一个极端的例子，电商创业月赚几万的时候，不继续投入资金扩大规模，而是个人膨胀了，买车，消费出手大方，最后还染上赌博，时至今日，当初什么现在还是什么样。在他后面做的其他人早就已经甩他几条街。

七、选择困难症，无法聚焦某一点

有一些电商创业者起点很高，身边布满了各种各样的"资源"，如跟某电商平台的活动资源小二很熟，跟某自营网站的采购称兄道弟，又或者与某个电商成功人士沾亲带故等等。这种人往往会患上选择困难症，觉得不知道从哪里起步，从哪个平台开始，最后搞着搞着，像个花心的公子哥儿一样，做不了专一的事，更别提能聚焦于某一个平台，某一个类目，某一款产品了。

八、财务混乱，盈亏无法预计

这种风险往往是最危险的。虽然不要求电商创业者一定得精通会计，但是对于账目，一定要看得懂。还要时刻关注自己的项目是盈利还是亏损。持续盈利的话，也不要过于吝啬，要懂得善待一起奋斗的同事。持续亏损的话，就要及早做出调整，是放弃，还是继续坚持，都要做到心中有数。

九、没有挑到适合自己的产品

这种风险往往是致命的。这决定了电商创业者踏出的第一步是正确的，还是本身就是一个错误。合适的产品必须具有合理的利润，自己感兴趣并看好它，市场能接受其价格等等。往往有很多电商创业者在启动前期没做好市场调查，看到什么火，就觉得这个一定好做，然后一头扎进去折腾，浪费了好几年才发现原来这根本就是一个美丽的错误。

十、找不到合理的盈利模式

电商创业是行军打仗，有崇高的理想还不够，解决吃饭问题才是最基本的。如果电商创业者从事的是盈利模式模糊，又或者盈利无法覆盖成本，而是全靠营销造概念引来风险投资才能活得下去的行业，这往往最后只有一地鸡毛。即使你愿意孤身一人奋斗到最后，身边的团队其他人员也难免会有其他想法。

综上所述，电商行业的创业道路上风险重重，如何合理地规避风险，需要各位电商创业者提前做功课，努力立于不败之地。

案例思考

大学生辞去项目经理职位，在淘宝上实现创业梦

几年前，小王大学毕业，与大部分同学一样，他选择了专业对口的一份工作，到电力公

司的下属企业担任项目经理,常年在外从事工程基础建设,工作很辛苦,但是很稳定。然而一次公司聚餐,彻底改变了小王的生活。公司准备自购食材组织全体同事去野外烧烤,让小王负责食材和调料的采购。小王不知道什么调料适合烧烤,就去网上搜索查询,结果查询到一家公司在生产和销售各种口味的调料,小王就试着购买了一些,结果同事们对调料的味道赞不绝口。回家之后,小王又上网了解了一下淘宝开店的知识,发现利用业余时间可以在淘宝开店;抱着利用闲暇时间赚点"零花钱"的心思,小王申请了一家自己的淘宝店铺,然后打电话联系到调料厂家,购买了少量的调料包,在自己的淘宝小店中开始销售。使小王出乎意料的是,仅仅两天时间,从调料厂家购买的调料包就已售罄。调料包的热卖让小王看到了淘宝开店的商机。

在仔细考虑两天时间后,小王毅然从公司辞职,一个人、一台计算机,开始了自己的淘宝创业梦。半年时间,小王靠着在淘宝店销售调味料赚到了 4 万元。销售额的不断提升,让小王的淘宝店规模越来越大,口碑越来越好,客户类型也越来越丰富,不仅有个人买家搜索到店铺购买调料包,还有一些商家也选择通过小王的店铺购买调料包。在销售调料包的过程中,小王非常关注买家的使用体验,有些买家也会对店铺商品提出一些建议和要求,如觉得调料包的种类不够多,建议掌柜丰富商品类型等。小王将买家建议反馈到生产厂家,厂家内部商量后,决定扩大产品种类。随着新产品的推出,越来越多的买家可以在店铺中买到想要的商品,使得店铺的生意也越来越红火。从国企辞职开始自主创业,一路成长为年入几十万元的淘宝商家,小王说:"年轻人头脑活、知识面广,对新事物的接受度高,就要有敢闯敢拼的精神。不努力一下,怎么知道自己的梦想是什么,未来的方向在哪里。"

思考:

有创业想法的人不在少数,由于怯于失败,在发现商机后,勇敢迈出创业步伐的人却不是很多。小王在挖掘市场需求后就大胆地去尝试,毅然辞去专业对口的项目经理的工作,踏上追逐创业梦想之路。但是网上的店铺很多,经营的商品也是五花八门,其盈利状况也不尽相同,新手由于经验不足,应该做好哪些准备,才能实现成功创业呢?

能力训练

一、单选题

1. 电商创业市场环境分析的三大工具中用于微观环境分析的是(　　)。
A. 抖音的 DOU+　　B. SWOT 分析　　C. 波特五力模型　　D. 人群画像工具

2. 透过生意参谋,小张发现其淘宝店铺的消费者主要集中在 25～35 岁这个年龄段,这属于(　　)。
A. 千人千面技术　　B. 客户人群画像　　C. 行业竞争分析　　D. 优势分析

3. 农村电商创业是目前的热点,小张在进行创业分析时,对农村电商创业的形势分析属于(　　)。
A. PESTEL 分析　　B. 生意参谋分析　　C. 大数据分析　　D. 人群画像分析

4. 打开淘宝 App,你会发现每个人的 App 界面呈现的内容都是不一样的,这属于（　　）。

A. 随机呈现　　　B. 客户人群画像　　C. 千人千面技术　　D. 消费者定位

5. 小张选定农村电商这个行业领域,那么他对淘宝上其他卖农产品店铺的分析属于（　　）。

A. 客户群体分析　　B. 竞争对手分析　　C. 供应商分析　　D. 市场行情分析

二、多选题

1. 做好市场分析,提升电商创业成功率的方法有（　　）。

A. 利用人群画像工具确定消费者群体

B. 收集买家标签,掌握目标消费群体的消费习惯

C. 做好市场定位

D. 购买生意参谋工具

2. 小张在网上卖火龙果,他想获取火龙果的客户精准画像,可以运用以下（　　）方法。

A. 问卷调查　　　　　　　B. 利用数据工具

C. 创业者对消费者的判断　　D. 利用交谈、调研等传统手段

3. 波特的五力模型是指（　　）。

A. 同行业内现有竞争中的竞争能力

B. 潜在竞争者进入的能力

C. 替代品的替代能力

D. 供应商的讨价还价能力和购买者的讨价还价能力

4. 对竞争者分析需要运用（　　）分析工具。

A. PESTEL　　　B. SWOT　　　C. 波特五力模型　　D. 人群画像工具

5. 对于小张在网上售卖农产品来说,下列（　　）因素属于宏观环境因素。

A. 小张的家乡地理位置优越,物流顺畅

B. 小张家乡的农产品很有名气

C. 居民注重健康,乐于购买原生态的农产品

D. 2019 年年末的新型冠状病毒疫情,居民出行购物受限,促使网购

三、思考题

"乙亥年末,庚子年初,荆楚大疫,数万人染疾,众人皆恐,足不出户。"

透过文字,请思考:此次疫情,对电商行业有什么影响?

项目二

电子商务创业平台选择

▶▶ 知识目标

1. 了解电子商务创业的相关概念及特征；
2. 掌握商业模式及盈利模式的概念；
3. 掌握分析产品适用范围及对电商创业平台选择的意义；
4. 掌握分析消费群体特征及对电商创业平台选择的意义；
5. 掌握国内电子商务平台与跨境电子商务平台的区别与联系；
6. 掌握国内电子商务平台的运营方法；
7. 掌握跨境电子商务平台的运营方法。

▶▶ 能力目标

1. 能够分析产品、资金、技能等条件，做可行性分析论证，选择合适的平台；
2. 能够针对所选择的平台分析它的运营规则，预测运营成本等因素，进行可行性研究；
3. 能够根据跨境电商的特点，熟悉相关国家的进出口贸易有关政策，熟悉相关的管理规定，做可行性研究分析。

▶▶ 思维导图

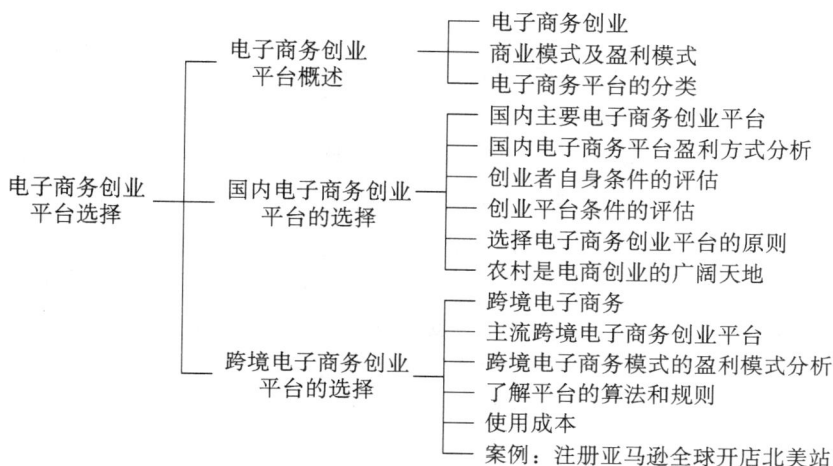

● ● ● ▶ 案例导入

A：师兄，你自主创业那么多年了，听说你公司的业绩很好，你公司主要业务在哪个平台运营的呢？目前哪个平台的业务做得好？

B：师弟，我们公司的业务分为内贸、外贸两方面。外贸方面，使用国外的大平台，投入大，产出效果也不错，但受国家、地区性的管理限制多，操作过程复杂。内贸方面，我们在好几个平台都开有店铺，运营效果好的京东商城店、天猫店等B店，但这些店运营成本高，投入大，利润率低，靠走量，收益还算好。还有一些其他平台的店，运营效果不好，有些已闲置，成为鸡肋，不好处理。最近使用移动端，搞了App和小程序，投入不少推广费用，吸收流量和销售效果都不错，这个是电商的风口，我们会继续努力。

A：噢！受教了。看来我选择创业平台，要考虑的因素挺多的。

以上案例表达了四个信息：一是电商创业平台有内贸外贸两大类。二是内贸B店运营较好，但成本高，利润薄。三是有些平台的店运营效果差。四是移动端成电商风口。

那么，应该怎样选择创业平台呢？

任务一　电子商务创业平台概述

从1997年开始至今，中国电子商务行业走过了22年的风雨征程，从国内首家垂直B2B商业网站"中国化工网"诞生开始，包括8848、阿里巴巴、易趣网、当当网等电子商务平台先后涌现，就拉开了电子商务发展的序幕，22年间中国电子商务磅礴发展，现如今已在促进消费与结构调整方面展现出强大的动力，成为驱动国民经济与社会发展的新要素。

近年来，政府围绕"互联网＋"、供给侧改革、"一带一路"推出相关政策，积极推动电商市场的发展。随着"互联网＋"行动的持续深入，电商市场向细分领域发力，农业和跨境电商成为重点领域，此外，"互联网＋流通"和金融服务领域政策法规的出台，提升了电商市场的配套设施。供给侧改革推动消费在国民经济中所占的比重增加，从而催生产业链下游消费环节向上传导，为电商发展提供良好的契机。

2018年中国电子商务交易规模已占国内GDP的36.15%，电子商务成为21世纪商业创新的主要动力，已在促进消费与结构调整方面展现出强大的动力，成为驱动国民经济与社会发展的新要素，也为技术进步与创新创造提供了平台。2018年中国电子商务交易规模为32.55万亿元，同比增长13.5%；占2018年中国GDP 90.03万亿元的36.15%。其中，B2B电商交易额22.5万亿元，零售电商交易额8.56万亿元，生活服务电商交易额1.49万亿元；截至2019年6月，我国网民规模达8.54亿，互联网普及率达61.2%，我国手机网民规模达8.47亿，网民使用手机上网的比例达99.1%，较2018年年底提升0.5个百分点。截至2019年6月，我国网络购物用户规模达6.39亿，占网民整体的74.8%。

一、电子商务创业

创业是创业者对自己拥有的资源或通过努力对能够拥有的资源进行优化整合，从而创造出更大经济或社会价值的过程。创业是一种需要创业者组织经营管理、运用服务、技术、器物作业的思考、推理和判断的行为。根据杰夫里·提蒙斯(Jeffry A. Timmons)所著的创业教育领域的经典教科书《创业创造》(*New Venture Creation*)的定义:创业是一种思考、品行素质,杰出才干的行为方式,需要在方法上全盘考虑并拥有和谐的领导能力。

(一)创业的四个阶段

1. 第一阶段

生存阶段,以产品和技术来占领市场,只要有想法(点子)会搞关系(销售)就可以。

2. 第二阶段

公司化阶段,规范管理来增加企业效益,这是需要创业者的思维从想法提升到思考的高度,而原先的搞关系就转变成一个个渠道的建设,公司的销售是依靠渠道来完成的,团队也初步形成。

3. 第三阶段

第三阶段是集团化阶段。这时依靠的是硬实力(产业化的核心竞争力),整个集团和子公司形成了系统平台,依靠的是一个个团队通过系统平台来完成管理(人治变成了公司治理),销售变成了营销,区域性渠道转变成一个个地区性的网络,从而形成了系统,思维从平面到三维。这时创业者就有了现金流系统(赚钱机器),就可以退休了,它是24小时为创业者工作的,这就是许多创业者梦想达到的理想状态。

4. 第四阶段

这是创业者的最高境界,集团总部阶段,是一种无国界的经营,也就是俗称跨国公司。集团总部的系统平台和各子集团的运营系统形成的是一种体系。集团总部依靠的是一种可跨越行业边界的无边界核心竞争力(软实力),子集团形成的是行业核心竞争力(硬实力)这样将使集团的各行各业取得它们在单兵作战的情况下所无法取得的业绩水平和发展速度。思维已从三维到多维,这才是企业发展追求达到的最高境界。

(二)电子商务创业的概念

互联网的发展日新月异,网上购物成为人们当今生活的主流,马云的阿里王国改写了中国的商业格局,淘宝让许多的人成了百万富翁,让消费者购物更便捷,物流业发展更迅猛,改变了人们生活方式的同时也改写了许多人的命运,自己给自己打工,电子商务创业应运而生,不少人开始自己的创业梦,进而改变自己的人生。

电子商务创业是在电子商务相关领域进行的创业活动,包括国内电子商务创业及跨境电子商务创业两种形式。从电子商务创业角度来学习和提升电子商务技能,有效弥补仅仅接受技能锻炼而整体性运营能力不足的缺陷,在一定程度上将电子商务行业过于细致的分工思维提升至整合思维。电商创业是现在一种比较流行的创业方向,但是在这个行业里创业也越来越困难了,因为行业发展得比较成熟,新入场的人有很大的劣势,但是还是有很多小的机会,下面来说说电子商务创业的特征。

1. 竞争越来越激烈

在行业日渐成熟的背景下,竞争也越发激烈。这个竞争来自两方面,一是细分行业的内部竞争,比如母婴电商领域现在就存在若干家网站,竞争异常激烈;二是来自阿里和京东的外部竞争,当一个创业型电商平台越做越大时,很难避免和巨头正面冲突。

2. 风险投资对电商的兴趣正在减弱

这里面有三个原因，一个是上面提到的竞争因素；第二，电商模式烧钱太快太猛，它们需要花很多钱去做推广，才能建立知名度，培养用户习惯；第三，电商平台出现越来越多的刷单行为，让风险投资有一种被欺骗的感觉，严重影响了电商创业的诚信度。

3. 电子商务创业对"重资产"的依赖越来越强

以往很多人认为，电商创业就是搭建一个购物平台就行了，不过，从京东和阿里的发展历程来看，电子商务走到今天，对仓储物流等"重资产"的依赖越来越强。如果一个电商企业不能拥有这些重资产，那就不是真正的电商企业，未来极有可能在竞争中落败。

4. 电子商务创业的周期太长

由于电子商务创业的技术含量相对较低，电子商务创业的周期才会太长。而其他的创业模式，比如更贴近产品层面的创业，其周期就不会太长。以手机游戏为例，一般说来，如果你做的手机游戏产品确实有过人之处，那么很快就会走红，很快就能带来现金流，这种立竿见影的特性可是电商无法相提并论的。

随着电子商务创业的规模化，以后竞争会更加激烈，更难从小做起，旗舰电商店铺会占据更多资源，中小店铺很难有翻身的机会，所以想要电子商务创业要趁早，趁年轻。

二、商业模式及盈利模式

(一) 商业模式

商业模式，是管理学的重要研究对象之一，商业模式是一个组织在何时（When）、何地（Where）、为何（Why）、如何（How）和多大程度（How Much）地为谁（Who）提供什么样（What）的产品和服务，并开发资源以持续这种努力的组合。它是指企业与企业之间、企业的部门之间，乃至与顾客之间、渠道之间都存在各种各样的交易关系和联结方式。在分析商业模式的过程中，主要关注一类企业在市场中与用户、供应商、其他合作伙伴的关系，尤其是彼此间的物流、信息流和资金流。商业模式是创业者创意，商业创意来自机会的丰富和逻辑化，并有可能最终演变为商业模式，其形成的逻辑是：机会是经由创造性资源组合传递更明确的市场需求的可能性（Schumpeter，1934；Kirzner，1973），是未明确的市场需求或者未被利用的资源或者能力。

任何一个商业模式都是一个由客户价值、企业资源和能力、盈利方式构成的三维立体模式。由哈佛大学教授约翰逊（Mark Johnson）、克里斯坦森（Clayton Christensen）和SAP公司的CEO孔翰宁（Henning Kagermann）共同撰写的《商业模式创新白皮书》把这三个要素概括为：

"客户价值主张"，指在一个既定价格上企业向其客户或消费者提供服务或产品时所需要完成的任务。"资源和生产过程"，即支持客户价值主张和盈利模式的具体经营模式。"盈利公式"，即企业用以为股东实现经济价值的过程。

商业模式最通俗的定义就是描述企业如何通过运作来实现其生存与发展的"故事"。在互联网热潮时期，硅谷的许多创业者曾通过给投资者讲一个好的"故事"而获得巨大融资，因此，商业模式是每个企业都要去思考和研究的课题，没有商业模式或者商业模式不清晰，抑或商业模式缺乏环境适应性，都将使企业面临巨大的生存危机。互联网经济迅速崛起使得电子商务企业的模式呈现出新的特点,模式设计、模式定位与模式创新是电子商务企业在竞争中必须思考的问题。

(二) 盈利模式

盈利模式也是管理学的重要研究对象之一。盈利模式是指按照利益相关者划分的企业的收入结构、成本结构及相应的目标利润等一整套架构体系。盈利模式是对企业经营要素进行价值识别和管理,在经营要素中找到盈利机会,即探求企业利润来源、生产过程及产出方式的系统方法。还有观点认为,它是企业通过自身及相关利益者资源的整合并形成的一种实现价值创造、价值获取、利益分配的组织机制及商业架构。

盈利模式分为自发的盈利模式和自觉的盈利模式两种。自发的盈利模式是自发形成的,企业对如何盈利,未来能否盈利缺乏清醒的认识,企业虽然盈利,但盈利模式不明确不清晰,其盈利模式具有隐蔽性、模糊性、缺乏灵活性的特点。自觉的盈利模式,是企业通过对盈利实践的总结,对盈利模式加以自觉调整和设计而成的,它具有清晰性、针对性、相对稳定性、环境适应性和灵活性的特征。

三、电子商务平台的分类

电子商务的形成与交易包括电子商务交易平台、平台经营者、站内经营者及支付系统。电子商务交易平台是指在电子商务活动中为交易双方或多方提供交易撮合及相关服务的信息网络系统总和;平台经营者是指在工商行政管理部门登记注册并领取营业执照,从事第三方交易平台运营并为交易双方提供服务的自然人、法人和其他组织;站内经营者是指在电子商务交易平台上从事交易及有关服务活动的自然人、法人和其他组织;支付系统是由提供支付清算服务的中介机构和实现支付指令传送及资金清算的专业技术手段共同组成,用以实现债权债务清偿及资金转移的一种金融安排,有时也称为清算系统(Clear System)。

一般说来,电子商务平台分类有很多种分法,具体如下。

(一) 按交易双方分

1. 电子商务的主流形式——B2C

B2C 是英文 Business to Customer 的缩写,即商家对消费者,表现形式就是零售类的电商平台。国内的天猫、京东,国外的亚马逊都是属于这一类,它们占了整个电子商务市场的半壁江山,电商巨头也多产于这里。线下实体店有的商品,这里都有,所以现在很多人都不经常去实体店买东西了。

2. 互联网模式的批发或分销——B2B

B2B 指的是 Business to Business,因为交易的双方都是商家性质,自然这类电商平台做的主要事情也就是商品的批发或分销了。很多情况下,卖家能够直接通过平台在生产厂家手里拿货,避免了多级中间商差价以及中转的物流成本,这就是电子商务的优势魅力所在。电商平台分类中的 B2B 平台其实比 B2C 类出现得更早,早期的有慧聪网、马可波罗、阿里的 1688 等,不过现在前两个已经掉队。

近几年来,随着跨境电商的大火,外贸领域的 B2B 平台也已出现,如阿里巴巴的速卖通、环球易购的环球华品网等。速卖通主要是第三方卖家做小额批发,品类全,但大多没有整个电商供应链的服务能力,环球华品主要是和国内的数万厂家对接以自营形式自建海外仓,为跨境电商卖家提供仓储及全球一件代发服务,应该说各有优势。

3. 个人之间的电子商务——C2C

Consumer to Consumer,简称C2C,淘宝就是C2C电商平台里最出名的代表,江湖人称"万能的淘宝"。国外比较出名的是eBay,每天都有几百万的商品在上面上架销售,而且是面向全球的整个市场。

4. 线上与线下深入融合——O2O

如果说以前的电商平台模式大部分都是在冲击传统商业模式和传统企业,那么近几年出现的Online to Offline(O2O)模式则给传统商业带来了强大的发展助力。在美团、口碑这些O2O电商平台,消费者可以直接在线上购买或预定,然后到线下实体店去消费,平台为店家带去了源源不断的客源。

(二) 按平台所有权分

按平台所有权分包括第三方平台及独立商城。第三方平台如天猫、京东这类开发第三方卖家入驻的平台;独立商城也叫自营,即自建平台自己卖,如唯品会、华为商城等。

(三) 按经营品类分

按经营品类分包括综合电商平台及垂直电商平台。综合电商平台如京东、淘宝,商品品类非常齐全;垂直电商平台如酒仙网,专注于卖酒一个品类。

(四) 按销售地域分

按销售地域分包括国内电商平台和跨境电商平台。国内电商平台就是指天猫、淘宝、京东等;跨境电商平台有天猫国际、京东全球购、速卖通、敦煌网、亚马逊及eBay等。

任务二　国内电子商务创业平台的选择

一、国内主要电子商务创业平台

国内主要电子商务平台,如图2-1所示。

(一) 以淘宝网为代表的C2C平台

C2C平台,开店主体是自然人,不需要法人资格,它具有六个特点,分别是招商门槛比较低、交易成本比较低、经营限制比较少、信息收集比较便捷、容易转型及交易大众化。适合组织产品能力、经济实力和技术力量都相对比较薄弱的初创者。

众所周知的淘宝网,因为平台的开放性、便利性、免费性,而受到初创者的青睐,现在已有超过1 000万注册用户,大部分是中小企业或者是自然人用户。

淘宝网具备这个创业平台的要素:

第一,产品。一般来说,符合国家管理规定的,不违法的产品,基本上都可以登录淘宝网进行交易,创业者比较容易组织产品。

第二,平台的规模很大。经多年发展,淘宝网的功能、安全性等都是世界一流,日均1.6亿的浏览量,体现其超强的吸引流量的实力。

图 2-1 国内主要电子商务平台

第三，淘宝网的推广力度很大，广告投放面积大，家喻户晓，知名度高。

第四，淘宝网内，对入驻商家的配套服务比较全面，技术指导性强，服务质量较高，并且在不断地更新、优化。

第五，在淘宝网开店创业，运营成本相对来说比较好控，平台免使用费，保证金 1 000 元人民币起，运营费用也可自控，可低可高，看自己的实力自由发挥、自由选择。

另外，淘宝网跟其他网相类似，就是以淘宝网为主体派生出众多的平台，比如说移动端的 App，方便一些消费群体。虽然不能说是创新，但是也是迎合了这个风口，迎合了大众消费群体的需要，适合创业者使用。从以上分析可看出，淘宝网满足初创者对平台选择的要求。

（二）以京东商城、天猫为代表的 B2C 平台

B2C 平台相对来说是入门的门槛比较高，表现为运营成本高、技术要求高、入驻管理比较严格，通过这三个要求，筛选了有实力的入驻商家。

高付出后，有高回报，这个回报就是 B2C 的平台的服务质量、服务措施应该都是比较好的。B2C 平台的另外三个特点是：推广的面积大，推广的力度强，安全性比较高。平台的服务到位了，对商家和消费者都有相对应的保护作用。

这些 B2C 平台，也随着电商的风口发展，都有移动端的研发，推出移动端，比如说京东商城和天猫就有相应的 App，带动入驻商家使用移动终端。

这类平台一般适合实力雄厚的创业者。

（三）以微信为代表的"移动新媒体平台"

新媒体是近年发展起来的移动电商的平台，其载体是移动通信，运营新媒体是电商的最新的风口所在。新媒体运营的内容包括产品、用户、数据的运营，而这些运营非常灵活。因为新媒体的使用群体是全民制，只要你拥有智能手机、电脑，个个都是运营者。所以，归结起来新媒体平台是："面向个体，抱团圈子"。

　　面向个体指用户可以是个人,也可以是法人,所有使用人都可以运营新媒体创业。抱团圈子指社群营销。社群就是在这些新媒体上面建立了各种性质的社群,这些群体一般来说都是按照某一特定的范围、事项或主题组建的圈子,可以是一种兴致、爱好,可以是为某一事、为一种目的等事由组成的。在这个圈子里面有共同的话题,运营起这些社群圈子,志同道合的人在这些社群中发布对应的信息,共享这方面的资讯,这就叫作抱团圈子。这种圈子就可以成为推广某范围产品的创业的一种载体。

　　移动新媒体平台是基于移动互联网与社交媒体的一种媒介。这一类移动新媒体平台,以用户量庞大的"微信、微博、论坛、SNS"等来体现。

　　这种新媒体运营,就是运营由相同喜好、相同志向的人群组织起来的社群。社群运营的特点有五个:

　　第一,传播方式双向化,互动性非常强;

　　第二,接收信息的方式是移动的,打破时间和空间的限制,很多零碎的时间都被利用上,这样子就相对来说是适合民众化大众化的营销;

　　第三,传播行为更加个性化,可以一对一,可以一对多,多对一;

　　第四,传播速度实时化,可以是非常快,也可以是把时间放慢;

　　第五,传播内容多样化,文字、图形图像文件、语音等都可以,非常方便。

　　作为新媒体代表的微信,当前用户数量已破 6 亿,由于人群大、流量大、使用时间不限制、免费等优点,近 3 年广泛应用于销售、推广式创业,营销效果显著。

　　微信平台也符合电商创业选择的五个要素,比较适合起点低的创业者。

二、国内电子商务平台盈利方式分析

　　我国电子商务平台模式主要包括 B2B 模式、B2C 模式及 C2C 模式。

(一) B2B 模式的盈利方式

　　B2B 模式主要是通过互联网平台聚合众多的企业商家,形成买卖的大信息海洋,买家与卖家在平台上选择交易对象,通过在线电子支付完成交易。B2B 应该是我国目前盈利状况最好的电子商务商业模式。

　　企业间的电子商务是电子商务三种模式中最值得关注和探讨的,因为它最具有发展的潜力,如大型企业自建 B2B 电子商务网站来开展电子商务,企业通过电子商务来降低成本、提高销售量,如海尔、联想等推出的网上采购和网上分销。主要盈利模式:广告、搜索、交易、增值服务、线下服务、商务合作。

(二) B2C 模式的盈利方式

　　B2C 模式主要是企业通过互联网为消费者提供一个新型的购物环境——网上商店,消费者通过网络在网上购物、在网上支付。由于这种模式节省了客户和企业的时间和空间,大大提高了交易效率,特别对于工作忙碌的上班族,这种模式可以为其节省宝贵的时间。B2C 模式是我国最早产生的电子商务模式。主要盈利模式:销售本行业产品、销售衍生产品、产品租赁、拍卖、销售平台、特许加盟、会员、上网服务、信息发布、为企业发布广告、为业内厂商提供咨询服务。

（三）C2C 模式的盈利方式

C2C 电子商务模式是一种个人对个人的网上交易行为，目前 C2C 电子商务企业采用的运作模式是通过为买卖双方搭建拍卖平台，按比例收取交易费用，或者提供平台方便个人在上面开店铺，以会员制的方式收费。零售电子商务的三个基本要素是信息流、物流与资金流，C2C 已经基本解决，目前真正的难点在于交易信用与风险控制。互联网突破了地域的局限，把全球变成一个巨大的"地摊"，而互联网的虚拟性决定了 C2C 的交易风险更加难以控制。这时，交易集市的提供者必须处于主导地位，必须建立起一套合理的交易机制，一套有利于交易在线达成的机制。

三、创业者自身条件的评估

评估内容包括品牌知名度、消费群体特征、运营预算，俗称"三要素法"。

（一）分析经营产品的品牌知名度及适用范围

1. 品牌知名度

品牌知名度是指潜在购买者认识到或记起某一品牌是某类产品的能力。它涉及产品类别与品牌的联系，让消费者找到熟悉的感觉。品牌知名度包括无知名度、提示知名度、未提示知名度及顶级知名度。

（1）无知名度。

无知名度指消费者对品牌没有任何印象，原因可能是消费者从未接触过该品牌，或者是该品牌没有任何特色，容易让消费者遗忘，消费者不会主动购买此品牌的产品。这种无知名度的企业在日常生活中比较常见，比如刚刚注册成立一两年的企业，由于受到资金和人力的限制，一般不可能在短时间内被众人熟知，还需要时间的磨砺。针对这样的企业，我们的营销重点应该放在扩大品牌知名度和吸引意向客户上。

（2）提示知名度。

提示知名度指消费者在经过提示或某种暗示后，可想起某一品牌，能够说出自己曾经听说过的品牌名称。这个层次是传播活动的第一个目标，它在顾客购买商品选择品牌时十分重要。这类企业一般成立了五六年，但由于地域、行业、资金、人力等多种原因，并未对企业进行大力宣传，只是有一些固定的客户群，可以支撑营收、保持温饱。这样的企业由于服务与产品质量过硬，一般客户体验过就会形成二次购买。因此，营销重点应该放在扩大知名度上。

（3）未提示知名度。

未提示知名度，指在不需要任何提示的情况下能够想起某种品牌，即能正确区别先前所见或听到的品牌。对某类产品来说，具有未提示知名度的往往不是一个品牌，而是一串品牌。这种未提示知名度的企业，一般成立至少十年以上，且信誉良好，拥有固定且基数庞大的客户群，并且，在某一个地区或者行业内有口皆碑，偶尔也会做营销，但不经常做。这样的企业一般已经拥有一些口碑，因此营销重点应该放在调动原有客户群、扩大知名度和吸引更多意向客户上。

（4）顶级知名度。

顶级知名度，指消费者在没有任何提示的情况下，所想到或说出的某类产品的第一个名牌。这类企业可以凭借雄厚的财力物力通过炒作、广告轰炸、大规模的公益和赞助等循序渐进地进行品牌塑造,通过建立品牌优势来刺激和吸引消费者的购买冲动,品牌被几乎所有人熟知,你能够经常看到身边的人使用他们的产品。这样的企业一般不愁客户,也不愁营收,因此营销重点应该放在提升品牌形象上,通过企业知名度确认营销重点,如表2-1所示。

表2-1　通过企业知名度确认营销重点

企业知名度	营销重点
无知名度	扩大品牌知名度,吸引意向客户
提示知名度	扩大知名度
未提示知名度	调动原有客户群,扩大知名度,吸引更多意向客户
顶级知名度	提升品牌形象

2. 产品适用范围

产品适用范围是指企业自己的产品适用于哪一些消费领域,重点是在国内还是国外市场,产品适合在哪些平台销售等。如果是比较平民化的产品,选择平民化的平台;如果是高端产品,则选择奢侈品销售平台。

(二)消费群体特征

消费群体是指跟消费有关系的性别、年龄、消费习惯、消费水平、生活水平等。首先关注农村居民,由于我国城乡二元结构,农村居民的收入和消费水平与城镇居民有较大差距。但近年来,农村居民的人均支配收入、人均消费增速都高于城镇,如果产品适合农村消费者的,那么就选择在农村消费者所在的平台里销售。其次是三线及以下城镇居民,我国按城区常住人口,将城市划分为五类,三线以下城市包括近三百个地级市、三千个县城、四万个乡镇。绝对收入水平决定了他们相对有更高的价格敏感度,但如果考虑到房价及其他综合生活成本,这部分消费者的支配收入和消费支出未必低于一线大城市,且有着积极稳定的消费信心。最后是大城市的年轻人,数据显示,95后已成为在电商中占比最高的群体,90后在电商用户中占46%,是电商平台的主要目标人群。虽然初入职场、收入不高,但消费心理大胆张扬,个性化色彩浓厚,追求新鲜。

(三)运营预算

运营预算在企业的营销当中至关重要,甚至关系到企业最终的营销效果,根据投资力度的大小选择相应平台。比如说投资力度相对来说比较低的,就选择一些运营成本低、要求比较低的平台;如果是投资力度比较大的,就选择运营成本高的那些平台。

当运营预算小于1万元时,钱就要花在刀刃上,此时我们需要首先在论坛、贴吧、博客、微博、微信等新媒体平台上注册账号,并且发布一些专业的信息,争取各大搜索引擎的收录,做足免费曝光。这样,才能够使各种社交平台上的客户在第一时间浏览到企业信息。

当平台阅读者积累到一定基数后,我们的营销预算就派上用场了。可以在诸如微信等热门社交平台上发起一些活动,利用小奖品的形式吸引更多的阅读者关注,争取更大的曝光度。

当运营预算在 5 万元左右时,我们需要筛选意向客户,在垂直平台上进行广告投放。比如卖化妆品,就要首先占领美妆类社区、博客和网站的广告位。浏览这些地方的人群都有购买需求,因此在这些地方投放广告会在无形之中提升购买率。切记,运营预算在 5 万元左右时,找到垂直领域平台是重中之重。当然,考虑到预算问题,垂直领域平台应该小众化,让圈内人熟知形成口碑,自行传播就足够。

当运营预算高于 10 万元时,我们除了要找到垂直平台,还应该在热门社交平台的广告位上入手,争取最大限度地曝光,全方位提升企业形象。当然,保持热门社交平台账号的活跃度与阅读者基数也尤为重要。总之,当运营费用高于 10 万元时就要将所有新媒体平台调动起来,全方位提升企业形象,争取让普通阅读者一上网就能够看到我们,增加消费者对企业品牌的印象,进而形成购买。

四、创业平台条件的评估

选择创业平台要考虑的第二个问题,那就是认知适合初创业的平台。用于创业的平台有三大类:第一类是自建平台,第二类是主流的第三方交易平台,第三类是新媒体平台。

第一类平台,自建平台。企业网站、交易网站属于这种类型。这类平台包括两种:第一种,一般的自建企业网站是没有结算功能,用来展示、宣传、推广,不能用于网上结算交易;第二种是交易平台,交易平台就是企业自营建立一个,借助第三方支付平台,有网上支付功能,能实现交易的一个平台,实力雄厚、线下实体有较好基础,市场占有份额比较大,用户数量大的企业采用。

第二类平台,主流的第三方交易平台,为入驻商家提供交易服务的平台。这种平台也有两种,一种就是综合性交易平台,只要符合其招商要求的商家,都可以注册申请入驻,成为平台的合作商或供应商;另一种就是垂直的专业行业性的交易平台,专注某一领域、某一行业,只有属于这个行业的业务、产品的供应商才可入驻,比如说化工网,就是做得比较好的专业平台,化工行业的产品供应商才可入驻。

第三类是新媒体平台,主要指以移动通信作为载体的,个人或企业自主应用的平台。由于自主性强,可以按使用者的需要建设,灵活多样,是新型的电商平台。

五、选择电子商务创业平台的原则

电子商务创业平台的选择主要从平台的适用性和平台的运营成本两个方面考虑。

(一)平台的适用性

1. 产品支持的范围

如果是很专业的产品,要选择相对应领域的专业平台。如果是大众化、普遍性的产品,就选择综合性的平台、对产品的支持范围广泛的平台。换角度说,创业产品是否适合在所选择的平台上运营。

2. 平台的规模

所选择的平台本身的规模,运营这个平台的实体自身的规模、实力有多强大。自身建设、推广力度大,规模大、发展快、市场占有率高、入驻商家数量增加快、消费者注册用户数量大。比如阿里系列,强大的运营系统和结算系统,处在世界领先地位,覆盖全球的超大流量,受初创业者追捧。这种平台信得过,是创业者的选择之一。

3. 平台自身推广

有实力的平台运营商,注重自身建设,推广投入大,平台稳定发展,入驻商家与之共同成长,这样会产生一种共生理念,双方互利互惠共赢。

4. 配套服务

对初创者来说,平台配套的服务,非常重要。初创业者处在薄弱的环境中,需要成熟的配套服务,各种指导性支持,能帮助创业者解决实际困难。

(二)平台的运营成本

平台的运营成本是非常重要的一个因素,直接影响企业运营的效益。平台的招商条件中,有哪些收费项目,有哪些固定成本、变动成本项目。运营目标店铺的同行,现行运营成本水平是怎样的,如平台使用费、软件购置费、广告投放标准等,据此分析评估自己的承受能力。

六、农村是电商创业的广阔天地

电商平台成为我国农业现代化进程中构建农产品市场流通新格局的重要抓手,一方面确保农产品供给端的质量,加强产地仓、中转仓等基础设施建设;另一方面影响和改善农民生活理念和生活方式,培养下沉市场用户的购买习惯,提高生活品质。电商平台通过提升信息基础设施和数字化商业服务,帮助农产品对接市场,高效实现产销对接,提升自我发展能力。聚划算推出的针对大基地、产业带的"卖空"系列,就是将产地直供模式引入下沉市场,使原本在一二线城市销售的产品下探至下沉市场。淘宝和京东本质上都是通过电子商务平台服务"三农",让优质的农产品走到线上,同时培育网商,促使线下销售渠道变革,采取的主要营销方式也都是搭建地推团队。

淘宝提出"千县万村",建立县级运营中心和村级服务站。筹措方式属于加盟,指派专业团队驻点办公,负责项目推进中的相关工作。在地域挑选上淘宝更加谨慎,多是建立在"淘宝村"流量巨大的基础上。

京东通过"送种子下乡"、建立"农产品产销对接中心"等方式,开展线上线下相结合的农产品营销促销,助力优质农产品上行。通过直营的县级服务中心和合作开设的京东帮服务店这两种经营模式拓展。具体为在区域建立中心仓储整合供应商资源,从中心仓储到县级京东帮服务店的物流,包括京东帮服务店本身,以及从服务店到用户的"最后一公里"配送安装都采取开放式加盟的方法。对于链条上的各类服务商,京东提供系统工具和业务培训以确保达到京东的服务标准。

考虑到农村电商发展具有资金、人才、观念等先天弱势,双方都在金融、人才储备和政府支持上下了工夫。淘宝有"蚂蚁金服",京东有"京农贷",都是服务"三农",提供金融支撑的;淘宝有"淘宝大学",京东有"大学生合伙人创业计划",都是抢夺人才,鼓励大学生回乡创业的;另外,京东农村、农村淘宝在政府关系上的处理也可称之"完美",任何一次行动都县市政府的配合与助推。与此同时,电商平台为大规模、多样化社会力量参与脱贫提供创新平台。电子商务进农村综合示范工作已覆盖832个国家级贫困县,覆盖率达88.6%。数字化、移动化、智能化技术可以帮助精准识别贫困人群,有针对性地提供帮扶措施,全面提升脱贫工作效率和协同效果。

2018年6月,村淘站升级为天猫优品服务站,销售天猫优品指定的产品。2018年,全国3 202个淘宝村,年销售额2 200亿元,淘宝村活跃网点66万多个。阿里巴巴推出扶贫基金,累计帮扶贫困人口超过774万人次,全国600多个贫困村通过成为淘宝村实现脱贫。

任务三　跨境电子商务创业平台的选择

一、跨境电子商务

跨境电子商务,也称外贸电子商务,是指不同国境地域的交易主体之间,以电子商务的方式达成交易,在线订购、支付结算,并通过跨境物流递送商品,清关,最终送达,完成交易的一种国际商业活动。

随着国际环境的变化,传统外贸形式已经无法满足我国外贸业的需求,跨境电商行业呼之欲出,在我国外贸出口额增速保持10%增长的同时,跨境电商实现30%的逆势增长。随着"一带一路"政策的出台,未来中国对外进出口贸易将进一步增长。互联网传统的电商目前在国内已经是一种比较成熟的现状,整个市场也已经成为一种饱和状态,很多国内的电商基本上现在都是不赚钱的,只有20%的人赚钱,80%的人基本上是不赚钱的(二八定律),现在很多人都在转型做跨境电商。

跨境电商的生意不局限一个国家,使产品能够在全球便捷流通,尤其欧美市场是每个跨境电商卖家一定要进入的市场,因为商品在这些国家需求更大,溢价更高,从而可以获取丰厚的利润。相对于国内电商而言,在可预见的未来里,跨境电商的前景还是不错的。当然,如果从更长远来看,跨境电商行业进入国内电商竞争白热化的状态时,卖家朋友们创业就会显得有些艰难了,卖家需要在厮杀状态中抢流量、抢排名、拼广告等。但从现在的形势来看,跨境电商要发展到国内电商竞争白热化的状态应该还需要三五年。

现在的跨境电商还是处于互相竞争,降低门槛,争取入驻卖家的阶段。目前,跨境电商平台正处于蓬勃发展阶段,对卖家而言,可选择的余地还是很大的,跨境电商创业还是有前途的。至于更长远的未来,跨境电商变化如何,卖家大可随机应变。当下,卖家朋友们把握好时机,及时进入跨境行业,或许还能分得一杯羹。

目前,亚太地区的电商销售占到了全球零售总额的12.1%,其次是西欧和北美地区,分别占到全球零售份额的8.3%和8.1%;而从国家角度看,除了中国之外,美国、英国、日本和德国这些传统经济强国的电商市场份额也在全球排名前列。

我国跨境电子商务平台从交易模式上来说,可以分为企业对企业(B2B)和企业对消费者(B2C)的贸易模式。B2B模式下,企业运用电子商务以广告和信息发布为主,成交和通关流程基本在线下完成,本质上仍属传统贸易,已纳入海关一般贸易统计,目前代表的平台有阿里巴巴和跨境集市,而跨境集市是跨境电商 B2B 领域的新秀,也是最火的 B2B 平台之一。跨境集市 B2B 交易平台,专注于引进全球优质供应商,确保真实的海外货源,对接国内海量经销商,真正实现"采购＋销售＋物流＋金融"新生态循环。B2C 模式下,我国企业直接面对国外消费者,以销售个人消费品为主,物流方面主要采用航空小包、邮寄、快递等方式,其报关主体是邮政或快递公司,目前大多未纳入海关登记,如天猫国际、京东全球购、网易考拉、顺丰等。

从进出口方向来看,跨境电子商务可分为出口跨境电子商务和进口跨境电子商务。

二、主流跨境电子商务创业平台

这是一个全新的时代,这是一个互联网时代,随着互联网时代的来临,为人们的生活带来了超级多的便利,衣食住行,有互联网统统可以解决掉。这几年跨境电商无疑是最大的风口之一,越来越多的网站出现在消费者和零售商的视野当中。跨境电子商务创业平台包括国内跨境电子商务创业平台及国外跨境电子商务创业平台。

(一)主流国内跨境电子商务创业平台

1. 天猫国际

创立时间:2014 年 2 月。

2014 年 2 月 19 日,阿里巴巴宣布天猫国际(见图 2-2)正式上线,为国内消费者直供海外原装商品。

图 2-2 天猫国际

天猫国际在跨境电子商务方便通过与自贸区合作,在全国各地保税物流中心建立了各自的跨境商品物流仓,在规避了基本法律风险的同时还获得了法律保障,缩短了消费者从下单到到货的时间,海外直邮 14 个工作日到货;保税直邮仅需 5 个工作日到货,很大程度地满足了消费者对于商品时效性的需求。

2. 京东全球购

创立时间:2014 年 1 月。

京东全球购(见图 2-3)目前已经开通了法国馆、韩国馆。未来还将继续开通日本、澳大利亚、美国等区域特色馆,并会对全球重点上游资源进行布局,通过合作或自营等方式建设京东全球化的仓储、物流体系。京东海外购是京东海淘业务的主要方向,同时京东控制所有的产品品质,确保发出的商品能够得到消费者的信赖。

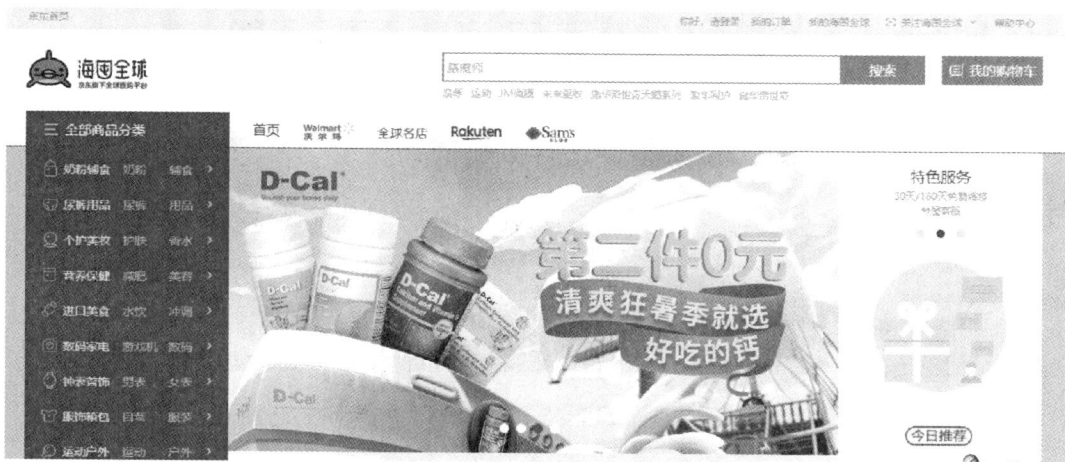

图 2-3 京东全球购

3. 淘宝

创立时间:2003 年 4 月。

淘宝网(见图 2-4)是亚太地区较大的网络零售商圈,由阿里巴巴集团在 2003 年 5 月创立。淘宝网是中国深受欢迎的网购零售平台,拥有近 5 亿的注册用户数,每天有超过万的固定访客,同时每天的在线商品数已经超过了 8 亿件,平均每分钟售出 4.8 万件商品。

图 2-4 淘宝网

4. 速卖通

创立时间:2010 年 4 月。

阿里集团旗下唯一面向全球的在线交易电商平台,同时也是国内跨境电商卖家最熟悉的平台之一,被戏称为"国际版淘宝",与亚马逊、eBay 组成全球三大跨境电商平台。全球速卖通(见图 2-5)面向海外买家,通过支付宝国际账户进行担保交易,并使用国际快递发货。速卖通是全球第三大英文在线购物网站。

图 2 - 5　速卖通

5. 敦煌网

创立时间：2004 年。

敦煌网（见图 2 - 6）是由王树彤女士于 2004 年创立，是中国第一个 B2B 跨境电子商务交易平台，以"促进全球通商，成就创业梦想"为使命，致力于帮助中小企业通过跨境电商走向全球市场，实现"买全球，卖全球"，整合传统外贸企业在关检、物流、支付、金融等领域的生态圈合作伙伴，打造集相关服务于一体的全平台、线上化外贸闭环模式。据 Paypal 交易平台数据显示，敦煌网是在线外贸交易额中亚太排名第一、全球排名第六的电子商务网站，其在 2011 年的交易达到 100 亿规模。目前敦煌网拥有 170 多万家累计注册供应商，在线产品数量超过 770 万，累计注册买家超过 1 500 万，覆盖全球 222 个国家和地区，支持英文、法文、德文、意大利文、葡萄牙文、俄文和西班牙文。敦煌网是商务部重点推荐的中国对外贸易第三方电子商务平台之一。

图 2 - 6　敦煌网

6. 苏宁国际

创立时间：2014 年 2 月。

苏宁作为国内首个拿到国际快递牌照的跨境电商平台，在中国港澳、日本等地区拥有多个海外分公司，拥有采购、供应链相关资源，如图 2-7 所示。苏宁选择"自营＋招商"的模式不仅结合了自身现状，在传统电商方面发挥了它供应链、资金链的内部优势，同时也通过全球招商来扩大自己的国际商用资源。

图 2-7 苏宁国际

7. 网易考拉海购

创立时间：2015 年 1 月。

网易考拉（见图 2-8）是网易旗下以跨境业务为主的综合型电商，于 2015 年 1 月 9 日公测，销售品类涵盖母婴、美容彩妆、家居生活、营养保健、环球美食、服饰箱包、数码家电等。网易考拉以 100％正品，天天低价，30 天无忧退货，快捷配送，提供消费者海量海外商品购买渠道，希望帮助用户"用更少的钱 过更好的生活"，助推消费和生活的双重升级。

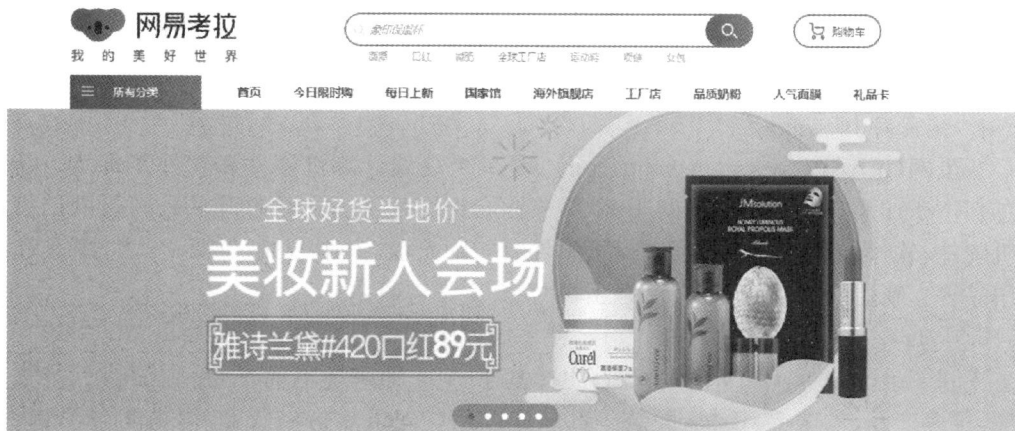

图 2-8 网易考拉海购

（二）国外跨境电子商务创业平台

国外跨境电子商务平台如图 2-9 所示。

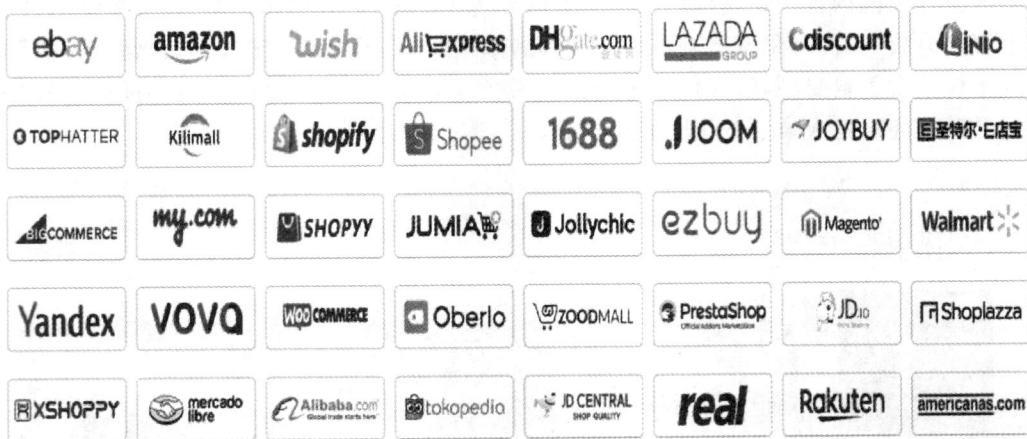

图 2-9　国外跨境电子商务平台

1. 亚马逊 Amazon

亚马逊公司（https://www.amazon.com/）是一家美国跨国电子商务公司。亚马逊公司总部位于美国华盛顿西雅图。起初,亚马逊只是一个网上书店,但是很快就开始多元化发展,业务覆盖:销售 DVD、光盘、视频、MP3 下载/流媒体、软件、电视游戏、电子产品、服装、家具、食品、玩具、珠宝。

2. eBay

eBay（https://www.ebay.com/）是网购零售平台。eBay 主要业务跨越 C2C（个人对个人）,eBay 总部位于加利福尼亚州圣何塞。eBay 于 1995 年成立,起初差点成为互联网泡沫,之后 eBay 崛起,成为一个互联网成功案例。现在,eBay 是一个多元化公司,在全球超过 30 个国家都有其本地化网站。

3. 沃尔玛 Walmart

沃尔玛百货有限公司（https://www.walmart.com/）是一家经营连锁折扣店和仓储式商店的美国跨国零售公司,总部位于阿肯色州本顿维尔。公司于 1962 年由山姆·沃尔顿成立,并于 1969 年 10 月 31 日注册成立。

4. 新蛋网 Newegg

新蛋网（https://www.newegg.com/）是一个在线计算机硬件和软件零售商。新蛋网总部位于加州工业市。新蛋网于 2001 年由台湾移民弗雷德昌创建的。新蛋网销售计算机硬件、软件、外设、游戏、电子产品、配件、DVD 光盘、家用器皿、器具、工具、家具和办公用品等。新蛋网在 2005 年被评为互联网 10 大零售商之一。

5. Wish

Wish（https://www.wish.com/）主要基于 App 的跨境电商平台,主要特点是物美价廉,很多产品,像珠宝、手机、服装等都从中国发货。虽然价格低廉,但是配合 Wish 独特的推荐方式,产品的质量也得以保证。它可以利用智能性的推送技术,直接为每一位买家推送喜欢的产品,这样的营销方式,吸引了大量客户。

6. Shopee

Shopee(https://shopee.cn/)是东南亚与中国台湾的电商平台,覆盖新加坡、马来西亚、菲律宾、中国台湾、印度尼西亚、泰国和越南市场,同时在中国深圳、上海和香港地区设立跨境业务办公室。2018年Shopee GMV达到103亿美金,同比增长149.9%,App下载量超过2亿,员工遍布东南亚与中国,超8 000人。根据移动数据分析平台App Annie,Shopee为2018年东南亚购物类App下载量第一名。

Shopee中国跨境业务表现亮眼,单量涨幅屡屡跑赢大盘,2018年"11.11"与"12.12"大促跨境卖家单量攀升至8倍与10倍。Shopee为中国卖家提供自建物流SLS、小语种客服和支付保障等解决方案,卖家可通过平台轻松触达东南亚7大市场。

7. Lazada

Lazada(https://www.lazada.com/),东南亚地区的在线购物网站。总部都设在新加坡,业务遍及整个东南亚地区。Lazada成立于2012年,目前,年经营额已达十亿美元,日均访问量400万,入驻商家数超过1.5万。其从2015年2月开始在中国招商,有超过6 000家中国公司入驻其平台。为跨境电商创业者打造的集训服务平台阿拉丁梦想,专注于跨境卖家的成长与盈利,成就成功未来。

8. Etsy

Etsy(https://www.etsy.com/),一个大型的电商平台,接受卖家入驻,主要为顾客和设计师、手工制品工匠和古董收藏家等搭建桥梁。该公司成立于2005年6月,始于纽约布鲁克林,当时正处于互联网初创公司和专注于手工和复古物品的新设计趋势的高潮。Etsy销售的产品包括艺术品、服装、珠宝和其他装饰物品以及工艺品。

9. Flipkart

Flipkart(https://www.flipkart.com/)是由两名原亚马逊员工于2007年创立,网站的模式非常像亚马逊,Flipkart从书籍开始,现在扩展到其他产品。另外,Flipkart教印度人在网上购物,他们确实实施了为印度人服务的货到付款系统。

三、跨境电子商务模式的盈利模式分析

跨境电子商务的盈利模式往往需要从平台供应商和销售商两个角度进行分析,关于B2B跨境电子商务,如阿里巴巴等综合平台,其首先为批发商提供采购产品的渠道,主要盈利点是以收取广告费、会员费为主;慧聪网、环球资源等则是为客户提供相应的行业资讯或交易平台,收取佣金和服务费用;中国化工网、中国纺织网等行业垂直类平台,定位于特定行业,这类平台通常以提供行业资讯和产品信息为主,多以收取交易佣金、会员费、广告费来盈利。第三方经营的B2B平台之所以能够吸引客户,与其"连接"的核心不无关系。在行业产能分配不合理、供与求的关系不平衡时,上下游信息传达不到位的情况下,第三方平台的作用显而易见,无论盈利模式如何,平台为供需双方提供了交流的平台,增加了交易机会。综上所述,不难看出虽然运营模式各不相同,但是总体而言,B2B平台的盈利模式包括但不限于收取平台交易佣金、广告费、会员费,以及数据、技术服务、物流服务等其他增值服务费用;对于销售企业,其盈利模式类似于传统国际贸易

中的出口方,生产成本、采购成本及相关费用之外的销售价差是其主要盈利点。但整合的跨境电子商务 B2B 平台服务相对于传统贸易模式显然在很大程度上降低了销售企业的运营成本。

跨境电子商务 B2C 平台盈利来源主要是渠道端费用,以亚马逊平台为例,盈利来源主要是店铺租金与交易佣金,产品的销售佣金是按类目收取,不同类目收取的佣金比例不一样,另外还有合仓、多渠道配送、创建移除订单的费用。跨境出口企业 B2C 的收入来源与 B2B 类似,C 端销售收入取决于产品的销量与单价,营业成本是销售产品结转的成本,收入与成本结构依品类相一致。毛利率反映了营业收入与营业成本的差值比,随着公司业务规模的扩大,毛利率上升。

目前,跨境电子商务 C2C 平台通常按比例收取交易费用,或者提供平台方便个人开店铺,以会员制的方式收费。C2C 网站的收费来源,主要包括交易服务费(包括产品登录费、成交手续费、底价设置费、预售设置费、额外交易费、安全支付费、在线店铺费)、特色服务费(包括字体功能费、图片功能费、推荐功能费)、增值服务费(包括信息发布费、辅助信息费)及网络广告收费等。对于 C2C 卖家,则主要通过满足顾客需求和节省顾客购买产品的时间来实现销售盈利。

总之,跨境电子商务模式是多样的,新的盈利模式也在不断出现。企业对跨境电子商务盈利模式的选择是专业化好,跨境电子商务创业商业模式设计还是多元化好,需要根据企业自身的特点来决定。无论是企业还是平台往往会随着自身的发展求大求全,但盈利的也只是其中的几个模式,故盈利模式的选择都可以归结到一点,即要培养自己的核心竞争能力,要做专做深,才能实现可持续发展。

延伸阅读

入驻各大电商平台对商标的要求

四、了解平台的算法和规则

想做好一个平台就要先去多了解这个平台,更深层次的就应该是了解它的算法和规则,因为只有知道了算法才会知道排名规则,有排名规则了,自然你的流量就会上去,进而就是订单的获取。因为排名决定流量。简单来说就是:每上传一件商品,平台就会给你一定的自然流量,但你的产品描述越好,越受人喜欢,下单越快越多,好评率越高,给你的流量也会更多,进而使得转化率越高。比如,亚马逊就会把你的产品排名靠前,然后你的产品也就会卖得越来越好,就像滚雪球一样。

谷歌会呈现出什么结果最能准确回答搜索者的查询,而亚马逊会呈现出什么样的产品是搜索者最有可能购买的,亚马逊不像谷歌一样不遗余力地隐藏它们的搜索算法衡量的排名因素。为确保客户能最快最精确地搜索到"想要购买的产品",亚马逊会分析每一个客户的行为并记录,A9 算法根据这些分析并最终执行买家最大化收益,下面是四大跨境电商平台算法。

（一）亚马逊 A9 算法

亚马逊站内的关键词搜索排序算法服务是 A9 搜索排序功能，也就是亚马逊站内搜索的产品排序是完全由 A9 算法决定的。A9 算法能从亚马逊庞大的产品类目中里快速挑选出最相关的产品，根据排序相关性（A9 会对挑选出来的产品进行评分）展示给客户，确保客户能最快最精确地搜索到想要购买的产品。

（二）eBay 相关性搜索排名

eBay 搜索的整体目标是在帮助用户快速找到想要商品的情况下还能够拥有好的购物体验，而搜索排名的目标就是将最好的商品、服务能力最好的卖家优先推荐给买家。所以能够带给买家较好购物体验的卖家，他的商品的排序就会相对靠前。

相关性五重匹配包括标题、关键词、详情页描述、类目、属性，可以称之为五码合一，其中标题和关键词是最重要的。商业得分比相关性得分重要，其中转化率则是重中之重。

（三）速卖通搜索排名规则

速卖通与 eBay 一样，都是用搜索排名规则。影响速卖通搜索排名的主要因素是搜索词与产品相关性和产品本身的质量，包括以下四点：

（1）搜索词与产品本身描述是否相关；

（2）搜索词和产品类目是否相关；

（3）产品的本身质量情况；

（4）卖家服务态度的好坏。

（四）Wish 弱化搜索功能，强化个性化推送

Wish 弱化了它的搜索功能，并区别于其他的平台，基于移动端的 App 一个最大特点就是做的信息流，精准推送。而其做的是个性化精准推送，每个人在 Wish 平台上看到的产品都是不一样的，所以可给买家提供不一样的具有针对性的购物体验。

因为 Wish 能够通过 Facebook 账号直接进入，也可以通过谷歌账号直接登录，所以平台会获得一些用户信息，平台会根据用户的兴趣特征、社会属性、历史记录，把每个人分成不同标签，结合用户的需求标签以及产品标签进行匹配。

五、使用成本

跨境电商的运营知识要多于国内电商，流程较复杂一些，但是只要认真了解还是比较容易掌握的。想做跨境电商，必须经历选平台、选品、选物流、选支付平台、选服务商，还要熟悉各个跨境电商平台政策。跨境电商的平台规则较多，经常会更新，这是跨境电商卖家最头疼的事情。

每一个跨境电商平台都有自己的行业优势和忠实的客户群，或者在某个国家或地区具有重要的或者特别的影响力。对于跨境电商来说，在线渠道多元化是拓展网络渠道和规模的重要途径。

跨境电商与国内电商的区别还是挺大的，国内电商能够实现商品和资金自由流通，而跨境电商在这方面有所限制，因为国家不同直接导致市场制度不同，还有货币的不一致，使得物流和资金流速度慢于国内电商，但是好处在于国际市场规模巨大，使得各国商家垂涎三尺。

　　跨境电商卖家需要学习的东西比较多,前期投入的时间和精力较多,而且时刻要注意自己账号的安全,因为跨境电商平台查侵权行为会比国内电商严格很多,只有安全高效卖货才能在跨境电商平台实现长期盈利。跨境电商平台的卖货核心方法就是"七分靠选品,三分靠运营",选品的重要性不言而喻,只有选择到爆款或者接近爆款特征的产品才能大卖。同时还需要做好运营,做跨境电商平台站内推广必不可少,有广告预算的卖家可以投平台 PPC 付费广告,没有广告预算的卖家可以做站内产品的关键词优化,只要做到位了产品排名才会靠前,而且还可以更容易被买家搜索到,从而实现更高效地卖货。跨境电商运营成本可以分成以下几个大部分。

　　(一) 产品自身的成本

　　这一部分主要包括生产出产品来的所有费用,最为关键,是选品功力的体现,一款好产品可以救活一家公司。由于人工费用及原材料的上涨,给跨境电商卖家、贸易商带来的成本上涨,转嫁到了产品的价格上去,而有自己的工厂,或者有强大的供应链体系的卖家将是最后的赢家。其实,跨境电商最终拼的是供应链。产品上的成本,解决的办法只有多市场调查,多走工厂,多找一些有优势有实力的工厂来合作,好的供应商能让卖家省心。

　　(二) 运费成本

　　国际物流是跨境电商运营中成本的重头戏,毕竟要运到国外去,货物的安全问题、时效和运费问题一直困扰着卖家,因此,选择一家好的物流服务商也是很重要的。

　　(三) 平台上的运营成本

　　1. 亚马逊

　　首先我们来看亚马逊,入驻亚马逊的身份可以是个人,也可以是企业。个人销售计划不收店租。个人和企业两者入驻后都可以申请"专业销售计划"。"专业销售计划"费用＝月租金＋销售佣金。

　　(1) 月租金。

　　如果注册的是北美联合账户,只需要支付美国站的月租金 39.99 美元/月,就无须再支付加拿大站和墨西哥站的月租金(大约也为 39.99 美元/月)。如果在亚马逊英国站注册欧洲卖家账户,需要支付月租金 25 英镑;如果在亚马逊法国站、德国站、西班牙站、意大利站注册欧洲卖家账户,需要支付月租金 39 欧元;如果注册日本站,那么就要每月支付 4 900 日元。

　　(2) 销售佣金。

　　不同品类商品的销售佣金百分比和按件最低佣金都有不同的规定。销售佣金将收取以下两者中的较高者:① 单价×销售佣金;② 按件最低销售佣金。例如,一个母婴产品的单价为 5 美元,其销售佣金百分比为 15%,其按件最低销售佣金为 1 美元。由于 5 美元×15%＝0.75 美元＜1 美元,所以此件母婴产品的销售佣金为 1 美元。

　　2. eBay

　　eBay 和亚马逊一样,也是可以以个人和企业的身份入驻的。它的费用主要有店铺月租金、刊登费和成交费。以美国站为例,它的店租分成三个级别,可按月或者按年缴费,月度订阅费分别是普通店铺 24.95 美元/月,高级店铺 74.95 美元/月,超级店铺 349.95 美元/月。年度订阅费分别是普通店铺 19.95 美元/月,高级店铺 49.95 美元/月,超级店铺 299.95 美元/月。刊登费根据刊登产品的价格不同而不同,从 0.1 美元到 2 美元不等。成交费按成交订单的百分比收取,一般在 3.5%～9.15%,不达标的店铺百分比会更高一些。

3. 速卖通

速卖通早期是个人可以入驻,现阶段只能是企业才可以入驻了,并要求销售的商品必须要注册品牌。入驻速卖通没有店租,但会根据类目的不同,收取 1 万～10 万元的技术服务年费,根据商家年销售额是否达标,对商家进行技术服务年费部分返还或全额返还。速卖通的成交佣金,根据店铺类目不同,一般为销售额的 5% 或 8%。

4. Wish

Wish 目前是免费开放给个人和企业入驻的,除了收取成交佣金之外,平台暂时没有收取其他费用。它的成交佣金是销售额加上运费的总金额的 15%。

5. Lazada

Lazada 也是免费入驻的,没有店租。它的费用有成交抽佣费、LGS(Lazada 全球配送方案)运费、增值税 GST、账务处理费。根据类目不同,Lazada 成交佣金比例为 1% 或 4%。LGS 运费:从分拣中心到顾客产生的运费,包含顾客退货(商品价值＞＝10USD)/运送失败的运费。增值税收费比例:马来西亚为 6%;新加坡为 7%;泰国为 7%;印尼为 10%;菲律宾为 12%;越南为 10%。账务处理费按销售总额的 2% 收取。

6. Shopee

Shopee 也是免费入驻的,没有店租。Shopee 的佣金是以上月已完成订单总金额(不包含订单运费)为收取佣金的基数,只针对完成的订单收取交易佣金,如果订单取消将不收取交易佣金;佣金的收取比例为订单总金额≥100 万美金,按 3% 收;订单总金额≥50 万美金,按 4% 收;订单总金额＜50 万美金,按 5% 收。同一卖家在 Shopee 平台各站点的前 3 个月不收取该站点的交易佣金。

7. 阿里巴巴国际站

阿里巴巴国际站只能企业入驻,个人是无法入驻的。入驻需购买基础服务套餐出口通(即 China Gold Supplier)。出口通是帮助中小企业拓展国际贸易的出口营销推广服务,它基于阿里国际站贸易平台(www.alibaba.com),通过向海外买家展示、推广供应商的企业和产品,进而获得贸易商机和订单。主要是针对企业做外贸批发业务,加入会员需要收取年费。出口通服务内容包括建立企业网站,发布产品信息,向海外买家报价,包含橱窗产品(10 个),另外有数据管家和企业邮箱等服务内容。出口通是按年收取基础服务费的,价格为 29 800 元/年。

阿里巴巴国际站,除了需要支付出口通年费外,还需要支付成交销售佣金:5 000 美金及以下小额信用保障订单,不收取服务交易费,前提是要采用一达通报关;如不使用一达通代理出口,就要收取 3% 的服务交易费用。超过 5 000 美金的,平台要求需要以一达通名义正式报关。

8. 敦煌网

在敦煌网，买家可以根据卖家提供的信息来生成订单，可以选择直接批量采购，也可以选择先小量购买样品，再大量采购。这种线上小额批发一般使用快递，快递公司一般在一定金额范围内会代理报关。例如，敦煌网与 DHL、联邦快递等国际物流巨头保持密切合作，以网络庞大的业务量为基础，可使中小企业的同等物流成本至少下降 50%。一般情况下，这类订单的数量不会太大，有些可以省去报关手续。以普通的数码产品为例，买家一次的订单量在十几个到几十个不等。这种小额交易比较频繁，不像传统的外贸订单，可能是半年下一次订单，一个订单几乎就是卖家一年的"口粮"。"用淘宝的方式卖阿里巴巴 B2B 上的货物"，是对敦煌网交易模式的一个有趣概括。

敦煌网是国内首个为中小企业提供 B2B 网上交易的网站。它采取佣金制，免注册费，只在买卖双方交易成功后收取费用。敦煌网用"成功付费"打破了以往的传统电子商务"会员收费"的经营模式，既减小企业风险，又节省了企业不必要的开支，同时避开了与 B2B 阿里巴巴国际站、中国制造网、环球资源、环球市场等的竞争。

（1）当单笔订单金额少于 $300，平台佣金率为 8.5%～15.5%；

（2）当单笔订单金额达到 $300 且少于 $1 000，平台佣金率为 4.0%；

（3）当单笔订单金额大于等于 $1 000，平台佣金率降为 0.5%。

敦煌网卖家账户分为个人卖家和企业卖家。个人卖家的账户持有人为该注册人本人，企业卖家的账户持有人为该注册公司。个人卖家最多只能注册 1 个账号；企业卖家最多可以注册 10 个账号。

综上所述，创业之初，Wish、Lazada、Shopee、敦煌网是首选平台，因为它们是免费入驻的，成本低、风险小。而其他平台或多或少都需要收费，是为品牌商家、有实力的商家服务的，不太合适资金较少的大学生创业。

六、案例：注册亚马逊全球开店北美站

尽管这几年各大地区的电商平台层出不穷，但毫无争议的是亚马逊依然是该领域绝对的 NO.1。目前"全球开店"可以开通的站点有美国、加拿大、墨西哥、英国、法国、德国、意大利、西班牙、日本、澳大利亚。其中美国、加拿大和墨西哥为北美联合账号；英国、法国、德国、意大利、西班牙为欧洲联合账号，联合账号是指卖家开通其中任意一个站点，就可以不需要再提供其他资料连带开通联合账号内的其他站点。注册为亚马逊的卖家时，即为你的业务创建了一个卖家账户，禁止在同一站点操作和持有多个卖家账户。

（一）注册亚马逊卖家需要的资料

电子邮箱地址；

个人或者公司的名称、地址、联系方式；

可以支付美元的双币信用卡（Visa 等）；

可以联系到你的电话号码；

公司卖家需提供营业执照和法人代表身份证，个人卖家需提供身份证；

国内银行账户。

（二）注册亚马逊卖家具体流程

点击登录亚马逊官方网站 gs. amazon. cn，注册北美站点 https：//gs. amazon. cn/sign-up. htm。

注册过程中，所有信息需使用拼音或者英文填写。

（1）填写姓名、邮箱地址、密码，创建新用户（见图2-10）。

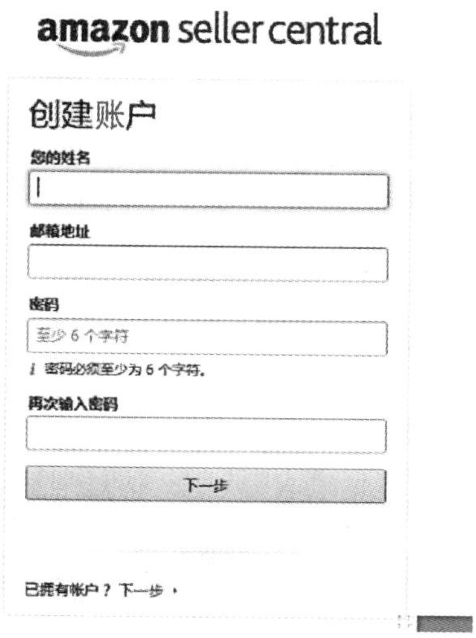

（2）填写法定名称，并勾选卖家协议。

如果在注册过程中遇到任何问题，均可点击左下方"获取支持"，与卖家支持取得联系。

（3）填写地址、卖家名称、联系方式，进行电话/短信认证验证码（见图2-11）。

① 电话验证：会接到系统打来的电话，接听后把电脑中显示的4位数字输入。

图 2-10　创建账户

图 2-11　设置账户

手机进行验证，若验证码一致，即认证成功。当系统验证出错时，尝试用其他语言进行验证或者短信验证，3次不成功则需等候1小时后才可重新验证。

② 短信验证：输入收到的短信验证码。

注意：验证完成后，将无法退回到本步骤修改信息，须在验证前仔细检查本页内容。

（4）填写信用卡卡号、有效期、持卡人姓名、账单地址，设置收款方式，如图2-12、图2-13所示。

① 使用可以支付美元的中国境内银行双币信用卡（Visa，MasterCard 卡均可）。

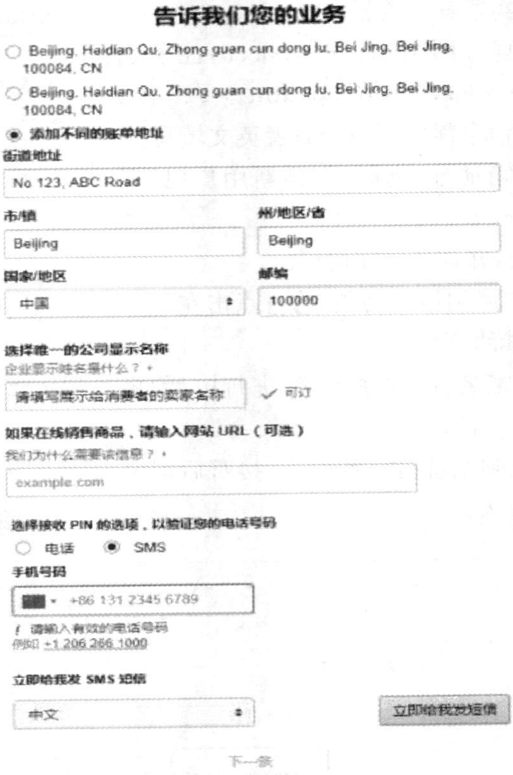

图 2－12　填写账户信息

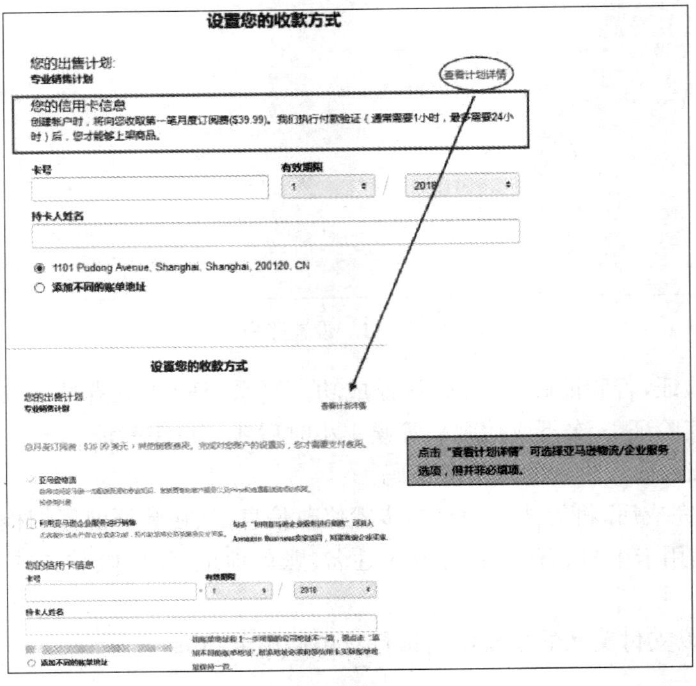

图 2－13　设置收款方式

② 确认默认地址信息是否与信用卡账单地址相同。如不同,使用英文或者拼音填写地址。

③ 信用卡持卡人与账户注册人无须为同一人;公司账户亦可使用个人信用卡。

④ 若填写信息正确,系统会尝试对该信用卡进行预授权以验证该信用卡尚有信用额度,持卡人可能会收到发卡行的预授权提醒。

⑤ 在注册完成和账户运营过程中,可随时更换信用卡信息,但频繁更改可能会触发账户审核,建议更换前咨询卖家支持。

⑥ 此信用卡是用于在账户结算时,你的卖家账户结余不足以抵扣相关款项,系统会从你的信用卡中扣除每月月费或其他销售费用,如 FBA 费用。

⑦ 如果选择的是专业销售计划,创建账户时,将向你收取第一笔月度订阅费($ 39.99)。亚马逊将执行付款验证。

⑧ 如果你收到通知,告知你在卖家账户中注册的信用卡信息无效,需检查以下信息:

A. 账单地址。该地址必须与信用卡对账单中的账单地址完全相同。

B. 与开户银行核实,确认你的信用卡尚未过期,具有充足的信用额度,且对被拒金额的网上扣款无任何限制。

（5）设置存款方式:可以使用人民币接收全球付款并直接存入你的国内银行账户,选择银行地址为"中国"并填写银行账号或借记卡号信息,如图 2 - 14 所示。

图 2 - 14 设置存款方式

注意：务必保证存款方式信息的正确性，如果你的银行账户有问题，亚马逊就无法对你的账户进行结算。

（6）纳税审核。

美国纳税审核是一个自助的审核过程，它将指导你输入你的身份信息，确认你的账户是否需要缴纳美国相关税费。大部分身份信息会从你之前填写的信息中提取出来预先填入，为了尽可能高效地满足美国税务部门的要求，在审核过程中确保回答所有问题并输入所需的所有信息。中国卖家也必须完成此审核流程才可完成注册流程。

① 点击"开始"，开始税务身份验证（见图 2 - 15）。

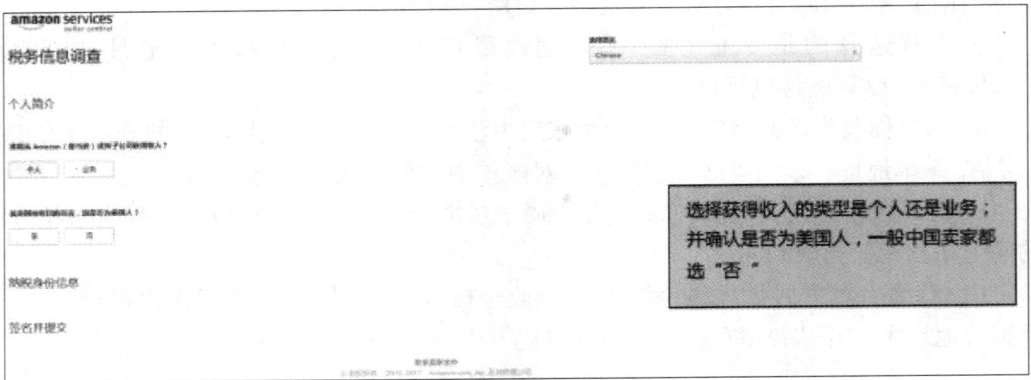

图 2 - 15　税务信息调查

② 确认公司或个人非美国身份。

③ 选择受益人性质——公司或个人（见图 2 - 16）。

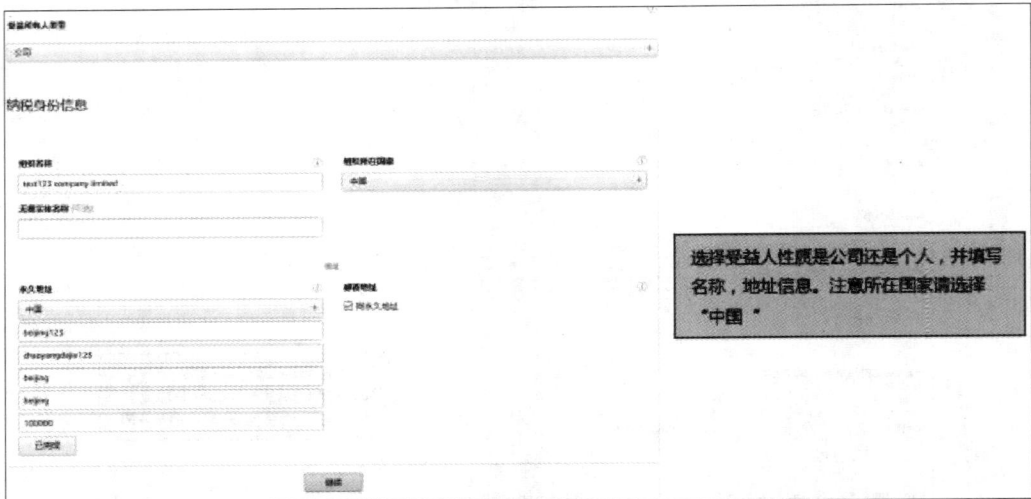

图 2 - 16　选择受益人性质

注意：如果你的账户是公司，确认你公司的邮寄地址；如果你的账户是个人，在确认你的邮寄地址后，确认你不符合其中的任何一项。

④ 此处确认 Part I 部分有关账户受益人的信息是否准确,如需修改,返回上一页并更新信息;如信息经检查后无误,点击"保存并继续"。

⑤ 同意提供电子签名。

⑥ 此处直接点击"退出调查",结束审核。

(7) 亚马逊会列举一些问题让你回答,借此了解你的产品性质和开始销售时计划的数量。基于这些信息,亚马逊会推荐适合你账户的相关工具和信息。

注意:此步骤可跳过,待账户注册成功后可在卖家后台继续完善。

(8) 完成上述步骤后,直接进入卖家身份验证环节。

身份验证是卖家在亚马逊开店时必须进行的一个步骤。目前,亚马逊北美站点将卖家"身份验证"从账户注册完成后,提前到账户注册流程中。2018 年 5 月 1 日起,新入驻亚马逊北美站点的卖家体验全新身份验证流程,5 月 1 日前注册的北美站点卖家依照原有流程完成审核。

公司卖家需要的材料有:营业执照+法定代表人身份证。

① 身份证要求:

身份证上的姓名必须与营业执照上法定代表人的姓名一致。

必须由中国大陆、香港、台湾出具。

提供正反两面的彩色照片/扫描件,不接受黑白复印件。

图片必须完整清晰可读。

身份证应在有效期内。

② 营业执照要求:

A. 必须由中国大陆、香港、台湾出具。

中国大陆:营业执照。

中国香港:公司注册证明书和商业登记条例。

中国台湾:有限公司设立登记表/股份有限公司设立登记表/有限公司变更登记表/股份有限公司变更登记表。

B. 提供彩色照片/扫描件,不接受黑白复印件,图片必须完整清晰可读。

C. 中国大陆营业执照距离过期日期应超过 60 天,香港商业登记条例距离过期日期应超过 45 天。

注意:卖家身份验证环节完成后,才算注册完成。

按如下步骤完成验证(见图 2-17):

第一步,选择公司所在国家及卖家类型。

注意:此页信息提交后无法更改,请务必慎选。

第二步,填写法定代表人及公司信息。

第三步,上传文档。

提交完成页面如图 2-18 所示。

(9)完成上述步骤后,账户注册即已完成,立即进入卖家后台进行管理。你可以点击右上角的搜索/帮助按钮,查找所有关于亚马逊北美站点卖家运营的信息。

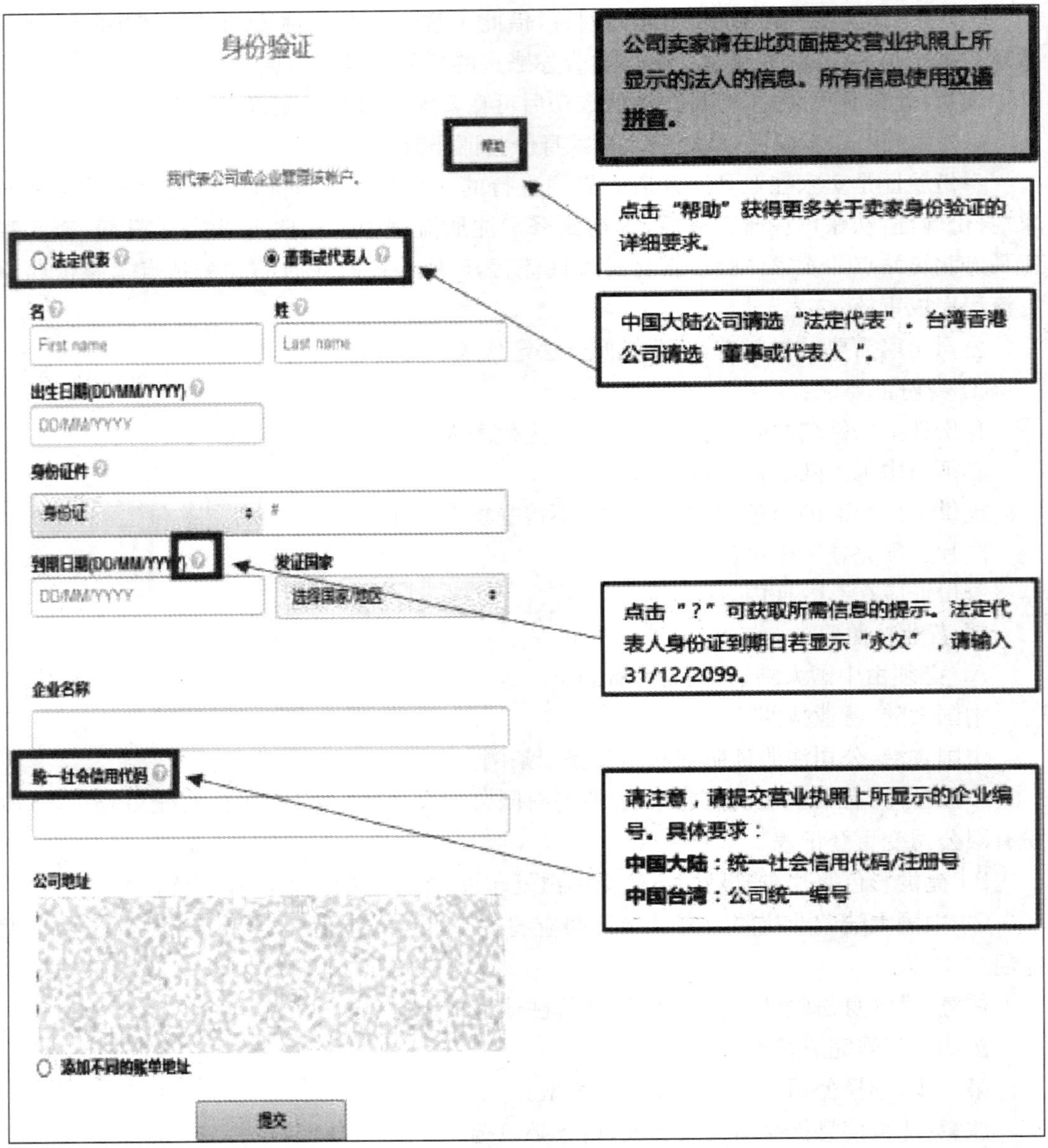

图 2－17　填写法定代表人及公司信息

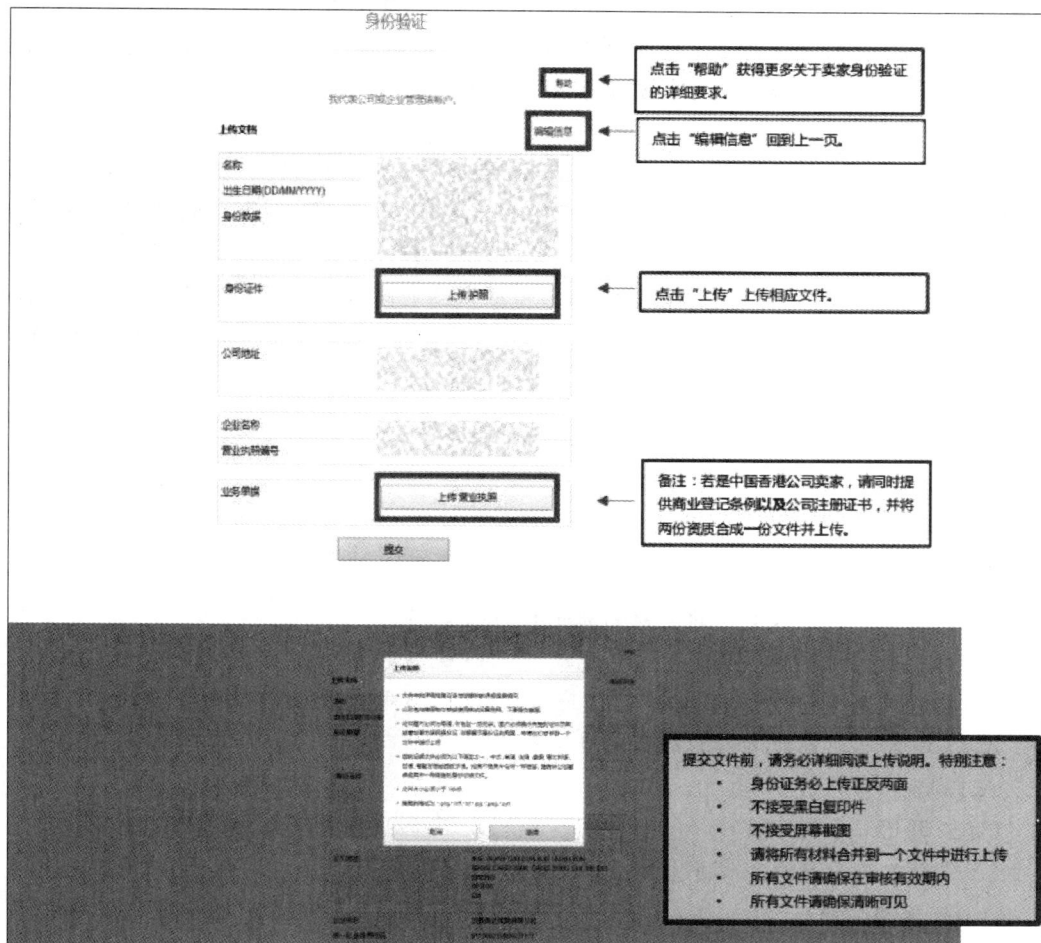

图 2-18　提交页面

护肤品品牌 HFP 与平台合作共赢案例

格兰仕与平台合作失败案例

拓展资源

各主流平台选择走下沉之路

　　"下沉"从来不是新名词,互联网的诞生天然就带有共享、下沉和普惠的属性。通过技术和商业模式的创新,提升信息和商品的传播效率,无论是淘宝的电商,还是微信的社交,这些平台诞生伊始,就带有下沉的属性。2018 年以来,特别是 2019 年各大电商平台"618"在低线城市的亮眼表现,下沉市场价值进一步凸显。这既缘于长尾地带互联网覆盖率的提高和移动互联网的持续下沉，也缘于低线城市的消费升级和政府政策的积极引导，更缘于电商平台迎合并满足了下沉市场需求。目前，电商平台正通过完善商业生态，提升核心竞争力的同时，不断满足下沉市场的消费需求；通过赋能供给侧＋助力消费端，两侧发力，激发下沉市场潜能；通过带动品牌下沉、产业带升级和农产品上行，满足美好生活向往。

2019年7月30日，中共中央政治局召开会议，对扩大内需做出了具体政策部署，包括有效启动农村市场，多用改革办法扩大消费；加快推进信息网络等新型基础设施建设等。这意味着，包括农村、中小城市及村镇在内的下沉市场消费潜力将进一步被激发。未来，随着中国经济高质量发展与人均收入的增长，三四线城市居民的消费热情和消费能力将稳步提升，下沉市场消费潜力将逐步释放，其发展前景值得期待。

能力训练

一、单选题

1. 小红书属于什么类型的电商创业平台？（　　）。
   A. 社交电商平台　　　　　　B. 视频电商平台
   C. 自营电商平台　　　　　　D. B2B电商平台
2. 不适合电商创业者入驻的创业平台有（　　）。
   A. 淘宝　　　　　　　　　　B. 京东
   C. 亚马逊　　　　　　　　　D. 某企业自营平台
3. 下列不属于跨境电商平台的是（　　）。
   A. 阿里国际站　　　　　　　B. 淘宝
   C. 亚马逊　　　　　　　　　D. eBay

二、多选题

1. 电商创业者在选择创业平台时需要关注哪几点？（　　）。
   A. 产品面向的消费者群体　　B. 自身的资金条件
   C. 平台的运营规则　　　　　D. 平台的影响力
2. 亚马逊属于什么类型的电商创业平台？（　　）。
   A. 社交电商平台　　　　　　B. 垂直电商平台
   C. 综合类电商平台　　　　　D. 跨境电商平台
3. 抖音属于什么类型的电商创业平台？（　　）。
   A. 社交电商平台　　　　　　B. 视频电商平台
   C. 第三方电商平台　　　　　D. 新媒体电商平台

三、判断题(对的打"√"，错的打"×")

1. 跨境电商创业平台是指在境外注册可供个人或企业开设店铺的电商平台。

（　　）

2. 对于企业来说,最好只选择一个电商平台开店,太多了没法集中精力,反而不利于运营。 （　　）

3. 拼多多平台售卖的多是平价产品,随着人民生活质量的提高,拼多多平台会被弃用。 （　　）

四、思考题

电商创业者在选择创业平台时需要考虑哪些影响因素?

项目三

电商创业引流之新力量——新媒体营销

●● ▶ 知识目标

1. 掌握媒体与新媒体的区别与联系；
2. 掌握新媒体的传播特点；
3. 掌握新媒体营销与传统营销的区别与联系；
4. 掌握新媒体营销的思维和策略；
5. 掌握微博营销的内涵、特点和模式；
6. 掌握微信营销的内涵、特点和模式；
7. 掌握抖音营销的内涵、特点和模式。

●● ▶ 能力目标

1. 认识电商创业引流方法，并能结合自身产品特点，做可行性分析论证，选择合适的引流平台；
2. 掌握微博引流的方法；
3. 掌握微信引流的方法；
4. 掌握抖音引流的方法。

●● ▶ 思维导图

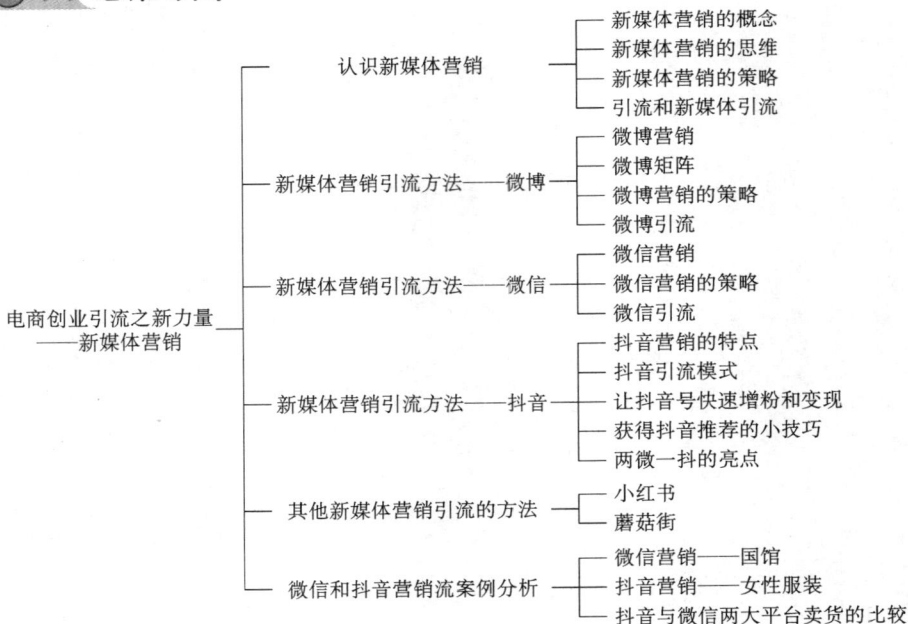

案例导入

小米公司运用新媒体营销的成功案例

任务一 认识新媒体营销

一、新媒体营销的概念

（一）媒体与新媒体

媒体是传承人类文明、推动社会经济发展的重要手段，它使人与事物之间的距离更近了，也拓宽了人与人之间的交流领域。科技快速发展，新媒体作为一种新生媒体的形态，如雨后春笋般涌现出来，以它的开放、纵情、无处不在和英勇表达，打破了传统媒体（报刊、电视、广播等）对信息的垄断。据学者分析：一种传播媒体普及 5 000 万人，收音机用了 38 年，电视用了 13 年，互联网用了 4 年，而微博只用了 14 个月，可见如微博一样的新媒体发展之速度。

当前所指的新媒体，是与社交媒介更为贴切的媒介形式，如微信、微博、论坛、SNS 等等，更多表现为自媒体。新媒体能在短时间内迅速吸收大量读者，跟它草根的特性分不开，使"人人都是新闻传播者"成为现实。正是因为这种特性，让新媒体渐渐地改变了人们的思想观念甚至是生活方式。这种新的方式开启了社会新的领域，激发了一直"保持沉默"的草根群体，唤醒了他们都能亲自参与社会进程的诉求欲望和权利欲望。这也是新媒体能够迅速崛起，推动社会进步的最根本的也是最重要的力量。

新媒体具有以下传播特点。

1. 传播方式双向化

传统媒体信息传播的方式是单向的、线性的、不可选择的，表现为特定的时间内由信息的发布者向受众发布信息，受众被动地接受信息，缺少信息的反馈。这种静态的传播使得信息流畅性弱，传播效果不佳。而新媒体传播方式是双向的，每个受众既是信息的接受者，同样也是信息的传播者，进而互动性强，传播效果明显。

2. 接收方式从固定到移动

无线移动技术的发展使得新媒体具备移动性的特点，移动互联网技术，使得用手机浏览网页、看电视等实现动态化，不仅仅局限于固定场所。

3. 传播行为更加个性化

微博、微信、博客、播客等新的传播方式使得每一个人都成为信息的发布者，个性地表达自己的观点，传播自己关注的信息。传播内容与传播形式等完全是"我的地盘我做主"。个性化的传播方式一方面让众人体会着发布信息，影响他人的快感。

4. 传播速度实时化

相对于传统传播媒介的传播方式，新媒体的传播借助互联网技术，信息传播变得更加迅速,实时接收信息,实时做出相应反馈已不再困难。

5. 传播内容多元化

从传统媒介到新媒体,最大的变化同时体现在传播内容的多元化和融合化。传统纸质媒体通过平面展示文字信息、图片信息,而如今,借助新媒体形式,同时传播集文字、图片、声音等于一身的信息已成为可能,提高了信息量,提升了信息广度。

6. 便于企业宣传

以往的企业宣传仅仅是录制企业宣传片或宣传页上传到官网,不利于小型企业的发展。而在新媒体的平台协助下,小企业也可以简单便捷地实现公司自我宣传的目的。

(二)新媒体营销

新媒体营销是在特定产品的概念诉求的基础上,利用新媒体平台消费者进行心理引导的营销推广方式。在 Web 2.0 带来巨大革新的时代,营销方式也带来变革,沟通性(Communicate)、差异性(Variation)、创造性(Creativity)、关联性(Relation)、体验性(Experience)、互联网已经进入新媒体传播时代,并且出现了网络杂志、博客、微博、微信、TAG、SNS、RSS、WIKI 等这些新媒体。

(三)新媒体营销与传统营销的区别

传统营销是指广告以及公关追求的是所谓的"覆盖量"(或者叫到达率,Reach),在报纸杂志上就是发行量,在电视广播上就是收视(听)率,在网站上便是访问量。将广告或者公关文章加载到覆盖量高的媒体上,便可以吸引较多的注意。这种传播方式本质上属于宣传模式(Propaganda),基本上传播路径是单向的。缺点很明显:很难探测受众看到广告后有何反应。一方面,广告代理公司递交了厚厚的媒体覆盖量报告的数字以证明这个广告被很多人看到;另一方面,商业公司用短期内的销量是否提升来判定这个广告是否达到了目的。但平心而论,一场营销行为和短期销量之间究竟有何关系,至今并没有答案。

基于新媒体的营销模式,则是将 Propaganda 向 Involvement(参与度)改变。新媒体营销借助于新媒体的受众广泛及深入的信息发布等特点,达到让它们卷入具体的营销活动的目的。比如说,利用博客所完成的话题讨论:请博客作者们就某一个话题展开讨论,从而扩大商业公司想要推广的主题或品牌的影响范围。

二、新媒体营销的思维

新媒体作为近年来快速崛起的新型行业之一,以时效快、涉及广、影响大的特点被无数个人、企业所热捧。平台上个人自媒体号、企业大号此起彼伏地出现,很多大品牌也开始利用新媒体平台的特性,开展品牌营销,并收获了巨大成功,新媒体营销的概念也由此诞生。

(一)粉丝经济思维

在这互联网、电子科技盛行的年代,人们的生活娱乐方式被日益充实,人们被电脑、手机等移动设备上的内容所吸引,拥有粉丝变得越来越重要。新媒体时代充当重要角色的就是粉丝,新媒体营销之战其实也是粉丝之战。新媒体营销的一切目的都转向了获取高质量的粉丝,拥有粉丝就等于拥有财富。粉丝经济告诉我们,一个媒体平台,如果不能"聚粉",那么这个媒体将会慢慢失去它的价值。要想吸引更多的粉丝关注,企业就必须能够提供更多粉丝需要的价值。

如今,受众在新媒体上所花费的时间占所有时间的70%以上,从新媒体入手,更容易让用户看到你的内容。再者,新媒体可以为用户自动匹配感兴趣的信息,大大增加了用户对于营销的关注度。同时,内容与用户自身相关度越高,用户越易于从一个观看者转变为一个传播者。

(二) 用户思维

用户思维是指在价值链各个环节中都要"以用户为中心"去考虑问题,站在用户的角度,用用户的语言表述用户关注的点,以帮助用户思考和判断,从而让用户能快速获取自己的所需。只有"亲民"的内容才能击中用户的痛点,让用户被你营销。脱离大众的内容用户不会去关注,太过于高深的内容用户也不会感兴趣。

在新媒体时代,每一位用户都是内容的参与者、发起者、传播者,而不单单是被动地接受。新媒体为用户提供了一个诉说内心需求的平台,有了这种内容的互动,用户就有了动力,有了动力,新媒体营销就有了时机。

(三) 流量思维

互联网时代,流量为王。流量是一切商业活动的生命线,一切商业的竞争都从流量开始。网站如果没有流量,那就是"无源之水,无本之木"。在微电商时代,要利用好各种新媒体引流工具,引起大家的注意,以最快速度"吸粉",提高成交率。其中,直播的突出特点是流量精准、成交速度快,比如,美宝莲在直播Angelababy担任美宝莲纽约品牌代言人的现场活动时,在两个小时内,有500万人观看,卖出其新产品"唇露"10 000支,实际销售额达到142万元。

微电商已经迎来了引流推广的最好时代,引流要抓住用户情愫的内容。人是情感动物,所以用户很容易情感用事,只有击中用户的痛点,引起用户共鸣,才能抓住营销的根本,为自己增加流量。借势热点是最普遍的蹭流量行为,用户的关注点在哪里,就去生成与关注点相关的内容去迎合用户的需求。

三、新媒体营销的策略

(一) 产品营销策略

新媒体营销方式实施的根本目的是吸引消费者,更好地满足消费者提出的需求。新媒体的优势就在于能够让品牌与用户之间频繁交流,打破品牌与用户之间的隔墙,快速获取用户的想法与需求点信息,从而让新产品的设计更能满足用户的要求。同时也是企业发展的过程中需要实施科学化的营销发展手段,实现企业价值的同时为企业创造更多的经济利益。传统的企业媒体营销中,大部分都是从企业自身产品出发,没有从消费者的角度出发进行产品营销。新媒体营销中,企业通过积极融合消费者消费特点的方式,积极利用自身资源以及互联网技术资源进行创新发展,保证消费者能够主动接受企业产品,真正意义上实现以客户消费心理为中心,积极满足客户提出的新要求,从产品策略上做到以客户的感受和消费习惯为重心进行改革发展。

(二) 事件营销策略

事件营销是指通过策划、组织和利用具有新闻价值、社会影响及名人效应的人物或事件,吸引媒体、社会团体和消费者的关注,以求提高企业或产品的知名度、美誉度,树立良好的品牌形象,并最终促成产品或服务的销售。

事件营销的策划要谨慎、适度,有的企业切入点很好,但是过度渲染,会让公众产生审美疲劳。如果企业能做到不偏不倚,以客观的表述加上诚恳、贴心的提醒,就会让整个事件营销获得巨大的成功。因此,在一场事件营销策划的过程中,要明确自己的目的并时刻谨记。事件营销已成为网络营销传播过程中的一把利器,也是企业低成本营销的方法之一。

(三)渠道营销策略

新媒体营销市场渠道主要采用的是双种渠道并进的发展方式,主要指的是企业在进行网络直销渠道的开展过程中同时还积极进行网络间接销售渠道发展。企业通过内部信息平台进行产品营销的同时,积极地同客户进行线上交流,同时还需要同其他大型的网络服务商进行合作,利用其他的网络平台进行产品营销,通过网站的浏览量进行产品宣传和推广发展。想要让用户注意到你的品牌,就需要跟上新媒体的速度,寻找一个刺激点来吸引用户的关注。也因此,平台上出现了"标题党""蹭热点""打擦边球"等名词,但无论是哪种方式,它们都有一个特点,以用户当前最关注的事件,关注品牌的特点,让用户感知到品牌的存在。一般来说,通过网络平台以及其他信息渠道进行宣传,除了其所带来的浏览量要大于传统媒体之外,同时在产品市场营销成本上也有着较大的发展竞争优势。一般来说企业通过这种直观式的营销组合方式,能够为消费者提供更加高效的企业营销信息,减少消费者对信息的理解时间,提升企业营销发展效率。

(四)知识营销策略

知识营销也是新媒体营销发展的创新模式之一,通过有效的知识传播方法和途径,将企业所拥有的对用户有价值的知识传递给潜在用户,让潜在用户逐渐形成对企业品牌和产品的认知,从而将潜在用户最终转化为用户的各种营销行为。与目前传统商品市场营销相比较而言,知识营销在技术方面有着较大的优势,属于技术应用型的营销方式和手段,知识营销主要是基于信息和智力两者进行结合发展,通过不断的研究和创新,为企业的市场营销发展带来更多的突破。同时,对于企业来说,也需要进行思维发展创新,通过创新化、个性化的营销手段实现营销目标;重视网络营销,通过转变企业发展观念的方式,实现企业营销的快速发展。

四、引流和新媒体引流

引流是指把某种事物用一些方法引导去指向的地方。新媒体引流就是充分利用互联网各个平台进行宣传推广,让对产品感兴趣的人主动添加,产生广告转化,提高成交率,实现目标计划。

任务二　新媒体营销引流方法——微博

新媒体营销的平台,或称新媒体营销的渠道,主要包括但不限于门户、搜索引擎、微博、微信、SNS、博客、播客、BBS、RSS、百科、手机、移动设备、App 等。新媒体营销并不是单一地通过上面的渠道中的一种进行营销,而是需要多种渠道整合营销,甚至在营销资金充裕的情况下,可以与传统媒介营销相结合,形成全方位立体式营销。

随着移动互联网的普及,微博(Weibo)已经成为人们获取资讯和沟通交流的重要平台,也成为众多商家展开商品推广和宣传的新阵地。微博是指一种基于用户关系信息分享、传播以及获取的通过关注机制分享简短实时信息的广播式的社交媒体、网络平台,允许用户通过 Web、Wap、Mail、App、IM、SMS 以及用户可以通过 PC、手机等多种移动终端接入,以文字、图片、视频等多媒体形式,实现信息的即时分享、传播互动。微博推广最主要的特点是"快捷"和"方便",但最关键的问题是,微博要拥有大量的粉丝,微博推广才会有效果。

一、微博营销

(一)微博营销的概念

微博营销是指通过微博平台为企业、商家、个人等创造价值的一种营销方式,也是指企业、商家或个人通过微博平台发现并满足用户各类需求的商业行为方式。通过微博营销,企业、商家或个人可以满足自身的各种需求,进而获得商业利益。在微博平台,企业、商家或个人只需要用很短的文字就能反映自己的心情或发布信息,这样便捷、快速的信息分享方式让大多数企业与商家抢占微博营销阵地,利用微博"微营销"开启网络营销的新天地。

(二)微博营销的特点

1. 便捷性

微博提供了这样一个平台,你既可以作为观众,在微博上浏览你感兴趣的信息;也可以作为发布者,在微博上发布内容供别人浏览。发布的内容一般较短,有着 140 字的限制,"微博"也由此得名。在微博上也可以发布图片、分享视频等。微博最大的特点就是:发布信息快速,信息传播的速度快。例如,你有 200 万听众(粉丝),你发布的信息会在瞬间传播给 200 万人。

其次,微博开通的多种 API 使得大量的用户可以通过手机、网络等方式来即时更新自己的个人信息。微博网站即时通信功能非常强大,在有网络的地方,只要有手机也可即时更新自己的内容。

一些大的突发事件或引起全球关注的大事,如果有微博客在场,就可利用各种手段在微博上发表出来,其实时性、现场感以及快捷性,甚至超过所有媒体。

2. 传播性

微博草根性强,且广泛分布在桌面、浏览器和移动终端等多个平台上。传统媒体拥有较大的经济规模和"巨大、傲慢的组织机构"。而微博这种"草根媒体"则没有任何"门槛",任何享有公民权的人都可以加入。微博有多种商业模式并存,或形成多个垂直细分领域的可能。服从公共性逻辑的微博属于免费浏览,更加偏重微博的内容与影响,因此在信源的选取、关注的话题和个人叙事框架的构建方面,都可以保持一定的独立性,从而改变了媒体发展的动力模式。

在微博上,信息获取具有很强的自主性、选择性,用户可以根据自己的兴趣偏好,依据对方发布内容的类别与质量,来选择是否"关注"某用户,并可以对所有"关注"的用户群进行分类;微博宣传的影响力具有很大弹性,与内容质量高度相关。其影响力基于用户现有的被"关注"的数量。用户发布信息的吸引力、新闻性越强,对该用户感兴趣、关注该用户的人数也就越多,影响力越大。

微博信息共享便捷迅速。可以通过各种连接网络的平台,在任何时间、任何地点即时发布信息,其信息发布速度超过传统纸媒及网络媒体。

3. 原创性

在微博客上,140 字的限制将平民和"莎士比亚"拉到了同一水平线上,这一点导致大量原创内容爆发性地被生产出来。李松博士认为,微型博客的出现具有划时代的意义,真正标志着个人互联网时代的到来。博客的出现,已经将互联网上的社会化媒体推进了一大步,公众人物纷纷开始建立自己的网上形象。然而,博客上的形象仍然是化妆后的表演,博文的创作需要考虑完整的逻辑,这样大的工作量对于博客作者成为很重的负担。"沉默的大多数"在微博客上找到了展示自己的舞台。

二、微博矩阵

企业开设微博的最终目的是要营销到自己的客户,或者品牌传播,或者销量增长,或者开发新客户,或者增加老客户的黏性。微博营销首先要建立一个能够产生影响力的平台,并建立链式传播系统,这就需要一个账号矩阵,一些成熟的微博运营企业都建立了完善的微博矩阵。例如,锤子科技建立了以"锤子科技""锤子科技营销账号""罗永浩""坚果手机"为主要阵地的微博矩阵。

(一) 微博矩阵的概念

微博矩阵是指在一个大的企业品牌之下,开设多个不同功能定位的微博,与各个层次的网友进行沟通,达到 360 度塑造企业品牌的目的。即在企业人、产品线、生活理念重塑三个维度上,布局微博账号,最大限度地发挥企业内部资源的微博布局方式。

微博矩阵是 PRAC 理论的方法论,是指两个必须项:品牌微博和客户微博,以及 4 个选择项:员工微博、产品微博、粉丝微博和活动微博,"4+2"模式下的矩阵分布。

(二) 微博矩阵的特点

1. 多平台布点

新浪、搜狐、腾讯等多门户微博平台开设账号,最大限度地聚合微博领域中的目标受众。

2. 多账号协作

针对企业在宣传上的多样化需要,设置多个功能明确的账号,彼此互相协作,形成传播合力。

3. 一体化管理

在统一的宣传口径、宣传节奏下,通过矩阵的共振效应,达到一个声音对外的效果。

(三) 微博矩阵模式

1. 蒲公英式

蒲公英式适合于拥有多个子品牌的集团。比如:@阿迪达斯旗下有@阿迪达斯跑步、

@阿迪达斯足球、@阿迪达斯篮球、@阿迪达斯生活 NEO 及@阿迪达斯训练微博账号
（见图 3-1）。由@阿迪达斯这个核心账号统一管理旗下多个账号。但需要注意的是，作
为核心账号不能过多干涉、影响旗下账号的运作。

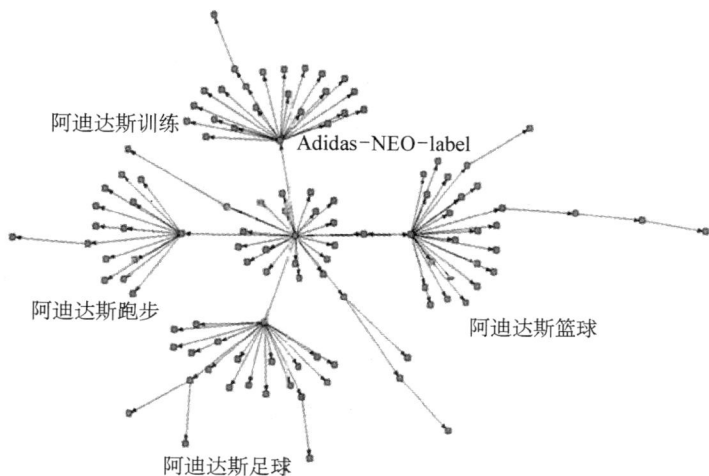

图 3-1　蒲公英式

2. 放射式

放射式由一个核心账号统领各分属账号，分属账号之间是平等的关系，信息由核心账
号放射向分属账号，分属账号之间信息并不进行交互，是较为常见的模式，如图 3-2 所
示。这种模式适合地方分公司比较多并且为当地服务的政府机关。开通微博和使用微博
频率比较高的政府机关，共青团的微博可以说遍布全国各地，但是有所区别的是各地的账
号转发全国性核心账号的微博频率还是比较大的。这一种模式是最被大家所熟悉的也是
特别容易操作的，建立一个这样的微博矩阵，就一个前提，覆盖面要大。

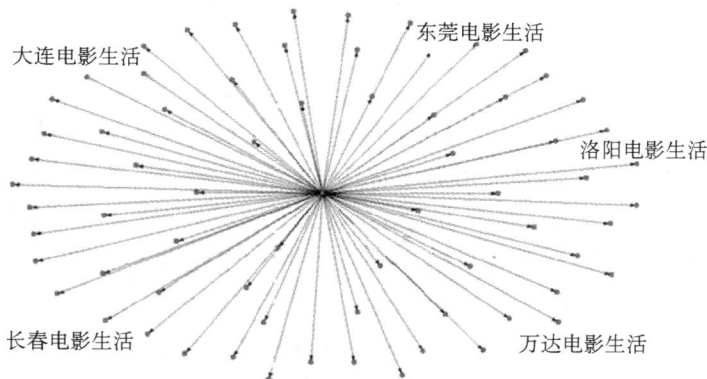

图 3-2　放射式

3. 双子星模式

有两个或者多个核心账号。比如新东方有一个官方账号，但老板俞敏洪的微博关注
度也比较高，两个微博账号其实目的都是宣传新东方（见图 3-3）。所以官方账号很有影

响力,此外还有一个账号也有影响力,两者形成良性互动。

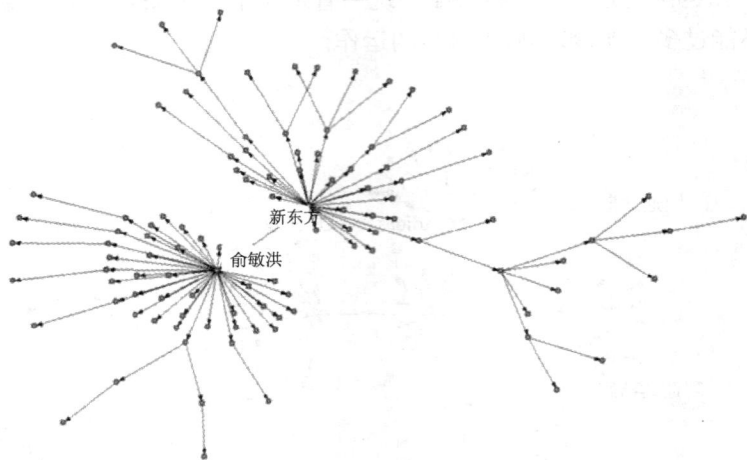

图 3-3　双子星模式

三、微博营销的策略

(一) 精准营销

精准营销的最终目标是销售产品或服务,微博营销的对象便是粉丝。有些企业微博有着好几十万的粉丝,但是营销的效果却比不上那些只有几万粉丝的企业,这就是粉丝转化率的问题。粉丝再多,对产品没有兴趣,那是没有任何意义的,因此企业在营销中要把握精准营销的策略。

(二) 粉丝营销

粉丝是进行微博营销的基础,因此要对粉丝进行营销,首先要找到目标粉丝。粉丝一般能为自己的产品或者品牌增加人气,品牌粉丝作为忠实客户,还可以为品牌做出反馈。而某些头部粉丝还能帮助你提升产品或者品牌的知名度,增加影响力。

(三) 互动营销

品牌通过微博与消费者互动,形成一种营销的目的,可以通过参与热点话题或者抽奖活动的方式来吸引消费者的眼球,增加产品或者品牌的曝光率,提升转化率。企业如果只是单纯在将微博当作企业的信息发布平台是毫无意义的,微博强调的是双向沟通。可以发表一个引人思考的主题,引导粉丝响应与讨论,培养企业的忠实粉丝。粉丝的转播可以起到连锁效果,推广到更多的人群中。

不管是什么营销,用户体验是关键,企业在营销过程中充分利用消费者的意见和建议,与消费者进行充分的沟通和理解,促进相互学习、相互启发、彼此改进。为了形成良好的互动交流,企业微博应该关注更多的用户,并积极参与回复讨论,通过积极的互动,扩大客户群。

(四) 品牌代言人营销

一般来说,品牌的代言人就是企业的 CEO,他所说的话代表自己,也代表了企业的一个形象。因此要注意自己的言行,不当的言行给企业带来的负面影响是巨大的。

品牌的代言人与粉丝之间零距离交流可以增加粉丝的忠实度,让粉丝觉得企业并非高高在上与其没有交集,而是像朋友一样,也增强了粉丝对企业的归属感。

(五)口碑营销

要做好口碑营销,首先要有产品或服务质量的保证,一个企业如果产品质量不过关,那么广告效果再好也得不到最终的成臬。在保证了产品质量的前提下,就需要一个切入点,口碑营销的特点就是以小搏大,所以需要一个可以造势的爆点,企业的产品需要有话题附着力,这样才能流行开来。

微博是口碑营销最适合的场所之一,微博的信息传播迅速以及它的及时性就是为口碑营销所量身打造的,企业在进行口碑营销时要辅以广告、公关等多种整合的营销方式来取长补短,才能将传播的效果最大化。

(六)情感营销

现在的网络信息量非常庞大,没有吸引眼球的内容是不会受到关注的,真情流露最容易打动人,在微博营销中加入情感元素会取得意想不到的效果。要想取得群众的青睐,情感营销是个不错的方法。对待粉丝要用心,使企业与粉丝之间更加亲切,提高粉丝对企业的依赖感。

四、微博引流

微博凭借其开放程度高、互动性强、实时传播速度快等特点,获得了很多用户的喜爱。目前国内第一大微博平台是新浪微博,月活跃用户数超过 4.3 亿。微博拥有如此庞大的用户群,这对于电商创业者来说,是个值得关注的流量平台。早在 2013 年,阿里巴巴就入股了新浪微博,所以在微博推广淘宝可以说是畅通无阻的。微博引流的优点是成本低、黏性高、转化快。

要想做好微博引流,最基本的就是要先熟悉并利用好微博这个平台。

(一)微博账号运营

要想做好微博引流,最基本的就是自己的这个账号足够吸引人。根据个人或者从事的工作等实际情况,取一个合适的微博名字,选择一个足够吸睛的头像。除此之外,相册图片的选择和管理也十分重要,尽量发精美的图片,且带有自己个人的水印,这样通过他人的转发也可以向自己的账号引流。其中最重要的一步是快速获得第一批粉丝,发布的微博内容才会被人看到,才会产生互动传播,为微博账号带来更多的粉丝。亲朋好友开通一个新微博账号后,通过与身边的亲戚、朋友、同学进行微博互粉,相互加关注,增加微博互动,是微博运营前期一种不错的增粉方式。

(二)发布话题微博

发布新鲜事的时候,可以和当下热门话题相关,关注度来自微博的可持续话题。在发布的微博中圈上热门话题的标签,增加曝光率,定期更新微博信息,这样才能保证微博的可持续发展,提升微博的热度。创业者要不断制造新的话题、发布与企业相关的信息,才可以吸引目标客户的关注。注意不能只发商品广告,有的商家天天在微博上发布大量商品信息或广告宣传等内容,基本没有自己的特色,粉丝没有兴趣,是不会与商家互动的。

微博不是单纯的广告平台，微博创业的意义在于有效的信息分享。

（三）增加流量和转发量

发布新鲜事的时候，还可以主动去@各类大 V、KOL 或是普通用户，对于二次传播和转发有一定的帮助。除了与身边的亲朋好友互粉以外，还可以通过好友推荐的形式来增粉。好友推荐的好处有两点：一是有推荐人的信任做背书，二是通过推荐语可以看出被推荐人的特点，推荐语是给其他人关注被推荐人的理由。

（四）KOL 热门微博下评论

可以寻找和自身微博账户定位类似的热门帖子在其下发布评论，尽量走心、简短，可以结合当下流行的网络流行词进行改编。

（五）和其他用户积极互动

尤其是自己发的微博下的评论，要积极主动地回答，保持用户的黏性。善于回复粉丝的评论。创业者要积极查看并回复微博粉丝的评论，被关注的同时也去关注粉丝的动态。如果想获取更多评论，就要用积极的态度去对待评论，回复评论也是对粉丝的一种尊重。学会使用私信，私信可以容纳更多的文字。只要对方是粉丝，创业者就可以通过发私信的方式将更多内容发送给对方。因为私信可以保护收信人和发信人，所以当活动展开时，发私信的方法会显得更尊重粉丝，达到吸粉的效果。

（六）精准定位

就像开淘宝店一样，店铺里的产品类目是统一的，而不是杂货铺。定位准确清晰，后续的工作才能有理有序。比如产品是美妆护肤类的，那么微博定位一定是美妆护肤主题的，发布的内容也是和美妆护肤相关的，粉丝也一定是对美妆护肤感兴趣的用户。微博账号类型可以是个人也可以是企业。账号要申请微博认证，认证的好处是增加账号的权威性和可信度。比如护肤品牌美沫艾莫尔品牌创始人张沫凡，她的微博认证信息是美沫艾莫尔创始人、CEO 微博故事红人，如图 3-4 所示。她的定位非常清晰准确，就是美妆护肤。这与她的公司定位是 100% 贴合的。所以她微博的粉丝 90% 以上是女性，非常精准的用户。

图 3-4　护肤品牌美沫艾莫尔品牌创始人张沫凡微博

（七）优质内容

内容是微博的灵魂，没有优质的内容，就没有流量。发布微博内容要遵循这几个原则：一是贴合定位。一旦你的微博定位确定了之后，你所发布的微博信息要与你微博的定位相符合，减少不相关或无意义的内容。二是紧跟时事热点。要善于利用时事热点，就是我们常说的蹭热度，时事热点是可以短时间产生大量关注度的话题内容。三是图文并茂。在发布的微博内容中添加热门话题标签，增加曝光度，不能只发文字，一定要加上图片或视频。带图片或视频的微博对用户的吸引度比纯文高三倍。四是原创与转发并重。在内容的原创和转发比例上，最好是 1∶1，转发相关度较高的热帖，也可以带来流量。五是保持热度，微博营销是一个不断积累的过程，那么发微博也需要有一个持续性，建议每天至少发布 4～5 条微博来保持账号的热度，来增加曝光度，提高粉丝黏合度。发布微博的时间建议集中在每天的 8 点到 10 点、中午 12 点到下午 2 点，下午 5 点到 6 点，晚上 8 点到 11 点这几个时间段。周末可以适当增加发布频率，周末微博活跃用户较多，然而很多企业周末不工作而忽略了发布。

我们再来看张沫凡的微博，她发布了大量护肤教程类微博（见图 3-5），而不是单纯发广告，这样既不会造成粉丝反感又增加了活跃度。

图 3-5　护肤教程类微博

（八）营销推广

前面阐述的定位和内容，最终目的是为了吸引粉丝。但吸引粉丝不必要操之过急，首先要做好内容。优质的微博内容是可以带来自然增粉效果的，粉丝对优质微博账号的黏合度会更大，而不至于关注微博后短时间流失。每天坚持发布 5 条以上的优质微博，持续一个月,在微博数达到 100 条以上之后,再来做吸粉营销。

第一个方法,也是最直接有效的方法是奖励诱导。就是利用奖品或奖金等作为诱饵,引导微博用户关注和转发你的微博。

第二个方法是主动关注他人。关注他人也是一种获取粉丝的推广方式。通过关注别人,引起别人的注意,以增加别人关注你的机会。但是微博用户那么多,怎么样才能关注到精准的用户呢?以护肤品为例,假如你的产品是护肤品,那么你的微博可以关注同类账号的粉丝。比如雅诗兰黛官方微博的粉丝、百雀羚官方微博的粉丝,前面提到的张沫凡的微博粉丝也是你的精准营销对象。你可以根据自己产品的定位来关注符合定位的微博用户。雅诗兰黛的粉丝相对高端,百雀羚是知名的亲民品牌,张沫凡的美沫艾莫尔是自创年轻品牌,它们的粉丝层级各不相同。不过关注别人也会遇到加到"僵尸"用户的问题。解决这个问题的方法是,在同类微博账号发布的微博帖子的评论区找用户并关注他们。在加关注的时候要注意不要过于频繁,虽然新浪微博官方没有明确限制一天最大关注数,但建议一天关注 50 个比较合适,最多不要超过 100 个。一个账号最大关注数是 2 000 人,超过之后建议取消关注部分低质量用户,以腾出名额关注其他用户。

第三个方法是与微博红人合作。寻找类型与自己微博定位相符但不会有同类产品竞争的微博红人,通过付费转发等形式合作。利用红人粉丝优势带动粉丝增长。除了这三个方法,还有外部平台引流、线下活动等增粉方法。

(九)流量导向

微博粉丝越多,流量越大。通过前面的方法积累到足够的粉丝后,将微博流量引到电商平台则是水到渠成的事,主要有两个方式:一是在发布的博文中添加网店链接,粉丝可以直接点击链接跳转到你的网店进行购买;二是在微博开通橱窗功能,上传产品或者直接在橱窗导入网店链接,在发布博文的时候即可展示上传的商品,粉丝可以直接购买。

任务三　新媒体营销引流方法——微信

微信(WeChat)是腾讯公司于 2011 年 1 月 21 日推出的一个为智能终端提供即时通信服务的免费应用程序,由张小龙所带领的腾讯广州研发中心产品团队打造。微信支持跨通信运营商、跨操作系统平台通过网络快速发送免费(需消耗少量网络流量)语音短信、视频、图片和文字,同时,也可以使用通过共享流媒体内容的资料和基于位置的社交插件"摇一摇""漂流瓶""朋友圈""公众平台""语音记事本"等服务插件。

一、微信营销

(一)微信营销的概念

微信营销是一个系统的营销过程,具体指利用微信的模块和功能,将员工和客户的个人号、订阅号及企业公众服务号进行合理优化组合,建立有效的微信矩阵,从而形成一套精准的营销体系。

（二）微信营销的特点

1. 点对点精准营销

微信拥有庞大的用户群,借助移动终端、天然的社交和位置定位等优势,每个信息都是可以推送的,能够让每个个体都有机会接收到这个信息,继而帮助商家实现点对点精准化营销。

2. 形式灵活多样

微信营销形式包括漂流瓶、位置签名、二维码、开放平台及公众平台。

漂流瓶:用户可以发布语音或者文字然后投入"大海"中,如果有其他用户"捞"到则可以展开对话。

位置签名:商家可以利用"用户签名档"这个免费的广告位为自己做宣传,附近的微信用户就能看到商家的信息。

二维码:用户可以通过扫描识别二维码身份来添加朋友、关注企业账号;企业则可以设定自己品牌的二维码,用折扣和优惠来吸引用户关注,开拓 O2O 的营销模式。

开放平台:通过微信开放平台,应用开发者可以接入第三方应用,还可以将应用的 Logo 放入微信附件栏,使用户可以方便地在会话中调用第三方应用进行内容选择与分享。

公众平台:在微信公众平台上,每个人都可以用一个 QQ 号码,打造自己的微信公众账号,并在微信平台上实现和特定群体的文字、图片、语音的全方位沟通和互动。

3. 强关系的机遇

微信的点对点产品形态注定了其能够通过互动的形式将普通关系发展成强关系,从而产生更大的价值。通过互动的形式与用户建立联系,可以解答疑惑、可以讲故事甚至可以"卖萌",用一切形式让企业与消费者形成朋友的关系,消费者不会相信陌生人,但是会信任"朋友"。

二、微信营销的策略

（一）"意见领袖型"营销策略

企业家、企业的高层管理人员大都是意见领袖。他们的观点具有相当强的辐射力和渗透力,对大众言辞有着重大的影响作用,潜移默化地改变人们的消费观念,影响人们的消费行为。

微信营销可以有效地综合运用意见领袖型的影响力,以微信自身强大的影响力刺激需求,激发购买欲望。例如,小米创办人雷军运用的就是"意见领袖型"营销策略。雷军利用自己的微博强有力的粉丝,只是在新浪上简单地发布了关于小米手机的一些信息,就得到了众多小米手机关注者的转播与评论,更能在评论中知道消费者是如何想的,消费者内心的需求。

（二）"病毒式"营销策略

微信即时性和互动性强,可见度、影响力以及无边界传播等特质特别适合"病毒式"营销策略的应用。微信平台的群发功能可以有效地将企业拍的视频、制作的图片,或是宣传的文字群发到微信好友。

企业更是可以利用二维码的形式发送优惠信息,这是一个好模式,既经济又实惠,能够更有效地促销。让顾客主动为企业做宣传,激发口碑效应,将产品和服务信息传播到互联网还有生活的每个角落。

(三)"视频,图片"营销策略

运用视频的丰富内容分析,在微博点击率的曲线图中,那些激情四射、睿智幽默、引人入胜、恶搞与有内涵的视频、图片受大众喜爱的程度非常高。

运用"视频,图片"营销策略开展微信营销,首先要在与微友的互动和对话中寻找利用市场,发现利于市场,为特定利于市场、为潜在客户提供个性化、差异化服务。其次,善于借助各种技术,将企业产品、服务的信息传送到潜在客户的大脑中,为企业赢得竞争的优势,打造出优质的品牌服务,让微信营销更加"可口化,可乐化,软性化",更加地吸引消费者的眼球。

(四)"占便宜"营销策略

此策略通常适用于 C 端顾客,即个人用户。

1. 试用便宜

把潜在用户都加到一个群里,加群理由:入群可以申请试用,入群后同时告知,拉好友再赠他和好友各一个赠品;他为了"占便宜",就会拉人。

2. 拼单便宜

当群建立起来之后,在群里进行拼团活动,只要拉人来,拼单成功就能让所有人享受拼单优惠。

3. 拉客分佣

对待铁粉,比如消费前几名的顾客,发展成代理。因为他们就是忠实使用者,一定深知产品的优势,让他们去推荐,然后根据订单返佣。

三、微信引流

对于电商创业者来说,微信公众号的价值在于获取流量、品牌宣传以及维护客户关系。利用微信公众号进行营销活动,就是进行"一对多"的营销活动,如商家通过申请微信公众服务号,通过二次开发展示商家微官网、微会员、微推送、微支付、微活动、微报名、微分享、微名片等,已经形成一种主流的线上线下微信互动营销方式。

(一)微信公众号的定位

微信公众号分两种,一种是服务号,另一种是订阅号。服务号核心功能是实现功能服务,订阅号则是信息发布,所以订阅号更适合做电商引流。跟其他社交新媒体一样,要想实现微信订阅号为电商引流,前提是做好订阅号自身的流量积累。订阅号的订阅用户就是流量,通俗地讲就是公众号粉丝。

想申请微信公众号,营销者首先要有清晰的定位。微信公众号定位是一个微信公众号建设和发展的核心,它可以用于确立品牌形象、目标人群。有了清晰的定位,营销者就不用担心粉丝数量。粉丝活跃度远比粉丝数量重要,100 个活跃粉丝要比 1 000 个没有交流的粉丝有效得多。

做好微信的定位需做到以下方面。

1. 确立目标市场

微信公众号的定位就是要找准定位。确立定位就是确立目标市场,确立战略取向,要利用微信公众号做什么是核心问题。例如,假如营销者要卖包,定位目标就是卖包,而不要跨越到金融行业。

2. 服务用户

不只是营销工具,事实上,微信公众号营销只不过是微信公众号的一个属性而已,千万不要只把公众号当成营销工具,更重要的是把微信作为一个服务用户的工具,让用户主动地体验服务,营造良好的沟通氛围,用户才愿意把自己的建议发表出来,而营销者可以通过这些建议及时调整方案,从而形成双赢的局面。

3. 地域精准

如果营销者的商品或服务只针对某个城市,却将微信公众号定位为全国,那就是地域的定位不精准。由于其余城市的用户对该商品或服务并不感兴趣,因此营销者需要做的就是缩小范围,准确定位区域。

4. 用户归类

微信公众平台有明确的分组,营销者可以将对商品或服务感兴趣的用户进行归类,以便向他们推送精准的消息。

(二)微信营销引流方法

吸粉的方法有免费的和付费的。考虑到成本问题,电商初期创业者当然会更喜欢免费的。

不管是免费还是付费,必须先把订阅号的内容做好,包括订阅号的注册和认证、菜单设置、自动回复,最重要的是内容发布。发布的推文必须要有质量,推文标题要有吸引力,文案精彩,才能引起读者共鸣。推文的视觉方面,要做到配图合理,排版整洁。做好一定的内容后,接下来就开始吸粉了。

1. 免费的吸粉方法

粉丝在哪里,我们就去哪里吸粉。假如你是母婴产品的卖家,孕妇、产妇、宝妈就是你的精准粉丝,而母婴类的网站、母婴店、幼儿园、微商聚集地、社交媒体等,这些地方是她们出现频率比较高的地方,那么就可以从这些地方入手做吸粉动作。

第一个方法,加微信群。加微信群的目的是分享推文。用个人微信号大量加入相关的微信群,然后定期在群里发布你的订阅号里的优质推文,一方面可以增加推文的阅读量,另一方面可以增加关注量。这里推荐一个 App,叫小猪导航,里面有大量微商群,做微商的群体以女性为主,属于母婴类产品的潜在客户。

第二个方法,加 QQ 群。QQ 的搜索功能是非常有用的,在搜索群的时候使用关键词搜索,可以加到精准的 QQ 群。比如"孕期""产后瘦身""早教"等。进到这些 QQ 群后发布公众号的推文。

第三个方法,发帖吸粉。将优质的文章发到论坛、贴吧、问答平台等,比如宝宝树、育儿网、百度贴吧、知乎、百家号等。在文章里添加引导关注的信息,比如"更多亲子教育知识请关注某某公众号",然后放上公众号的二维码。

第四个方法,通过用户加粉。

（1）拼团。拼团是近两年在微信生态中十分流行的方式。很多微信公众号在举办课程或出售产品的时候，都会出一个"拼团价"，如三人拼团可以享受折扣，目的是让老用户在购买时可以带上新用户，以增加新粉丝。

（2）裂变。裂变的一种方式是群裂变。首先用户通过扫码进入"预备群"，事先设置好的机器人会发一段文字，告知用户如果想要获取资源，需要先将一段文字和带二维码的海报分享到朋友圈或几百人的微信群，并且规定至少保留多少时间。朋友圈或微信群的人看到海报，进而扫码关注微信公众号，重复上述流程，形成裂变传播。

前面这四个是免费的吸粉方法。免费的吸粉方法优点是成本极低，但是也有缺点，那就是周期长，见效慢。

2. 付费的吸粉方法

付费的吸粉方法跟免费的方法对比，付费的就要付出一定成本了，但是见效会非常快。

第一个方法，大号推广。也就是找一些有一定粉丝量大号，和对方合作，支付一定费用让对方发布你的推文和公众号。这样对方的粉丝就会被引到你的公众号去。

第二个方法，举办活动。还是以母婴类别为例。举办"最萌宝宝"之类的微信评选活动，宝妈可以关注公众号参与比赛，参赛的选手一定会去拉票从而宣传了公众号。这种活动最好和幼儿园、早教机构等实体单位合作，以保证活动的质量。

第三个方法，福利诱导。千万不要在公众号的推文里出现诱导分享和诱导关注的字眼，这个很容易违反公众号平台的规则，存在被封号的风险。所谓的福利诱导是线下活动，和实体单位合作，让进店顾客扫码关注公众号，赠送小礼品，或享受打折优惠等。

3. 将粉丝引到电商平台成为你的店铺流量

公众号积累了一定粉丝后，怎么样将粉丝引到电商平台成为你的店铺流量呢？需要注意的是，微信平台是屏蔽了阿里巴巴旗下所有电商链接的，也就是在微信是无法打开淘宝或天猫链接的。所以不能直接在公众号放淘宝链接，只能通过推文中的文字来引导。

适合公众号的电商平台有微信商城、微店、微信小店、拼多多、京东，其中微信小店是官方电商渠道，但仅支持服务号开通。微信商城可以通过公众号平台的开发功能嵌入自开发或购买的网上商城，也是仅支持服务号。订阅号可以将服务号关联，将订阅号的粉丝流量引导到服务号的商城。如果是微店、拼多多或京东，则可以将店铺链接放置到公众号的内容里，或者直接设置在菜单中。

订阅号的粉丝还有一种更高效的利用方式，那就是让他们进入你建的微信群或变成你个人微信号的好友。通过在推文中放置群二维码或个人微信二维码，让订阅号的粉丝进群，将粉丝圈起来做营销。

任务四　新媒体营销引流方法——抖音

抖音是今日头条旗下的可以拍摄短视频的社交软件，其开发者是北京微播视界科技有限公司。该软件于 2016 年 9 月上线，是一个专注年轻人音乐短视频社区平台。抖音用户可以分享生活,也可以认识更多的朋友,了解各种奇闻趣事。2018 年春节期间,抖音的用户呈爆炸式增长,连续占据 App Store 单日下载量榜首 16 天。

抖音是非常火的短视频平台,也是目标引流最疯狂的平台,与微博、微信一样,也是新媒体,区别在于抖音的内容是以视频来展示的,流量极大,在短视频的天下,很多人都聚集在这里,商家想做引流的话,进入抖音是必须的。

一、抖音营销的特点

(一) 魔性

无论抖音的内容是什么,都是为了吸引观看者的关注,抓住用户的目光,营造出一种神秘情绪、黏住用户的思维和控制手机的双手。如果你的产品无法做到迅速抓住用户的眼光和情绪,那么是否可以通过模仿抖音那种迅速录像、切镜头、夸张呈现方式来营造一种似懂非懂的氛围,让你的用户为你的产品"着魔"。

(二) 潮流

抖音的定位可以说,非常偏年轻化,整体 VI 体系也是独创的一种风格,这也代表了未来网络主流从 80、90 后往 00 后转移的趋势。

(三) 功能

速食信息,视频只有十五秒,如果开头不吸引人,用户在开头时就会划过。未来营销网络营销需要学习的特点就是速食、快速吸粉。

(四) 社交

抖音的评论区有时候比视频本身还有意思,永远不要忽略网络营销产品评论口碑的重要性。以目前的火爆趋势、涨幅速度,未来在开发新朋友上的功能,抖音有希望将在两年内超越微信。由此可见,抖音营销的前景将会无限放大。

(五) 专业

影像简单化,体现了图像处理的强大能力,每个人都能轻松成为导演,傻瓜式操作让这种拍摄方式更加偏向于大众化。个人品牌的传达与产品品牌的传达,在抖音上都是完全可以实现的,所以说它是一个成功并且专业的网络平台。

(六) 带节奏

抖音的 KOL 营销模式是一种"疯子表演傻子看"。你会发现,无论你的圈子还是你的生活中,永远都是极小部分的人掌握话语权,更多的人却只能默默地看他们表演,无论他们扮演的是小丑还是英雄。脏脏包、网红饭点、网红面条的走红,意味着其实很多人都已经掉入某种营销的模式和神秘的情绪中。

二、抖音引流模式

(一) 上热门引流模式

这种模式就要求引流人的一些技术要到位,因为你如果不会上热门,那么你一定引不到流量。只有爆了,你才会有流量,不爆是没有的。一旦爆了后,会有很多的评论及私信,你可以在私信当中留微信,让他们加你微信,接下来就可以营销他们了。

（二）评论引流模式

此种模式较为简单，只要你会打字，就可以在抖音上面引流。一般在同行当中寻找目标客户，将这些评论打在下面，然后有兴趣的就会关注或者私信你。之后这些人一旦与你私信，你就让他加微信，接下来交给营销就行了。

三、让抖音号快速增粉和变现

（一）做好抖音号的基础内容

做好抖音号的基础内容，包括主题定位、取名、Banner 图、个性签名等。账号定位的目的就是和其他账号区分内容，不管哪个平台，一定会扶持垂直内容的用户，而不是横向分散的内容用户。需要注意的是，一个抖音号只定位一个领域，只定位一类人群。这样才会更精准。

取名字建议使用领域加 IP，比如"办公室小野""老爸测评"，这样别人一看就知道你的抖音是做什么的。Banner 图和个性签名还有头像，都要遵循引导关注的原则。

（二）养号

注册了抖音之后不要急着发视频，而是要看，看一些跟你自己定位相关的视频。比如你是做服装的，那就看跟服装相关的视频，对这些视频点赞、评论，这时抖音就会识别出，原来你是喜欢这类视频的，然后给你打标签，后面就会重点推送这类视频给你。养号期间每天关注 2～3 个同类热门的抖音号，总数关注二三十个就行了。每天浏览视频，给同类视频点赞、评论和转发，点赞一天控制在 20 个左右，评论和转发 5 条左右。养号的目的是让系统知道你是正常的活跃用户，还有就是加深内容的纵向深度。

（三）拍视频

抖音上经常有一些视频点赞数达上百万，这些百万点赞的视频有些是精准策划拍摄的；有些看起来是偶然火爆的，其实不是，所有高赞视频都有其必然的条件，就是这个视频刚好符合了抖音的流量规则。这个规则就是抖音的算法。它是根据视频完播率、点赞数、评论数、转发数还有关注数来计算的，计算出来的数据越好，意味着视频的权重越高，那么抖音就会给你越多的展现量。

对于一个新的抖音号，前面 5 条视频至关重要。内容方向可以是正能量的、情感类的、技能和经验分享的、公益的、时事热点，或者抖音官方话题和挑战赛的。想要点赞高，视频需要能调动观众情绪；想要评论高，视频需要有槽点；想要转发高，那么视频内容需要符合简单实用的特点。

（四）变现

1. 卖货变现

由于抖音有三个商品分享功能，分别是商品橱窗、视频橱窗和直播橱窗。好的视频带来观众，观众就是流量，有流量就可以卖货。

2. 广告变现

当抖音号成了热门号，就会有商家找你做付费广告，支付广告费。广告的形式是在视频中植入与商家产品相关的内容。

3. 收佣金

在你的橱窗上分享别人的产品,与商家谈好佣金点数,卖多少提多少。如果你有店铺有产品,你可以找一些热门抖音号,跟他们谈分佣模式,让他们帮你卖货,可以把产品寄给他们,然后用产品拍视频。

4. 引导到其他平台,比如微信

在抖音个性签名放上自己的微信号,把抖音粉丝变成自己的微信好友,再通过微信来对这些用户进行营销。

5. 引导到线下

引导到线下,这个方式适合有实体店的,或者和实体店合作。

四、获得抖音推荐的小技巧

(一)参加抖音官方的活动

点击抖音消息菜单,点击消息助手,点开抖音小助手,里面就能看到抖音官方发布的活动,根据自己的定位、条件等选择参加。越新的活动越容易获得抖音的流量推荐。

(二)视频中添加话题标签,使用@功能

点击抖音右上角搜索按钮,可以看到有热搜榜和发现精彩,这里面都是热门的话题。在拍视频的时候可以与这些话题靠拢,并在发布的文字内容里加上话题标签。

(三)蹭热门

可以模仿单独某条热门抖音,模仿抖音达人的形式,但是又要有自己的风格。还有就是和热门抖音合拍,合拍是蹭热度非常好的功能,相当于巧妙地把别人的已经火了的视频搬到了自己的抖音上。

(四)追热点

作为一个互联网创业者,要养成关注时事热点的习惯。在前面提到的抖音热搜榜可以找到热点,微博热搜榜和百度搜索榜也可以找到热点。找到当前的热点后,就可以结合热点和自己的定位来拍视频了。比如最近的热门话题,垃圾分类。日用品类,以及所有带有环保特性的品类都可以利用这个话题。另外,重要的节日,纪念日也是热点,我们可以提前做好策划和拍摄,在特定日子就可以用了。

一个优秀的视频除了内容好,还有其他的特点,比如画质清晰、竖屏画面、带有配音配乐、时长超过 7 秒但最好不要超 1 分钟等。

五、二微一抖的亮点

两微一抖主要指微博、微信、抖音。

(一)微博营销的亮点:极大化传播

微博从 2009 年已经被挖掘出很大的营销价值,微博主要得跟得上热点,其实做营销传播并不难。但是它仅仅只适合做传播,成交大多在线下,或者引导到微信,通过微信成交。

（二）微信营销的亮点：过渡与成交

微信从2011年出现到现在，可以说是这二十年来的一个信息社交变革，最好的亮点之一就是巩固老顾客，让人们的社交关系从微弱到很熟悉，即便是从来没有见过一次面，经常从朋友圈看到对方的照片或者发表的文字，慢慢过渡到很熟悉的感觉。再加上有主题的微信群，更加适合做情感营销。

（三）抖音营销的亮点：人群精准

抖音营销保守一点的意见就是引流到微信，而最好的营销是先去付出。比如卖化妆品的，如果懂化妆技巧，不断地去分享化妆技巧，或者直接把化妆的效果呈现出来，自然有很多人关注。抖音视频最大的好处就是，会精准地把一大堆人推荐到你的面前，如果你对一个视频很感兴趣，看的时间会比较强，抖音就会不断地推荐同类视频。

总体说来，两微一抖的营销布局就是用微博、抖音来做引流，用微信来做成交或者维护老客户。

任务五　其他新媒体营销引流的方法

除了利用好微博本身的特性，做好引流工作以外，利用当下比较热门的社交平台进行引流也是一个不错的选择，在此推荐小红书及蘑菇街平台。

一、小红书

小红书是一个生活方式平台和消费决策入口，创始人为毛文超和瞿芳。截至2019年7月，小红书用户数已超过3亿，其中70%用户是90后。在小红书社区，用户通过文字、图片、视频笔记的分享，记录了这个时代年轻人的正能量和美好生活，小红书通过机器学习对海量信息和人进行精准、高效匹配。小红书旗下设有电商业务，2017年12月24日，小红书电商被《人民日报》评为代表中国消费科技产业的"中国品牌奖"。

2014年10月小红书福利社上线，旨在解决海外购物的另一个难题：买不到。小红书以累积的海外购物数据，分析出最受欢迎的商品及全球购物趋势，并在此基础上把全世界的好东西，以最短的路径、最简洁的方式提供给用户。

2015年11月27日，小红书推出了主题为"我不要全世界，我只要全世界的好东西"的全年大促"红色星期五"活动，并且好评如潮。小红书作为社区电商平台，开创了UGC（User Generated Content，即用户原创内容）的海外购物分享新模式，让用户拥有话语权。对于平台中的商品，用户可以随便吐槽，既可以低调炫耀，又能够获得福利社的优惠。而且小红书还有分享功能，可以让用户在分享的同时获得实惠的红包。这一系列的产品优惠活动更是吸引了大量优质用户的加入。小红书电商的独特性体现在以下几方面。

（一）口碑营销

没有任何方法比真实用户口碑更能提高转化率，就如用户在淘宝上买东西前一定会去看用户评论。小红书有一个真实用户口碑分享的社区，整个社区就是一个巨大的用户口碑库。

(二)结构化数据下的选品

小红书的社区中积累了大量的消费类口碑,就好像几千万用户在这个平台上发现、分享全世界的好东西,此外,用户的浏览、点赞和收藏等行为,会产生大量底层数据。通过这些数据,小红书可以精准地分析出用户的需求,保证采购的商品是深受用户推崇的。

小红书启动电商模式的5个月时间里,销售额已达到2亿多人民币;截至2017年5月,小红书营收近100亿。2017年6月6日小红书周年庆当天,开卖2小时后,销售额达到1亿元;当天小红书在苹果App Store购物类下载排名第一;2016年小红书参加"66"大促销的商品数量是1万件,2017年增长到了15万件。

如果说微博发硬广不太合适,那么在小红书平台上发软广,能起到更好的效果。可以建立个人的小红书账号,在上面分享自己的真实体验、感受和经历,增加账号的真实感,拉近和用户的距离,让用户对你产生更多的信任感。同时,可以在帖子中带上自己的微博账号,从而实现小红书上的用户导流至微博平台。

二、蘑菇街

蘑菇街是女性的社交垂直电商平台,为爱美的女性提供衣服、鞋子、配饰和美妆等商品。它定位于"买手街",用推荐的方式为买家提供购买建议,买家也可以在商品区发表评论,交流穿衣心得。另外,蘑菇街邀请李易峰为其代言,代言活动前后5天,蘑菇街App在苹果应用商店及各大安卓应用商店的下载量突破千万次,新增用户近千万名,效果可见一斑。蘑菇街的发展势头如此之快,吸引了很多投资者的关注。2015年11月21日,蘑菇街完成了D轮融资,由平安创新投资基金(平安创投)领投,深圳天图资本跟投,融资金额超过2亿美元,由此可见,移动微电商的发展前景是非常可观的。

蘑菇街作为一个垂直网站和第一代大而全的水平网站(又称综合性网站)不同,垂直网站注意力集中在某些特定的领域或某种特定的需求,提供有关这个领域或需求的全部深度信息和相关服务,作为互联网的新亮点,垂直网站正引起越来越多人的关注。在越来越多的网站吸引老百姓的注意力时,网民却逐渐走出时髦、好奇的初级阶段,不断地在网上寻找着实际、实用和实惠。营销开辟了新的营销路径,微博营销,大大提高社区的转化率,得到了可靠的盈利保障。因为大量使用用户的真实体验,所以很好地保证了良好的口碑效应。

从2011年情人节正式上线,到2012年2月网站注册用户超过600万,定位于女性购物社区的蘑菇街在一年时间内吸引了数百万名用户。蘑菇街CEO陈琪认为在蘑菇街漂亮的增长曲线背后有两个关键点,一是快节奏地进行试错,产品方向大致靠谱后再进行资源投放;另一个就是以数据决定商品的排序,而不要过早地让社区充满商业化元素。

(一)蘑菇街营销的策略

蘑菇街的主要用户是二十岁左右、时尚敏感度高的女生。对于这个消费欲望强烈但消费能力并不高的群体而言,相较于购买一些价格昂贵的品牌服饰,在网络上淘货是更为划算的买卖。而她们淘货的目标,又主要瞄准了当季的流行元素。

消费者购物的过程有四个环节:发现、比较、购买和分享。在"蘑菇街"这类以"时尚"和"购物"为主题的女性社区出现前,"发现"的过程通常是消费者通过阅读平面媒体、电视或观察潮流完成,过于零碎和分散。而在"比较"的环节中,又涉及款式、价格等多方面的因素。事实上,以淘宝为代表的这类购物网站提供的仅是"比较"环节中硬性指标的筛选,以及整个"购买"环节。而"比较"环节中的个性化因素如风格和个人适合度等,以及整个"分享"环节都还是空白。

在蘑菇街的计划中,"发现"和"比较"都可以通过现有的社会化方式——一个更紧密的社区来解决,而"分享"则必须借助于移动设备。调查发现,蘑菇街的目标用户群中,iPhone 尤其是 iPhone4 的持有率高得惊人。所以,蘑菇街首先将视线投向了苹果的 App Store。在即将上线的蘑菇街 iPhone 应用程序里,用户可以浏览网页上的所有内容,还可以通过应用内置的拍照功能分享自己的物品和装扮。蘑菇街的技术团队花费了几个月时间来打磨这一应用程序。

(二) 提升蘑菇街的店铺销量

蘑菇街作为一个电商的平台,很多商家也会在上面经营一些女装,但是随着近几年线上商家的增加,店铺销量竞争压力也越来越大,那么,如何才能够提升蘑菇街的店铺销量呢?

1. 从服装选择方面提升

(1) 店铺服装定位。

对于店铺的服装人群定位,必须要做好规划,这样才能够把握服装的选择和方向,自己也能够拥有稳定的客户群体去经营。

(2) 服装品位品质把控。

根据当下的店铺定位,服装的品位和品质也要控制好,这样才能提升销量的前提,只有自己的店铺品质和口碑提升了,销量才能轻松地提上去。

2. 从活动策划方面提升

(1) 同行卖家价格调研。

对于价格的控制,也是提升销量的前提。因此,一定要留心观察和调研同行卖家的产品价格,做到实时的价格调整,以做好店铺销量的提升。

(2) 营销活动策划。

定期的营销活动策划,通过价格优惠政策,来吸引更多的流量,这样对于店铺的销量提升会有很大的帮助。

(三) 借助其他平台引流

1. 平台直播提升销量方式

蘑菇街也会为卖家开通直播的平台,通过直播的方式,可以让顾客更加直观地了解商品,这样对于商品的销量提升也有很大的帮助。

2. 分享引流方式

现在有很多平台都有分享引流的方式,可以借助粉丝的力量,将自己的店铺分享到其他的平台,这样对于店铺的流量提升,也是非常有帮助的。

综上所述,蘑菇街的流量和销量提升,其实和产品的质量是呈正比的,学会借助其他资源引流,这样才是提升销量的前提;创造专业团队,才是创造更大销量的前提,一个人的力量是很难改变现状的。

任务六　微信和抖音营销案例分析

一、微信营销——国馆

国馆品牌源于对中国白酒文化的研究,后来发展为集国学文化、白酒文化、精致生活、知性女性等多个垂直领域的综合自媒体品牌。国馆从 2016 年开始采用内容＋电商的模式运作,目前已发展成为国内文化领域知名公众品牌。

国馆订阅号的账号介绍写的是,用文化温暖人心,让好书滋养心灵,以好物点缀生活。每天 8 点,分享有深度的好文,品味有内涵的好书,遇见精致有品的美物。

这一段话,就很清晰地展示了国馆的定位。用文化温暖人心,说的是中华文化研究和传播领域;让好书滋养心灵,说的是好文分享,在这里可以看到好的文章;以好物点缀生活,就是告诉你,我这里有东西卖。每个点都有一条贯穿主线,那就是中华国学。

进入国馆公众号首页(见图 3-6),可以看到菜单有国馆商城、馆长好物和关于我们,好文分享却没有入口,这是有原因的。不设置好文分享菜单入口,目的是让用户通过账号每天分享的推文看文章,这样可以增加用户活跃度和黏性。

推文一共有 7 篇,第一篇很明显是蹭热点的,最近上映的《哪吒之魔童降世》引起热议,推文的封面用的就是这部电影的海报,内容是这部电影的影评。第 2~6 篇是产品推送。

最后一篇是日常固定小文。每一篇文章的标题都写得比较微妙,第一篇使用反问句,第二篇自问自答,第三篇的标题能勾起你的好奇心。标题写得好不好,直接决定了读者是否有兴趣点进去阅读。

浏览国馆每天的推文列表可以看到,它发的推文都有几个共同特点,就是紧跟时事热点、国学文化氛围浓郁、标题新颖。每一篇文章点过去,你会发现文章的风格统一、配图符合中华文化的韵味、排版整洁,符合年轻人的审美。

回到菜单"馆长好物",里面有个二级菜单是"加掌柜领福利",这就是将公众号粉丝变为自己好友的营销方式。国馆通过精细化运营,单个订阅号的关注用户数已超过 550 万,国馆旗下其他垂直领域公众号用户数累计超过 2 200 万。

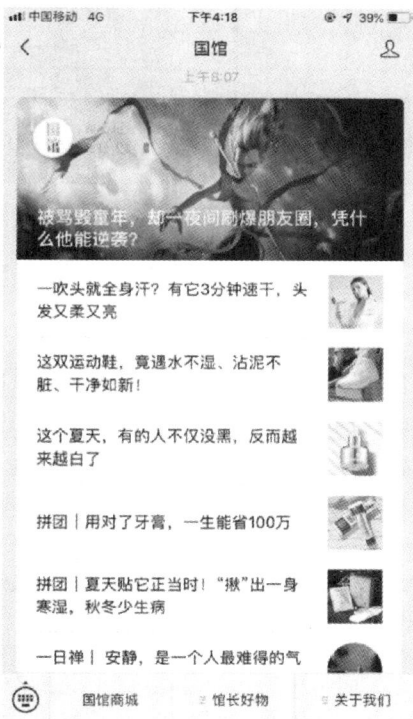

图 3-6　微信营销——国馆

二、抖音营销——女性服装

先来看 2 个抖音视频，第一个视频标题是"保守女生不穿亮，拿什么迷倒男生"，点赞数超过 42 万；第二个视频标题是"臀部大的女生这么穿，容易迷倒小哥哥"（见图 3-7），获赞超过 25 万。

图 3-7　抖音营销——女性服装

一个账号叫日常穿衣，另一个是女王搭配社。不同的账号，不同的视频，但是定位相同，都是穿衣搭配，面向的群体相同，都是年轻女性，最重要的是，两个账号的视频橱窗最终指向的是同一家女装淘宝店。不难猜出，这家店铺采用了多个抖音账号进行引流，引流的技巧如下：

（1）抖音号主题鲜明，给人一看就知道是教人穿衣搭配的，吸引目标人群关注。

（2）标题方面，直接锁定了保守女生和臀部大的女性。

（3）模特真人试穿，展示出非常好看的上身效果，调动起观众的情绪，获得认可点赞。

（4）穿衣搭配教程型内容简单实用，激发了用户的转发欲望。

（5）添加热门的流行音乐作为配音，增加用户听觉印象。

通过这样的引流技巧，抖音给它的淘宝店铺带去了非常可观的流量，每条视频对应的单品月销都超过 1 万件。

三、微信与抖音两大平台卖货的比较

从以上案例可以看出，现在分销系统主要用于微信卖货，而抖音也慢慢成为卖货的平台，微信和抖音都分别承载了最大的用户量。微信除了朋友圈，更多地已经成为办公与群聊、通信的一种工具，人与人之间的办公、日常沟通联系都会通过微信；抖音卖货的前提是聚集了大量好看好笑的视频，这是不同点。那么在卖货来看，分销系统卖货与抖音卖货有什么不同？

（一）本质上定义的不同

分销系统是商城、平台结合分销模式组成的系统，而抖音只是平台。比如微信是个平台，结合分销会成为分销系统，App 是个平台，结合分销也会成为分销系统，小程序是个商城，结合分销模式也是属于分销系统。抖音是个平台，如果能结合分销模式，也是个分销系统，只是要看抖音这个平台是否适合结合分销。所以说，分销系统是平台、商城与模式的结合，在本质上是不同的。

（二）分销系统卖货与抖音卖货哪个更好卖

分销系统卖货主要常见于微信商城、小程序与 App 的卖货,主要来说都是微信这个大载体引流,而抖音卖货是以抖音用户为载体,现在抖音可以卖货商城可以分享到微信朋友和微信朋友圈,所以,大平台之间也在做相互的合作。分销系统卖货比抖音要核心的一点是分销的模式,这种模式是主要促进产品的售卖以及形成长期的售卖体系,抖音上的卖货更像是一时的,无法承载完整而有效的客户信息,保持更高的客户黏度。

综上所述,分销系统的核心是分销裂变的模式,而抖音像是一时的促销;分销系统注重长期销售体系的打造,而抖音注重一时的卖货。所以,分销系统是要做的,但可以结合抖音去做,现在大平台之间也有合作了,而卖货需要多条渠道去做。

拓展资源

专访蘑菇街 CEO 陈琪:在线零售意见领袖最关心品质

能力训练

一、单选题

1. 下列不属于微博引流优点的是(　　　)。

A. 黏性高 　　　　B. 数量大 　　　　C. 转化快 　　　　D. 成本低

2. 下列不属于通过抖音实现电商变现的途径是(　　　)。

A. 拍视频 　　　　　　　　　　B. 引流变现,比如引流到实体店

C. 广告变现 　　　　　　　　　D. 卖货变现

3. 能够快速获取新媒体热点资讯的渠道是(　　　)。

A. 搜狗搜索 　　　　B. 朋友圈 　　　　C. 小程序 　　　　D. 微博超话

4. 和电视广告营销方法相比较,属于新媒体营销的优点的是(　　　)。

A. 不需要资金投入 　　　　　　B. 受众群体广泛

C. 传播范围广 　　　　　　　　D. 目标消费群体更精准

5. 常用的新媒体引流工具"两微一抖"的"抖"指的是(　　　)。

A. 微信 　　　　B. 微博 　　　　C. 微视 　　　　D. 抖音

二、多选题

1. 小张打算售卖自己家乡的特产,他可以选择的新媒体工具有(　　　)。

A. 抖音 　　　　B. 微博 　　　　C. 开淘宝店 　　　　D. 朋友圈

2. 微博引流的方法有(　　　)。

A. 流量导向 　　　　B. 优质内容 　　　　C. 精准定位 　　　　D. 营销推广

3. 小张打算卖家乡的特产——鹰嘴桃,他可以用哪些新媒体渠道?(　　　)。

A. 微信朋友圈售卖 　　　　　　B. 微信小程序管理订单

C. 抖音等短视频平台宣传推广 　D. 微博推广

E. 订阅号图文推广

4. 下列哪几种新媒体比较适合做电商引流?(　　　)。

A. 公众号　　　　　B. 朋友圈　　　　　C. 小程序　　　　　D. 微博

5. 社交新媒体具有什么特点?(　　　)。

A. 参与交流　　　　B. 公开　　　　　　C. 社区化　　　　　D. 连通性

三、思考题

1. 以抖音为代表的新媒体,催生了电商交易新形式,李佳奇的直播、李子柒的短视频风头无二。请问:他们是如何做到创业成功的?

2. 关注熟悉的"网红"微博,分析其是如何进行话题制造和粉丝维护的。精心创作一条长微博,用@功能进行发布。

项目四
电商创业运营宝典

▶ 知识目标

1. 掌握电商创业运营岗位的工作内容和职责；
2. 掌握电商创业运营岗位的业务流程；
3. 掌握电商创业运营的选品策略；
4. 掌握电商创业运营的数据分析指标体系；
5. 掌握电商创业运营的数据分析方法。

▶ 能力目标

1. 能够制定运营工作计划和考核表，并加以实施；
2. 能够根据已有资源和条件进行选品；
3. 根据创业实际情况制定科学合理的运营绩效指标体系；
4. 能够运营数据分析工具进行运营数据分析；
5. 能够进行有效协调沟通各部门或岗位的业务协作。

▶ 思维导图

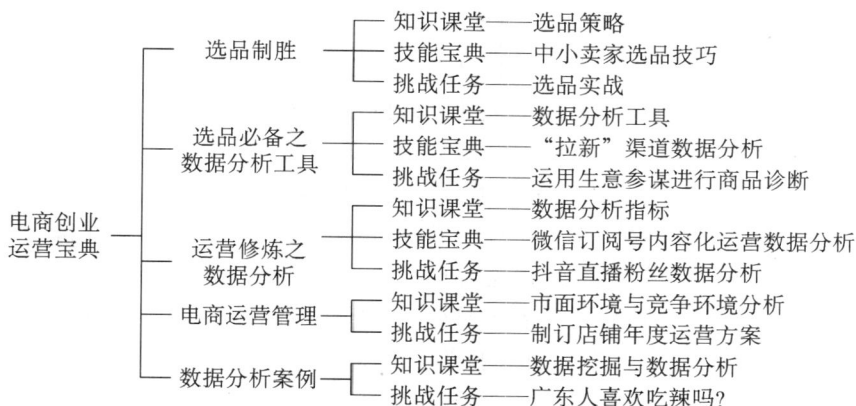

▶▷ 案例导入

一位亲戚的创业想法:来自对竞争环境下电商创业的思考

任务一　选品制胜

一、知识课堂——选品策略

淘数据显示,淘宝平台1 000多万的卖家,连续30天都处于活跃的店铺有300多万家,大部分都处于不活跃状态,不活跃的店铺也就是说明店铺基本处于歇业状态,这也说明赚钱的是少数,而真正能够持续赢利5年以上的卖家不足20%。淘宝卖家两极分化现象十分严重,究其原因,很多电商创业新卖家在选品上的盲目性和随意性,导致直接输在起跑线上,生存都成了问题,就更谈不上赚钱了。选品是电商制胜的法宝,电商创业选对品就成功了一半,这也是电商运营人员的核心工作能力。那么,电商创业淘宝卖家该如何进行选品呢?

选品主要有两大类策略:红海选品策略和蓝海选品策略。

(一)红海选品策略

红海选品策略,顾名思义,就是在激烈竞争的行业中进行选品。例如,淘宝曾经第一大类目服装类目,那么选择服装类目进行电商创业就是采取了红海选品策略,对于电商创业的新卖家选择红海策略的优点主要有市场成熟度较高,市场需求大,可分享流量红利多,缺点是竞争激烈。

事实上,很多新卖家在选品上大部分都是经历了黑海选品战略,然后再进入红海选品战略的。电商创业新卖家,首先要解决生存问题,这就是黑海选品战略。很多新卖家在开始创业阶段,对如何选品知之甚少,盲目进入电商创业领域,就如同在黑海里,完全没有战略方向,没有清晰的行动指引,对电商创业的规则也是朦朦胧胧,对于市场竞争行为也是真真假假,敌我难辨,因此选品很容易随波逐流,失去方向,永远都是跟随策略,迷失在黑海里。有一部分电商创业新卖家在黑海中逐渐适应过来,在激烈的竞争中,逐渐确定了适合自己的选品策略,咬紧牙关熬过最黑暗、最漫长的时期,最后发现自己还活着,就度过了黑海选品时代而进入了"红海选品时代"。从黑海中挺过来的人,是有非常丰富的选品竞争经验的,知道当前主流需求是什么,能够快速进行选品,甚至成为行业选品的风向标。但是很多新卖家在挺过了黑海选品时代后,很容易犯一个毛病:追求大而全,追求完美。因为在黑海中,一切危险都有可能,一切防卫都不属多余,就像小公司一样,可能什么生意都敢做,因为公司要活着。因此,对于新卖家来说,挺过了黑海时代,对于红海时代的选品策略就要制定更加科学规范的选品业务流程和相关制度,在保证选品质量的同时还要追求选品的效率,毕竟对于新卖家来说,时间就是竞争,效率就是收益。

在红海选品策略中,还有三种细分的策略,第一种是较低成本策略,第二种是差异化策略,第三种是市场细分策略。较低成本策略,适合有一手货源并能够有较强成本控制的卖家进行创业。一般采取较低成本选品策略做电商的卖家大多都是生产企业,因为生产企业具有较强的成本控制能力和产品质量管理能力,还可有效减少中间流通环节,并且已经有了线下的产品销售、客服和物流经验,因此能够在激烈的红海竞争中获得较强的竞争优势。当然有很多非生产企业的卖家在快速成长后选择生产企业做OEM或贴牌量产,也是采用了低成本选品策略。差异化策略,是适合于绝大多数的卖家的选品策略。要想在激烈的红海竞争中获得竞争优势,就需要采取差异化的策略,做到人无我有,人有我优,从而实现差异化竞争,减少竞争的阻力和风险。市场细分选品策略也是适合于大多数卖家的选品策略,可以使卖家很好地进行目标市场定位,更好地进行客户精准画像,更有针对性地进行市场营销推广活动,并能在相应的细分领域进行垂直深耕。

当然,对于电商创业者来说,也可以选择几种选品策略的组合,如选择市场细分策略和差异化策略的组合等。在传统的线下市场中,神舟笔记本电脑就采取了低成本竞争选品策略,通过合格质量、较低价格的严控成本获得竞争优势,抢占市场份额。这种低成本选品策略虽然可以快速抢占市场,但如果缺乏后续的差异化和市场细分,尤其缺乏创新能力就很容易被市场淘汰。常言说,一分钱一分货,低成本选品策略容易给市场传达低质低价的信号,不利于公司的品牌竞争力打造。

以手机市场为例,手机作为线下行业的红海,竞争十分激烈,更多的手机生产企业采取了差异化和市场细分的策略,来获取市场竞争优势。例如,vivo手机强调拍出你的美;OPPO强调充电5分钟,通话2小时;还有朵唯女性手机等,无不是采取差异化或市场细分策略。我们再来看一下淘宝卖家的选品制胜的案例,飞魅天猫旗舰店主做服装类目,但在选品之初,就确定了采取差异化选品策略,寻找线下难买到的服装产品,通过大量的市场调研,最后确定选择肚皮舞服装进行电商创业,并将客户群体定位为20~30岁的女性群体。这部分群体主要有两类,一类是刚走向工作的白领,一类是刚生完小孩的少妇。这两类女性群体都有保持体型美的需求,而肚皮舞可以促进女性保持性感匀称的身材,肚皮舞服装又属于服装类目中的小类目,在红海市场中推广费用相对来说比较低,竞争对手相对来说比较少,容易快速抢占市场。飞魅天猫旗舰店刚一上线,就快速引爆市场,打造了几款爆款。再来看一家HFP天猫旗舰店,该旗舰店主要做化妆品,也是属于红海产品选品,该旗舰店在选品策略中依然采用的是差异化战略。例如,该旗舰店爆款产品玻尿酸原液,就强调明星推崇的美容圣品高浓度玻尿酸原液为该款产品主要成分,定价十分亲民,实现了高端原料平民化;包装瓶采取低管式设计,使用方便,控制用量,避免浪费,又做了小白瓶独特设计理念,与之相配合的推广文案也做得非常有温度,俘获了大量的忠实粉丝,做到了选品制胜。

(二)蓝海选品策略

蓝海选品策略优点是市场竞争小,具有成长为"独角兽"的潜力;缺点是可分享的流量红利少,市场培育开发成本高。蓝海选品策略非常适合有专业技术或者产品研发能力的卖家,可以对产品进行微创新、优化或发明获得专利等。

蓝海选品策略,又可细分为产品替代策略、产品升级策略、创新产品策略。例如,打败数码相机的不是技术更新的数码相机,而是手机,就是一种产品替代策略。现在的手机产品更新换代十分快,这就是一种产品升级策略。另外,现在还有很多黑科技产品在做电商,这是一种创新产品策略。对于电商创业的卖家,无论选择红海策略还是蓝海策略,只有选对产品,加上良好的运营能力,才能够持续地赚钱。因此,选品成功是生存下去的基础,是竞争制胜的前提。

小链接

如何选品

二、技能宝典——中小卖家选品技巧

对于选择电商创业的中小卖家,一定要多花精力在选品上,多去研究平台各类目的各项买家和卖家数据。淘宝发展到今天,应该是营销推广比选品重要。这是我们一般情况下的思维,但是你可能会忽略了几个问题:

第一,即便什么都有得卖,但市场的需求在某个时期是有限的,那么市场竞争的激烈程度就决定了卖家盈利情况。比如一件产品 10 个人卖,那么需求量就那么大,此时大家可能都在赚钱,这时就难免有跟风现象;如果有 50 个人卖的时候,那可能大家都在保本;如果卖的人继续增多到 100 人,那么这时候可能只有行业前三名还有一点点赚头,且一路死撑,因为利润已经小到不足以支撑了,其他人就不难想象了。

第二,选择什么样的市场,很大程度上由你的产品决定,比如选择做大码女装,客户的需求是显瘦还要能穿上,否则买家秀会毁掉卖家的所有营销努力;选择了婴童市场,那产品的安全性、对宝宝没有伤害就是宝妈人群最关心的内容。

如果不懂选品,在充分竞争的市场上本事在高,也只能价格战,这是最糟糕的,因为价格战到最后大家都不是赢家。那么作为中小卖家该如何呢? 在此就分享三个适合中小卖家的技巧。

(一) 寻找小、快类目

对于新手卖家,充分寻找品类竞争不大且成功率高,适合新手卖家运营,适合初次创业者,经营能力较弱的商家。例如,周边热门事件的产品,像当年毛绒公仔下面的捉妖记胡巴、德州扑克、教师节贺卡、明星同款这些,每一件热门事件都有需求产生,会很快体现在淘宝上,出现短期内需求量猛增,而商家数量不足,这就是新手卖家的机会之一。前一阵的胡萝卜抱枕也是深受追捧,看销量就可见端倪。热门产品,大家一定不能忽视现在很火的抖音和火山等直播平台,爆辣的火鸡面和自嗨小火锅(见图 4-1、图 4-2),就靠抖音和火山带火,一路搜索跟火箭一样上蹿。

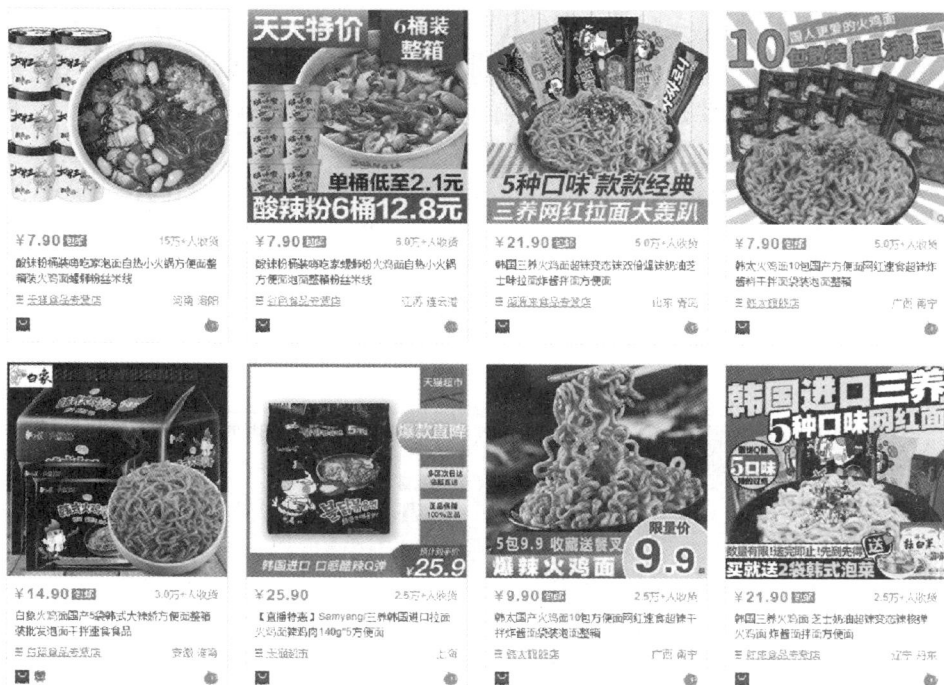

图 4-1　直播带火的火鸡面

图 4-2　直播带火的自嗨小火锅

（二）寻找粉丝黏性高的小众品牌产品，以品牌词获取小众流量粉丝

国内外的一些品牌都可以，有些国外品牌没有进入大陆市场，但还是有一小众粉丝存在。但是要拿到授权，不然容易面临售假处罚。对于供不应求的小众品牌产品，谁掌握资源和渠道，谁就可以轻松坐拥这个竞争小的市场。

（三）日常生活中的小需求商品

利润可观的蓝海产品适合新手卖家，这种产品月销不算高，但是利润相当高。就拿银杯子来说（见图 4-3），一个少说 300～500 元利润，一个月利润都在几万块，因为需求不算太大，所以大卖家很少来抢这个小蛋糕。但是对于新手来讲，既可以避开激烈的竞争环境，又可以减少发货的人力物力支出，同时又有不错的利润保证。有几个这样的产品，你绝对不比大卖家赚得少。

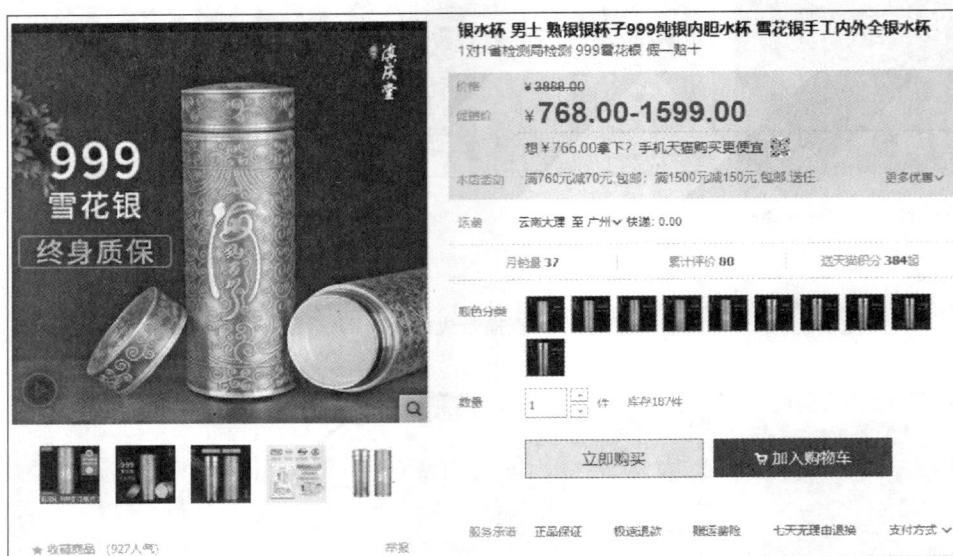

图 4-3　高利润低竞争的银杯子

（四）聚焦网货选品

其实刚开始的时候，新手卖家如果没有货源，建议从 1688 一件代发做起。很多卖家天天研究各种技术，其实也出不了几单，就是因为选品能力不过关。如果要做一个卖家，鼓励起步通过无货源选款，天天训练自己的选品能力，保证能够每天出几单后，再学复杂的运营推广技术，筛选出单量稳定的产品，再去找优秀的供应商，从而慢慢壮大自己。

三、挑战任务——选品实战

在淘宝中利用阿里指数（shu.taobao.com）等工具选出广东地区排名前三的二级类目或三级类目中前 100 名店铺的爆款商品，并制作一份汇总表，汇总表包括商品图、商品名称、店铺名称、所属类目、单价、月销量等信息，然后通过分析，从汇总表中选出 3 款商品，分析其买家和卖家情况。

任务二 运营必备之数据分析工具

一、知识课堂——数据分析工具

数据分析是每一个电商运营必须会的岗位职业能力,我们经常说没有调查就没有发言权,调查其实就是一种数据分析行为。电商运营人员,如果没有进行数据分析就盲目地做决策,很可能会给公司带来巨大的经营风险,尤其是面对激烈的竞争环境和众多虎视眈眈的竞争对手,必须要做到知己知彼,才能百战不殆。要想做好数据分析,就必须要掌握数据分析的方法和数据分析的工具。我们常说"磨刀不误砍柴工",电商运营人员也必须有好的数据分析工具,才能用好的数据分析工具,做出高质量的数据分析,才能做出正确的电商运营决策。

大数据时代,各类数据分析工具多如牛毛,电商运营人员选择数据分析工具,首先要解决的是具体的运营决策问题,最好的数据分析工具自然就是在哪个平台创业就选择哪个平台的数据分析工具。其次,要对行业大环境有所了解,因此,还需要一款能够进行宏观环境数据分析的工具。目前,大多数电商平台数据分析工具都引入了宏观数据分析模块部分,这两种工具的掌握和熟练运用程度决定了一个电商运营人员的岗位能力的宽度和高度。下面以淘宝电商数据及分析工具生意参谋为例介绍数据分析工具的使用。生意参谋的数据非常庞杂,主要分为运营视窗、服务视窗和管理视窗三大主要板块(见图4-4~图4-6),同时生意参谋又从微观角度的实时数据、作战室、流量、品类、交易、内容、服务、营销、物流、财务等业务数据分析关键点,提供数据分析支持服务,又从宏观行业角度的市场、竞争等业务数据分析关键点,进行有针对性的数据分析,对于特定卖家,还可以通过业务专区(如手淘、天猫国际、天猫海外、内容分析、电视淘宝、商家短视频、优酷自媒体、微博自媒体、微博橱窗、搜索小站、淘工厂、主题搜和农村淘宝等)来进行精准数据分析(见图4-7)。如果淘宝卖家对这些维度的数据分析还不满足,还可以进行自定义取数,做到更有针对性地进行运营数据分析和决策。

图4-4 生意参谋之运营视窗

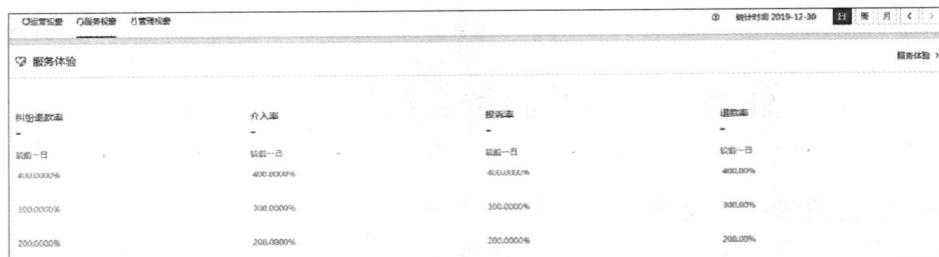

图 4-5　生意参谋之服务视窗

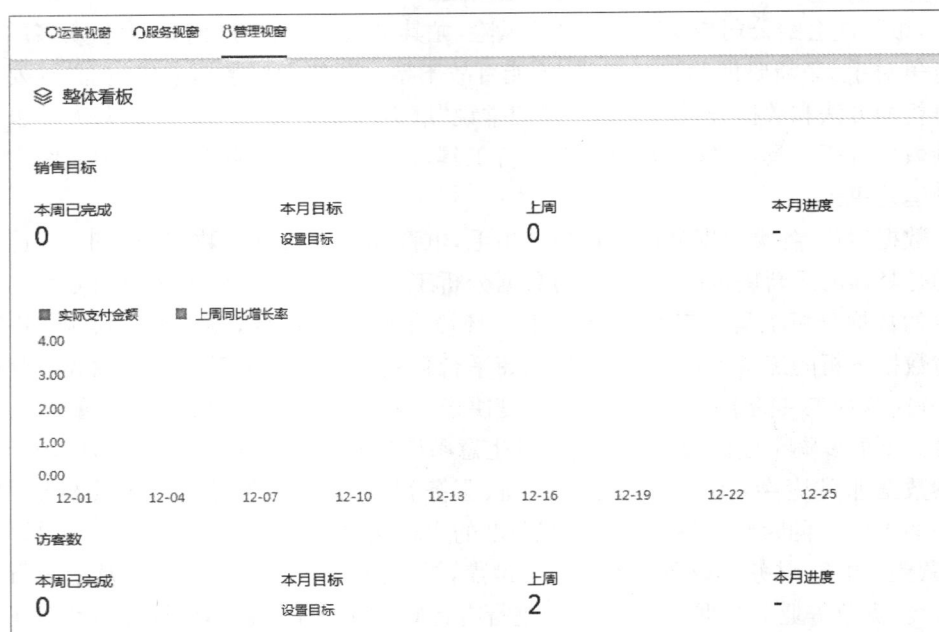

图 4-6　生意参谋之管理视窗

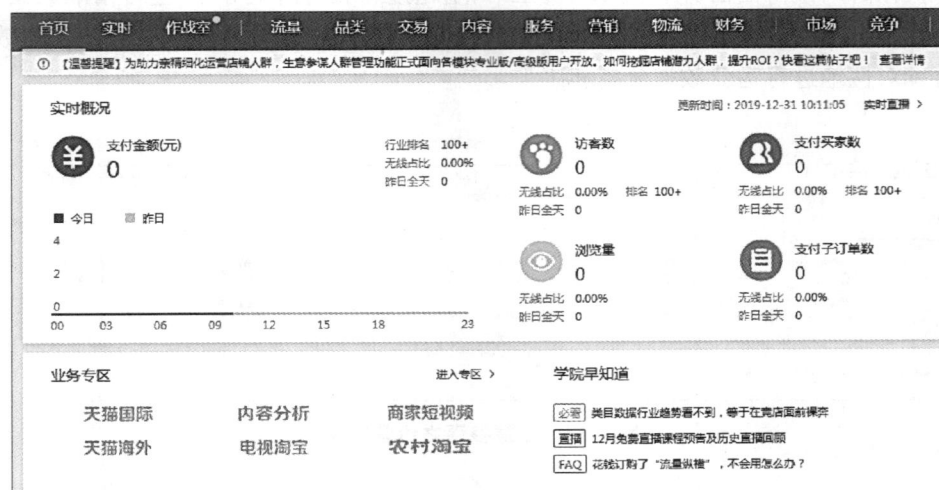

图 4-7　生意参谋主功能界面图

但要注意的是,生意参谋不是免费的,分为很多版本,想获取更多价值的信息就需要付出更多的成本。对于创业者来说,从成本角度和实际情况考虑,由于创业初期店铺运营数据较少,可以先使用免费版本,随着业务的增长和数据的全盘把握,可根据需要购买合适的付费版本。电商运营人员,要每天都看生意参谋的数据变化,分析数据变化的影响因素,找出不良变化的原因,采取正确的措施。

小链接

生意参谋运营视窗简介

那么,电商运营人员每天面对信息的海洋该如何进行数据分析,以提高数据分析的效率和价值呢?电商运营人员在进行数据分析的时候,也应该遵循二八法则,也就是说电商运营数据分析应该关注两类数据:一类是重要指标数据,如付费推广的成本和绩效数据(包括付费推广成本、访问量、转化率等)、客户行为数据(包括客户来源、停留时间、收藏、加购、转化和复购)等;一类是异动或异常数据(包括数据异常和纠纷等风险数据)。对于这两类数据,电商运营人员不能完全依靠生意参谋的数据,最好能够根据店铺实际运用情况,自行建立取数报表,对以上两类数据进行优化和监控,真正提升数据分析的效率和价值。

数据分析除了创业平台所提供的数据分析工具,还有很多第三方数据分析工具从全网视角进行数据采集和分析,可以更好地帮助运营人员以更宽的视野对运营数据进行分析,更好地发现运营数据的特点和趋势,对运营计划的制订,运营方案的设计和实施,以及运营绩效的评估有更精准的把握。例如,有专门针对淘宝电商平台进行数据分析的工具,用于弥补生意参谋不足的,如小旺神等第三方插件,可以辅助还原生意参谋的指数计算原始数据等,还有面向互联网的数据分析工具,如百度司南、神策(见图4-8)和数据眼等。例如,数据眼可以实时抓取爆品信息,多维度了解单品全网销量;全渠道覆盖,渠道动态一手掌握;时刻关注竞品、大盘状态,深度探寻行业趋势等(见图4-9~图4-12)。这类工具抓取数据量十分庞大,适合用于企业战略规划发展决策使用。总之,数据分析工具非常多,只有选择合适的数据分析工具,获取准确的信息,才能做出正确的运营决策。

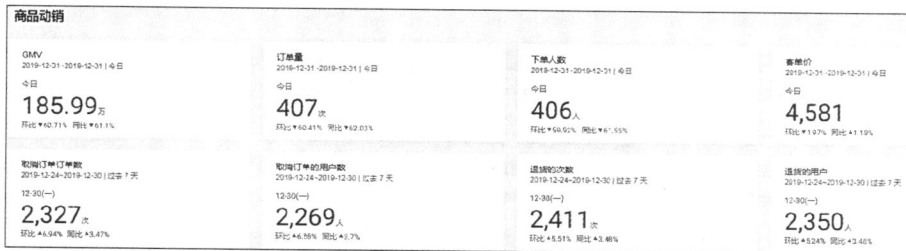

图4-8　神策主功能界面中商品动销分析

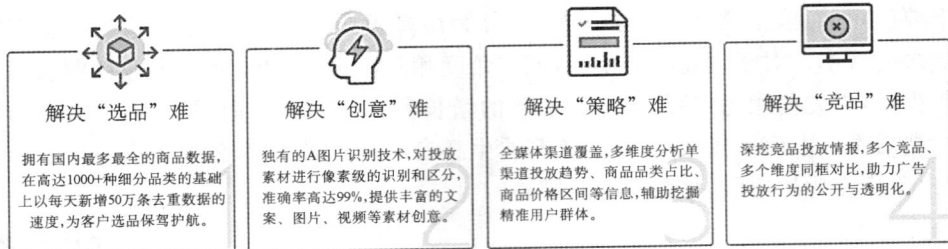

解决"选品"难

拥有国内最多最全的商品数据，在高达1000+种细分品类的基础上以每天新增50万条去重数据的速度，为客户选品保驾护航。

解决"创意"难

独有的A图片识别技术，对投放素材进行像素级的识别和区分，准确率高达99%，提供丰富的文案、图片、视频等素材创意。

解决"策略"难

全媒体渠道覆盖，多维度分析单渠道投放趋势、商品品类占比、商品价格区间等信息，辅助挖掘精准用户群体。

解决"竞品"难

深挖竞品投放情报，多个竞品、多个维度同框对比，助力广告投放行为的公开与透明化。

图 4 - 9　数据眼工具主要作用图

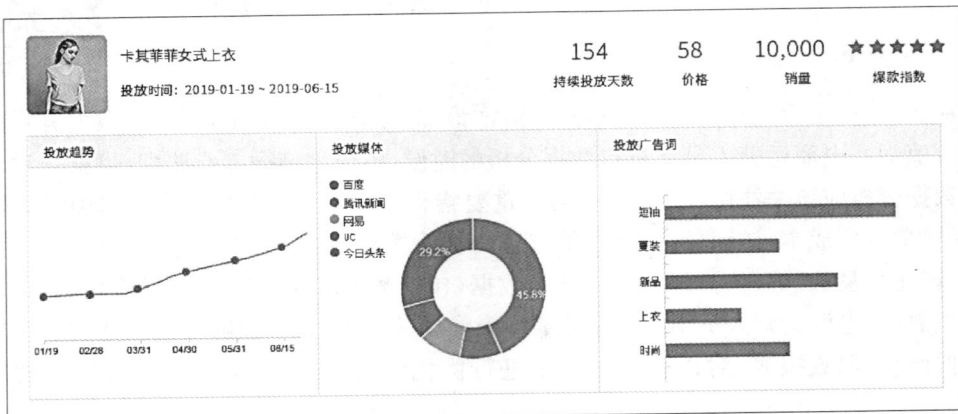

图 4 - 10　利用数据眼分析单品在各大渠道投放广告数

图 4 - 11　利用数据眼分析近期投放活跃度

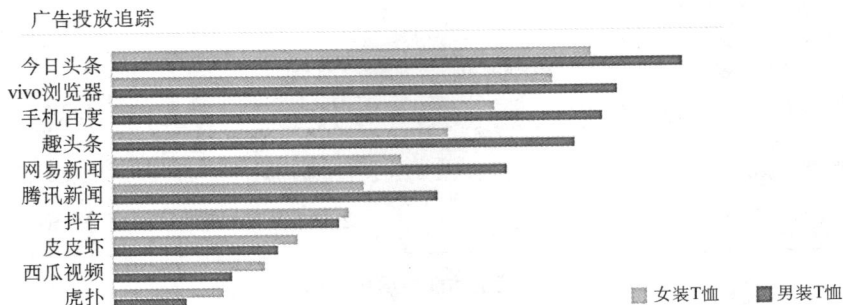

图 4 - 12　利用数据眼分析近期各大平台广告投放趋势

运营必备之数据分析工具

二、技能宝典——"拉新"渠道数据分析

（一）分析用户行为

电商创业需要不断地争取新客户，也就是所谓的"拉新"。从哪些渠道"拉新"效率更高？运营人员在进行"拉新"渠道数据分析过程中，首先就要清楚用户行为路径（见图4-13），只有掌握了用户行为路径，才能对"拉新"进行渠道分析。

图 4-13 电子商务行业用户行为流程图

（二）制订数据抓取和数据加工计划并加以实施

运营人员在使用数据分析工具抓取数据时，必须先根据数据分析的目标制订数据抓取和数据加工计划，建立数据相关的指标体系，如图4-14所示。这样可大大减少抓取过多的数据量，增加数据清洗的难度。

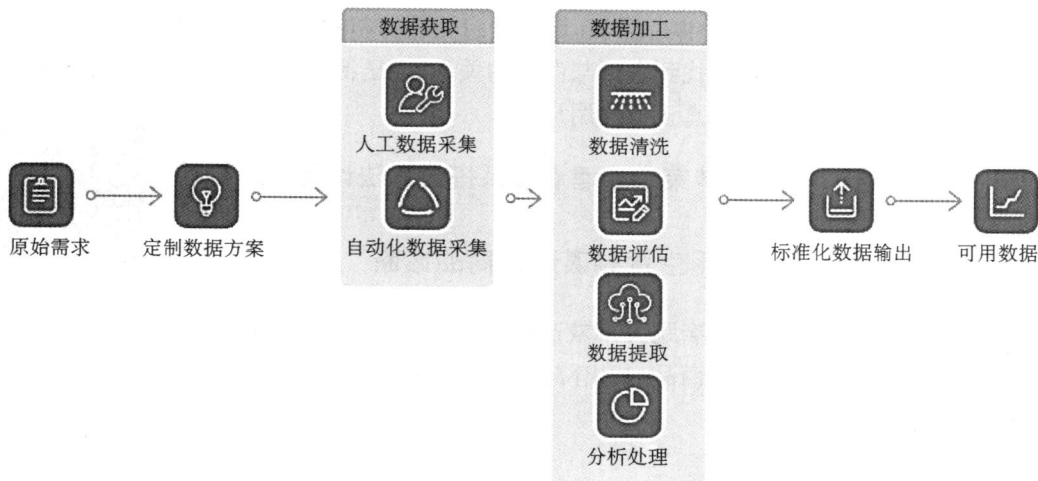

图 4-14 数据抓取和数据加工流程图

（三）撰写数据分析

电商运营数据分析人员，撰写数据分析报告是必备的能力，数据分析报告的好坏将直接影响到接下来的运营决策。抓取数据可以通过加工形成不同角度的数据库，数据分析人员可以根据具体的目的，对数据库内容进行分析，形成不同种类的数据分析报告（见图4-15）。

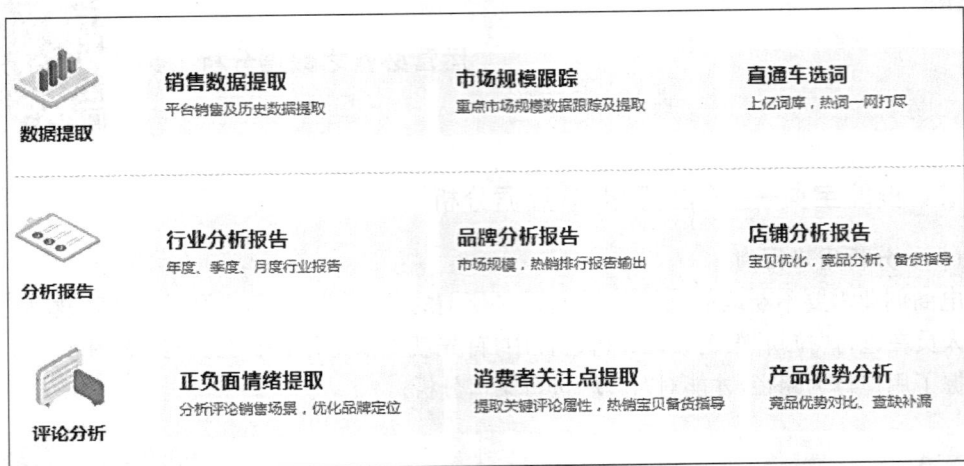

图 4-15 不同种类的数据分析报告

(四)根据数据分析报告,制定和优化"拉新"

通过数据抓取,获取各个渠道的信息;通过建立事件分析模型,分析不同渠道用户浏览或购买的商品情况。结合留存分析,了解不同渠道转化的用户留存情况,从而反推渠道质量和渠道特点,优化投放策略。通过抓取用户路径数据进行分析,查看用户店内浏览的分流情况,找到目标路径和冷门路径,不断优化产品页面分布和功能结构。针对核心的用户注册和购买流程,用数据衡量各个操作步骤用户转化和流失情况,洞察流失原因,从而针对性地优化流程,提升注册和购买转化率。通过数据分析报告,将商品销售信息与用户行为整合统一,利用数据挖掘找到客户与商品的关系,推送特定的商品促销活动给特定的客户群,精准营销,激发复购,真正留住用户。

神策企业埋点体系搭建方法论及实践经验

三、挑战任务——运用生意参谋进行商品诊断

利用淘宝生意参谋,对本店跳失率较高的商品进行诊断,并从页面性能、标题、属性、促销导购、描述等多角度诊断商品,找出降低详情页跳失率的方法,给出诊治报告,让商品能起死回生。

任务三 运营修炼之数据分析

一、知识课堂——数据分析指标

信息流作为电子商务系统中"核心三流"之一,发挥着电子商务系统各部分双向互动的桥梁和纽带作用。而大数据是电子商务信息流顺利流动的基础,因此,无论是电商平台还是在电商平台上销售产品的卖家,都需要掌握大数据分析的能力。越成熟的电商平台,越需要以通过大数据能力驱动电子商务运营的精细化,更好地提升运营效果,提升业绩,因此,构建系统的电子商务数据分析指标体系是数据电商精细化运营的重要前提。

电商数据分析指标体系分为八大类指标,包括总体运营指标、网站流量指标、销售转化指标、客户价值指标、商品及供应链指标、营销活动指标、风险控制指标和市场竞争指标。不同类别指标对应电商运营的不同环节,如网站流量指标对应的是网站运营环节,销售转化、客户价值和营销活动指标对应的是电商销售环节。

(一)电商总体运营类指标

电商总体运营整体指标主要关注的人群是电商运营的高层,通过总体运营指标评估电商运营的整体效果。电商总体运营整体指标包括四方面的指标。

1. 流量类指标

独立访客数(UV),指访问电商网站的不重复用户数。对于 PC 网站,统计系统会在每个访问网站的用户浏览器上"种"一个 cookie 来标记这个用户,这样每当被标记 cookie 的用户访问网站时,统计系统都会识别到此用户。在一定统计周期内(如一天)统计系统会利用消重技术,对同一 cookie 在一天内多次访问网站的用户仅记录为一个用户。而在移动终端区分独立用户的方式则是按独立设备计算独立用户。

页面访问数(PV),即页面浏览量,用户每一次对电商网站或者移动电商应用中的每个网页访问均被记录一次,用户对同一页面的多次访问,访问量累计。

人均页面访问数,即页面访问数(PV)/独立访客数,该指标反映的是网站访问黏性。

2. 订单产生效率指标

总订单数量,即访客完成网上下单的订单数之和。

访问到下单的转化率,即电商网站下单的次数与访问该网站的次数之比。

3. 总体销售业绩指标

网站成交额(GMV),电商成交金额,即只要网民下单,生成订单号,便可以计算在 GMV 里面。

销售金额,即货品出售的金额总额。

注意:无论这个订单最终是否成交,有些订单下单未付款或取消,都算 GMV。销售金额一般只指实际成交金额。所以,GMV 的数字一般比销售金额大。

客单价,即订单金额与订单数量的比值。

4. 整体指标

销售毛利是销售收入与成本的差值。销售毛利中只扣除了商品原始成本,不扣除没有计入成本的期间费用(管理费用、财务费用、营业费用)。

毛利率,是衡量电商企业盈利能力的指标,是销售毛利与销售收入的比值。例如,京东 2014 年的毛利率连续四个季度稳步上升,从第一季度的 10.0% 上升至第四季度的 2.7%,体现出京东盈利能力的提升。

(二)网站流量指标

1. 流量规模类指标

常用的流量规模类指标包括独立访客数和页面访问数,相应的指标定义在前面(电商总体运营指标)已经描述,在此不再赘述。

2. 流量成本类指标

单位访客获取成本,该指标指在流量推广中,广告活动产生的投放费用与广告活动带来的独立访客数的比值。单位访客成本最好与平均每个访客带来的收入以及这些访客带来的转化率进行关联分析。若单位访客成本上升,但访客转化率和单位访客收入不变或下降,则很可能流量推广出现问题,尤其要关注渠道推广的作弊问题。

3. 流量质量类指标

跳出率(Bounce Rate)也被称为跳失率,为浏览单页即退出的次数/该页访问次数。跳出率只能衡量该页作为着陆页面(Landing Page)的访问情况。如果花钱做推广,着陆页面的跳出率高,很可能是因为推广渠道选择出现失误,推广渠道目标人群和被推广网站的目标人群不够匹配,导致大部分访客来了访问一次就离开。

页访问时长是指单个页面被访问的时间。并不是页面访问时长越长越好,要视情况而定。对于电商网站,页面访问时间要结合转化率来看,如果页面访问时间长,但转化率低,则页面体验出现问题的可能性很大。

人均页面浏览量是指在统计周期内,平均每个访客所浏览的页面量。人均页面浏览量反映的是网站的黏性。

4. 会员类指标

注册会员数,指一定统计周期内的注册会员数量。

活跃会员数,指在一定时期内有消费或登录行为的会员总数。

活跃会员率,指活跃会员占注册会员总数的比重。

会员复购率,指在统计周期内产生两次及两次以上购买的会员占购买会员的总数。

会员平均购买次数,指在统计周期内每个会员平均购买的次数,即订单总数/购买用户总数。会员复购率高的电商网站平均购买次数也高。

会员回购率,指上一期末活跃会员在下一期时间内有购买行为的会员比率。

新会员留存率,指会员在某段时间内开始访问你的网站,经过一段时间后,仍然会继续访问你的网站,这部分会员占当时新增会员的比例。这种留存的计算方法是按照活跃度来计算的。另外一种计算留存的方法是按消费来计算,即某段的新增消费用户在往后一段时间周期(可以是日、周、月、季度和半年度)还继续消费的会员比率。留存率一般看新会员留存率,当然也可以看活跃会员留存率。留存率反映的是电商留住会员的能力。

(三) 网站销售(转化率)类指标

1. 购物车类指标

基础类指标,包括一定统计周期内加入购物车次数、加入购物车买家数以及加入购物车商品数。

转化类指标,主要是购物车支付转化率,即一定周期内加入购物车商品支付买家数与加入购物车购买家数的比值。

2. 下单类指标

基础类指标,包括一定统计周期内的下单笔数、下单金额以及下单买家数。

转化类指标,主要是浏览下单转化率,即下单买家数与网站访客数(UV)的比值。

3. 支付类指标

基础统计类指标,包括一定统计周期内支付金额、支付买家数和支付商品数。

转化类指标,包括浏览—支付买家转化率(支付买家数/网站访客数)、下单—支付金额转化率(支付金额/下单金额)、下单—支付买家数转化率(支付买家数/下单买家数)和下单—支付时长(下单时间到支付时间的差值)。

(四)客户价值类指标

常见客户指标包括一定统计周期内的累计购买客户数和客单价。客单价是指每一个客户平均购买商品的金额,即平均交易金额,也即成交金额与成交用户数的比值。

常见新客户指标包括一定统计周期内的新客户数量、新客户获取成本和新客户客单价。其中,新客户客单价是指第一次在店铺中产生消费行为的客户所产生交易额与新客户数量的比值。影响新客户客单价的因素除了与推广渠道的质量有关系,还与电商店铺活动以及关联销售有关。

常见老客户指标包括消费频率、最近一次购买时间、消费金额和重复购买率。消费频率是指客户在一定期间内所购买的次数;最近一次购买时间表示客户最近一次购买的时间离现在有多远;客户消费金额指客户在最近一段时间内购买的金额。消费频率越高,最近一次购买时间离现在越近,消费金额越高的客户越有价值。重复购买率则指消费者对该品牌产品或者服务的重复购买次数。重复购买率越高,则反映出消费者对品牌的忠诚度就越高;反之,则越低。重复购买率可以按两种口径来统计:第一种,从客户数角度,重复购买率指在一定周期内下单次数在两次及两次以上的人数与总下单人数之比,如在一个月内,有 100 个客户成交,其中有 20 个是购买两次及以上,则重复购买率为 20%;第二种,按交易计算,即重复购买交易次数与总交易次数的比值,如某月内,一共产生了 100 笔交易,其中有 20 个人有了二次购买,这 20 人中的 10 个人又有了三次购买,则重复购买次数为 30 次,重复购买率为 30%。

(五)商品类指标

产品总数指标包括 SKU、SPU 和在线 SPU。SKU 是物理上不可分割的最小存货单位。SPU 即标准化产品单元(Standard Product Unit),是商品信息聚合的最小单位,是一组可复用、易检索的标准化信息的集合,该集合描述了一个产品的特性。通俗点讲,属性值、特性相同的商品就可以称为一个 SPU。例如,iPhone 5S 是一个 SPU,而 iPhone 5S 配置为 16 G 版、4 G 手机、颜色为金色、网络类型为 TD - LTE/TD - SCDMA/WCDMA/GSM 则是一个 SKU。在线 SPU 则是在线商品的 SPU 数。

产品优势性指标主要是独家产品的收入占比,即独家销售的产品收入占总销售收入的比例。

品牌存量指标包括品牌数和在线品牌数指标。

品牌数指商品的品牌总数量。在线品牌数则指在线商品的品牌总数量。

上架包括上架商品 SKU 数、上架商品 SPU 数、上架在线 SPU 数、上架商品数和上架在线商品数。

首发包括首次上架商品数和首次上架在线商品数。

（六）市场营销活动指标

市场营销活动指标包括新增访问人数、新增注册人数、总访问次数、订单数量、下单转化率以及投资回报率（ROI），其中：

下单转化率是指活动期间，某活动所带来的下单的次数与访问该活动的次数之比。

投资回报率（ROI）是指，某一活动期间，产生的交易金额与活动投放成本金额的比值。

（七）风控类指标

1. 买家评价指标

买家评价指标包括买家评价、买家评价卖家数、买家评价上传图片数、买家评价率、买家好评率以及卖家差评率，其中：

买家评价率是指某段时间参与评价的卖家与该时间段买家数量的比值，是反映用户对评价的参与度，电商网站目前都在积极引导用户评价，以作为其他买家购物时候的参考。

买家好评率指某段时间内好评的买家数量与该时间段买家数量的比值。

买家差评率指某段时间内差评的买家数量与该时间段买家数量的比值。尤其是买家差评率，是非常值得关注的指标，需要监控起来，一旦发现买家差评率在加速上升，一定要提高警惕，分析引起差评率上升的原因，及时改进。

2. 买家投诉类指标

买家投诉类指标包括发起投诉（或申诉）、撤销投诉（或申诉）、投诉率（买家投诉人数占买家数量的比例）等。投诉量和投诉率都需要及时监控，以发现问题，及时优化。

（八）市场竞争类指标

市场竞争类指标包括市场占有率、市场扩大率和用户份额，其中：

市场占有率指电商网站交易额占同期所有同类型电商网站整体交易额的比重。

市场扩大率指购物网站占有率较上一个统计周期增长的百分比。

用户份额指购物网站独立访问用户数占同期所有 B2C 购物网站合计独立访问用户数的比例。

总之，本次介绍了电商数据分析的基础指标体系，涵盖了流量、销售转化率、客户价值、商品类目、营销活动、风控和市场竞争指标，这些指标也适用于具体的第三方电商平台的卖家。例如，淘宝的生意参谋就对以上指标体系进行了全面呈现，这些指标都需要系统化地进行统计和监控，才能更好地发现电商运营健康度的问题，以更好地及时改进和优化，提升电商收入。销售转化率，其本质上是一个漏斗模型，如从网站首页到最终购买各个阶段的转化率的监控和分析是网站运营健康度很重要的分析方向。构建了电商运营数据分析指标后，就要选择合适的数据分析方法和数据分析工具。常用数据分析方法有聚类分析、因子分析、相关分析、对应分析、回归分析、方差分析。问卷调查常用数据分析方法有描述性统计分析、探索性因素分析、结构方程模型分析（Structural Equations Modeling）等。数据分析常用的图表方法有柏拉图（排列图）、直方图（Histogram）、散点图（Scatter Diagram）、鱼骨图（Ishikawa）、点图、柱状图、雷达图、趋势图，阿里指数对于卖家概况就采用了不同种类的分析图表（见图 4-16）。常用的数据分析统计工具有 SPSS、Minitab、JMP 等，在此就不详细展开了。

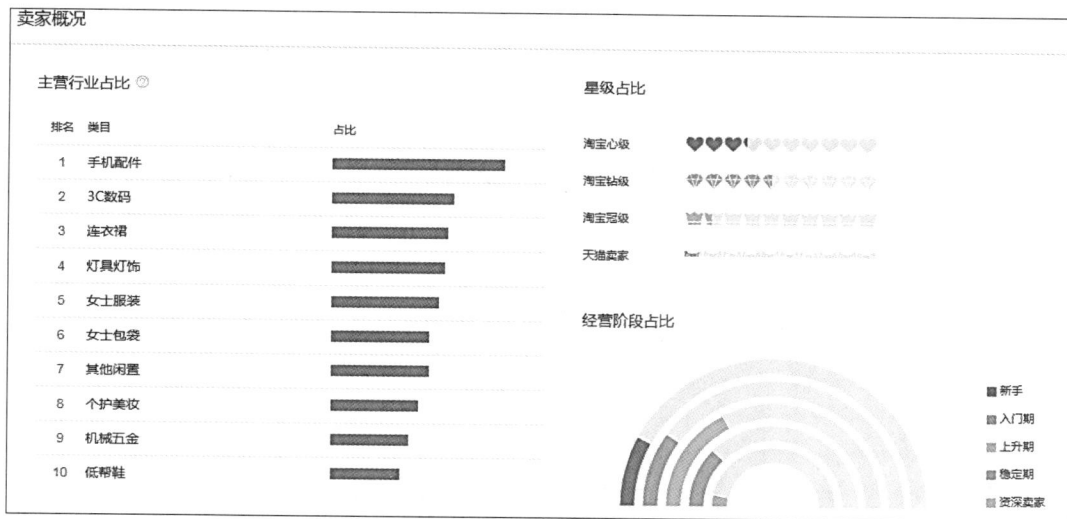

图 4-16　阿里指数卖家概况数据分析图

二、技能宝典——微信订阅号内容化运营数据分析

（一）背景

某个社会教育培训机构运营一个关于培训主题的微信订阅号，该微信订阅号每天坚持做内容化运营，每天都有推文更新。在该订阅号运营半年后，公司运营人员对微信公众号进行了数据分析，主要是对近半年来订阅号推文数据进行分析。由于订阅号主要是推文，因此对已经发出的推文进行分析，以分析出推文的内容和质量，从而进一步将推文特征细化，最终达到为公众号内容运营优化提供运营决策依据。

（二）推文数据情况

近半年共发布推文 202 条，运营人员获取并留存的数据中包括发文时间、推文标题、图文位置、送达人数、取关人数、新增关注、净增粉丝、分享人数、收藏人数、从公众号分享到朋友圈数量、朋友圈转发数量、朋友圈阅读量、好友转发量、公众号会话阅读人数、来自历史推文的阅读人数、图文阅读量、总阅读量，如图 4-17 所示。现有推文数据基本完整，仅有两篇推文缺少标题。由于本次数据分析的主要目标是对用户阅读行为进行分析，从而对推文画像，为内容运营优化提供指导，因此重点分析推文价值对粉丝增长、推文传播的影响，同时分析推文信息与推文价值之间的关联度。

（三）推文标题分析

推文标题有缺失，根据总阅读量排名前 15 位中，有 2 篇推文缺少标题，这是推文大忌。推文标题中词频图谱（见图 4-18），可以说明公众号推文标题中最常用的词汇。

通过对总阅读量高的推文（见图 4-19），与词频图谱对比，以确定推文标题中出现某些词汇对读者有直接吸引力。“微信”在所有推文标题中出现率较高，在 202 篇推文标题中出现 43 次，占 21%；总阅读量排名靠前的推文中，“微信”在标题中出现的频率占 30%（见图 4-20），可以做出判断，该公众号读者对于与“微信”相关的内容较感兴趣。

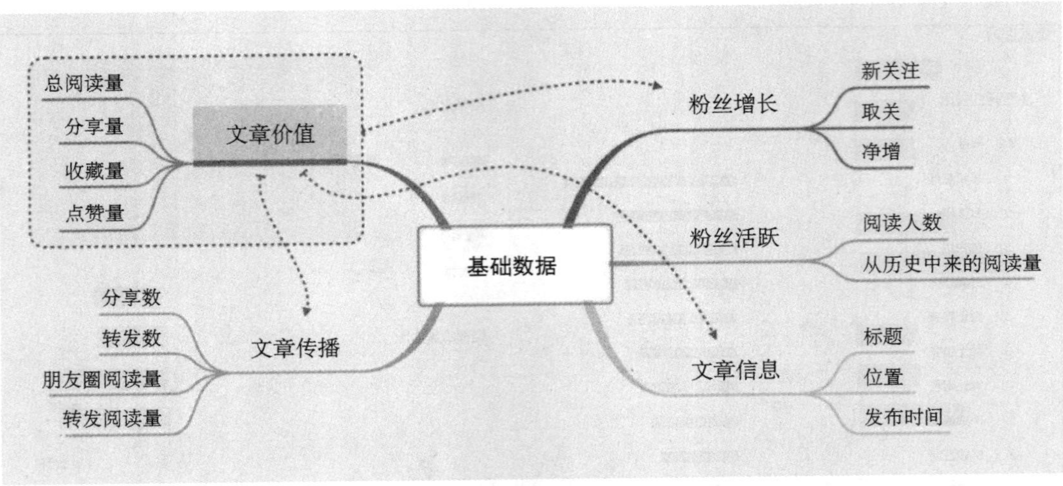

图 4-17　现有推文基础数据内容图

图 4-18　微信订阅号中推文标题词频图谱

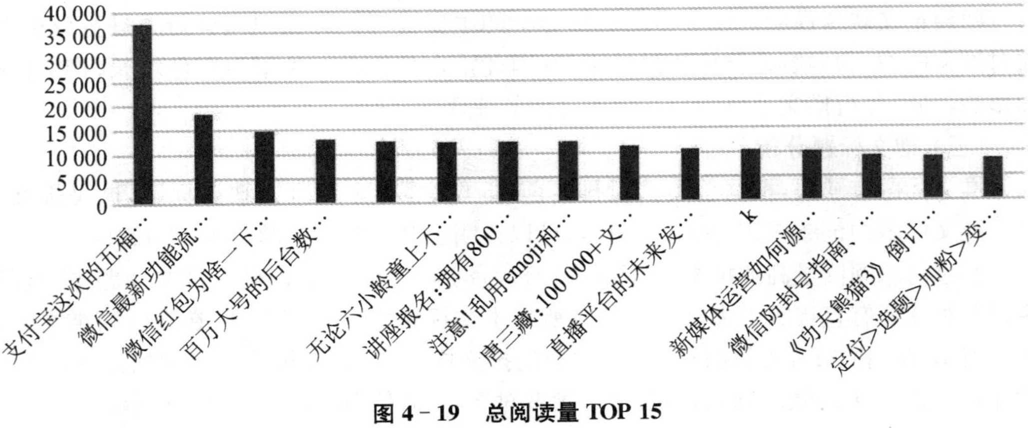

图 4-19　总阅读量 TOP 15

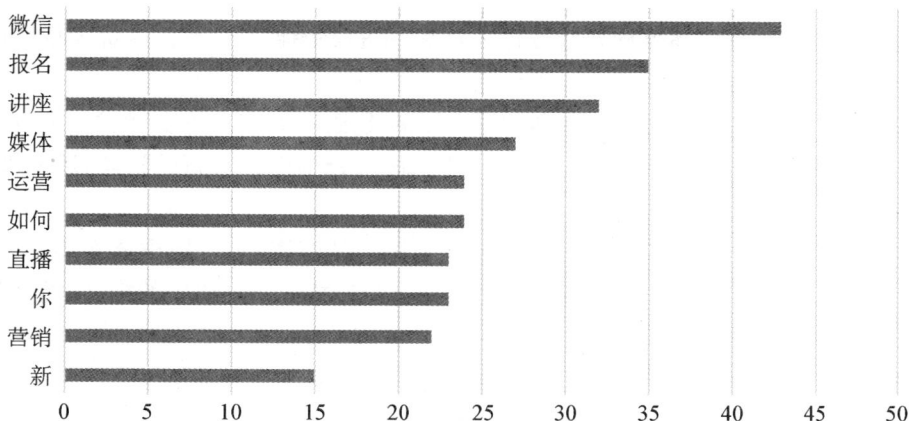

图 4 – 20　标题中出现最多词汇 TOP 15

（四）推文内容分析

由现有数据可看出,在公众号主图文的位置推文的总阅读数远高于副图文的阅读数;主图文位置推文的分享人数也远高于副图文(见图 4 – 21)。

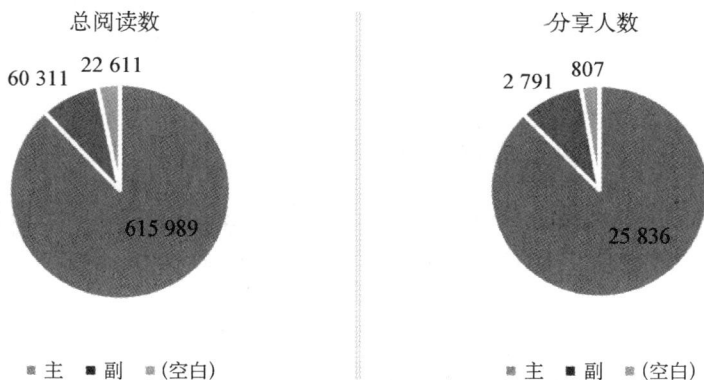

图 4 – 21　主副图文的阅读人数情况

（五）基于数据分析的运营思考

第一,在内容运营时,可以参考此情况:将需要重点宣传和有质量的推文放在主图文位置,便于客户在第一时间掌握和第一时间分享,迅速增加阅读量、分享量,进一步增加粉丝量。

第二,要正确分析总阅读量的主要影响因素。首先考量送达人数与总阅读量的关系。送达人数以公众号粉丝为基数,一般认为,送达人数越多,则阅读量相应增长。根据现在数据分析,送达人数与阅读量非正相关,反而是送达人数增长时,会带来一定的阅读量下降,因此,送达人数不能作为内容运营的主要目标。

第三,重点关注以下指标:

关注净增粉丝数,以此确认推文的质量优秀,为公众号带来新的粉丝。

关注推文收藏人数,这能说明推文有质量,客户愿意收藏后仔细阅读或者是反复阅读。

关注分享数,这里包括了从公众号直接分享、在朋友圈再次分享。这都能说明因为推文质量好,客户愿意分享并因此而引发讨论。

关注因分享而带来的阅读量,包括在朋友圈的阅读人数、来自好友转发的阅读数。这能说明分享的客户群体本身认同推文内容,并因这些分享而带来新的粉丝、新的阅读量,从而能进行广泛传播。

关注关注自带流量,这里包括直接在公众号进行的阅读、来自历史推文的阅读、图文阅读。这是公众号一直在累积客户的结果,如果公众号持续产出优质的推文,阅读量会保持在一个恒定的较高的水平。

第四,按照 80/20 法则,对推文进行分类,并采取不同的措施加以优化。

按其数量和总阅读量分析,将推文分成三个类别:

第一类推文数量占总数据量的 5%,提供了总阅读量的 23%,这类推文为最优质的推文,可以在后期重点关注,可以将推文的模式做出总结;

第二类推文数量占总数据量的 45%,提供了总阅读量的 61%,这类推文可以成为日常的主要推送类型,保持公众号推文的曝光度;

第三类推文数量占总数据量的 50%,提供了总阅读量的 16%,这一类推文需要进一步分析,从中总结出最不成功的模式,在未来的运营中要重点避免这类型的推文大量出现。

三、挑战任务——抖音直播粉丝数据分析

对抖音直播内容化运营数据进行分析,找出抖音直播内容化运营主要分哪几种类型,根据分析结果,尝试开通抖音直播,并分析抖音直播的开播效果。

任务四　电商运营管理

一、知识课堂——市场环境与竞争环境分析

作为一名合格的电商运营人员,不但要具有选品能力、数据分析能力和沟通协调能力,还要具备很强的管理能力。可以说电商运营是电商创业核心管理岗位,作为优秀的电商运营人员,既要有战略管理能力,又要有战术管理能力。在战略管理上,要学会制订运营全年甚至三年规划方案;在进行规划方案制订方面,要充分考虑企业面临的外环境和内环境,从实际出发,制定切实可行的战略目标,根据战略目标制订阶段性运营计划,根据运营计划制定阶段性运营实施方案,以及运营绩效评估指标等。

在竞争环境分析方面,可使用 PESTEL、SWOT 和五力模型等进行分析。详见第一章相关知识。

二、挑战任务——制订店铺年度运营方案

为自己的店铺制定年度运营方案,要求目标具体,运营方案可行,时间和分工合理,预算和预期收益有依据,风险控制措施得当。

日常运营管理十法

制订店铺年度运营方案

任务五　数据分析案例

一、知识课堂——数据挖掘与数据分析

数据分析指用适当的统计、分析方法对收集来的大量数据进行分析,将它们加以汇总并理解、消化,以求最大化地开发数据的功能,发挥数据的作用。数据分析是为了提取有用信息和形成结论而对数据加以详细研究和概括总结的过程。数据分析的目的是把隐藏在一大批看来杂乱无章的数据中的信息集中和提炼出来,从而找出所研究对象的内在规律。在实际应用中,数据分析可帮助人们做出判断,以便采取适当行动。数据分析是有组织有目的地收集数据、分析数据,使之成为信息的过程。

数据挖掘是指从数据库的大量数据中揭示出隐含的、先前未知的并有潜在价值的信息的非平凡过程。数据挖掘是一种决策支持过程,它主要基于人工智能、机器学习、模式识别、统计学、数据库、可视化技术等,高度自动化地分析企业的数据,做出归纳性的推理,从中挖掘出潜在的模式,帮助决策者调整市场策略,减少风险,做出正确的决策。

数据分析是从已知的数据中分析归纳某一类特征或趋势,数据挖掘是对已知的数据重建关系,寻找新的数据特征或趋势,二者的基础都是已知的数据,但侧重点有所不同。

我们通过数据挖掘中最经典的案例来解释这个问题——尿不湿与啤酒的故事。超级商业零售连锁巨无霸沃尔玛公司(WalMart)是世界上第一个拥有自己商业卫星的公司,通过该卫星,沃尔玛总部可以在2小时内将全球沃尔玛超市的数据汇集在总部,由总部数据分析和数据挖掘工程师对数据进行分析和挖掘,发现已知数据的规律和趋势,同时,也在不断挖掘各种商品之间的新关系,用于接下来的商业运营和决策中。沃尔玛拥有世上最大的数据仓库系统之一,为了能够准确了解顾客在其门店的购买习惯,沃尔玛对其顾客的购物行为进行了购物车关联规则分析,从而知道顾客经常一起购买的商品有哪些。在沃尔玛庞大的数据仓库里集合了其所有门店的详细原始交易数据,在这些原始交易数据的基础上,沃尔玛利用数据挖掘工具对这些数据进行分析和挖掘。一个令人惊奇和意外的结果出现了:"跟尿不湿一起购买最多的商品竟是啤酒"。这是数据挖掘技术对历史数据进行分析的结果,反映的是数据的内在规律。那么这个结果符合现实情况吗?是否是一个有用的知识?是否有利用价值?

为了验证这一结果,沃尔玛派出市场调查人员和分析师对这一结果进行调查分析。经过大量实际调查和分析,他们揭示了一个隐藏在"尿不湿与啤酒"背后的美国消费者的一种行为模式。

在美国,到超市去买婴儿尿不湿是一些年轻的父亲下班后的日常工作,而他们中有30%～40%的人同时也会为自己买一些啤酒。产生这一现象的原因是:美国的太太们常叮嘱她们的丈夫不要忘了下班后为小孩买尿不湿,而丈夫们在买尿不湿后又不忘随手带回了晚餐中他们喜欢的啤酒。另一种情况是丈夫们在买啤酒时突然记起他们的责任,又去买了尿不湿。既然尿不湿与啤酒一起被购买的机会很多,那么沃尔玛就在他们所有的门店里将尿不湿与啤酒并排摆放在一起,结果是得到了尿不湿与啤酒销售量的双双增长。按常规思维,尿不湿与啤酒风马牛不相及,若不是借助数据挖掘技术对大量交易数据进行挖掘分析,沃尔玛是不可能发现数据内这一有价值的规律的,也就不可能运用数据挖掘技术实现销售业绩的大幅度增长。

其实,在电商领域,类似啤酒和尿布湿的关联营销运用得十分广泛,例如很多电商卖家利用阿里指数进行关联营销和组合套餐设计(见图4-22),提高店铺的黏性和销售额。

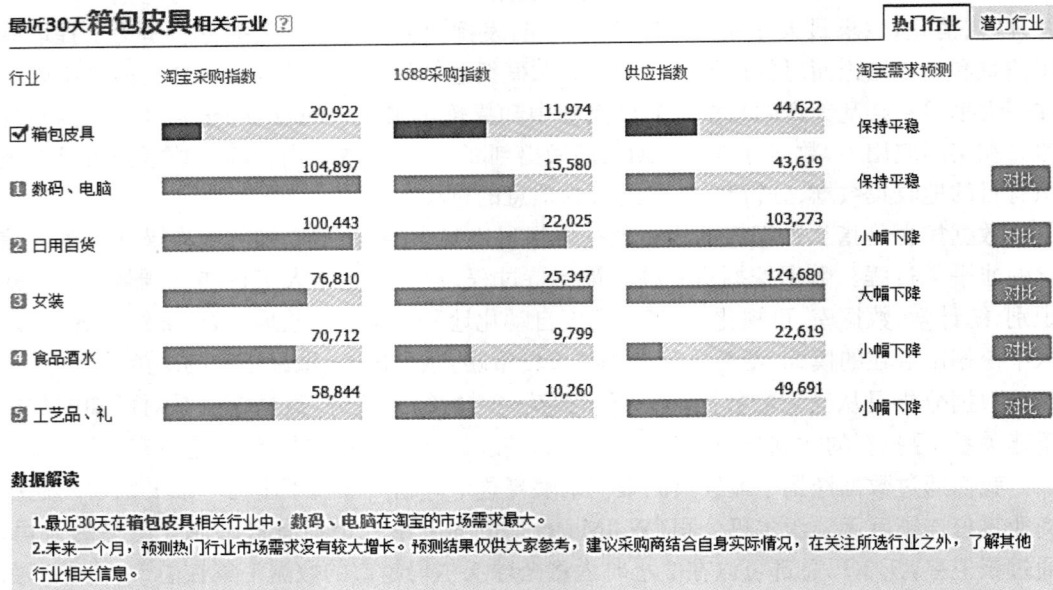

图4-22 阿里指数中箱包皮具相关行业分析图

数据挖掘对于建立新数据之间的关系十分有用,数据分析在实现精准营销方面也是不遑多让。我们再来看一个通过数据分析进行精准营销的案例,某一天,美国一名男子闯入他家附近的一家美国零售连锁超市 Target 店铺(美国第三大零售商塔吉特)进行抗议:"你们竟然给我17岁的女儿发婴儿尿片和童车的优惠券。"店铺经理立刻向来者承认错误,但是其实该经理并不知道这一行为是总公司运行数据挖掘的结果。一个月后,这位父亲来道歉,因为这时他才知道他的女儿的确怀孕了。Target 比这位父亲知道他女儿怀孕的时间足足早了一个月。Target 能够通过分析女性客户购买记录,"猜出"哪些是孕妇。

他们从 Target 的数据仓库中挖掘出 25 项与怀孕高度相关的商品,制作"怀孕预测"指数。比如,他们发现女性会在怀孕四个月左右,大量购买无香味乳液。以此为依据推算出预产期后,就抢先一步将孕妇装、婴儿床等折扣券寄给客户来吸引客户购买。如果不是在拥有海量的用户交易数据基础上实施数据挖掘,Target 不可能做到如此精准的营销。

其实在电商领域,通过大数据分析,可以建立精准的用户画像,根据用户画像实现精准的用户营销。

透过案例看数据分析:深圳某珠宝公司的数据分析运用

二、挑战任务——广东人喜欢吃辣吗?

请你根据美团外卖平台数据,分析广东地区外卖客户在近三年有什么变化? 是否喜欢吃辣? 并对准备在美团做广东地区外卖创业的店铺给出具体的创业品类建议。

能力训练

一、单选题

1. 市场成熟度较高,市场需求大,可分享流量红利多,是(   )优点。

A. 蓝海选品策略 B. 红海选品策略

C. 黑海选品策略 D. 白海选品策略

2. 在选品策略中,要想做到人无我有,人有我优,需要采取(   )。

A. 较低成本策略 B. 差异化策略

C. 市场细分策略 D. 较高成本策略

3. 在淘宝开网店,最合适的数据分析工具是(   )。

A. 神策 B. 数据眼

C. 百度司南 D. 生意参谋

4. 对客户各方面特征进行分析,所形成的用户特征数据称之为(   )。

A. 客户行动 B. 客户关系

C. 客户画像 D. 客户服务

5. 网店中,某一款商品销量稳定并且销量很大,成为店铺的主要利润商品,该种商品称为(   )。

A. 清库存商品 B. 新品

C. 引流商品 D. 爆款

二、多选题

1. 选品策略包括(   )。

A. 蓝海选品策略 B. 红海选品策略

C. 黑海选品策略 D. 白海选品策略

2. 在红海选品策略中,还有三种细分的策略,分别是(   )。

A. 较低成本策略 B. 差异化策略

C. 市场细分策略 D. 较高成本策略

3. 生意参谋的主功能界面,主要分为三种视窗,分别是(   )。

A. 运营视窗   B. 服务视窗

C. 管理视窗   D. 数据视窗

4. 数据加工过程包括(   )。

A. 数据清洗   B. 数据评估

C. 数据提取   D. 分析处理

5. 市场竞争类指标包括(   )。

A. 市场占有率   B. 市场扩大率

C. 用户份额   D. 竞争对手财务数据

三、思考题

通过访问 HFP 天猫旗舰店,分析该店铺在选品、内容化运营以及微信公众号推广中的成功做法,撰写一份分析报告。

项目五

电商创业实战案例

▶ 知识目标

1. 掌握常见电商创业领域的创业方向；
2. 掌握常见电商创业领域的创业方法和常见风险；
3. 掌握电商创业的平台应用及一般性操作方法；
4. 掌握不同创业领域的差异及分析方法。

▶ 能力目标

1. 能够找到不同创业领域的需求痛点；
2. 能够对电商创业中的风险有初步认识；
3. 能够对电商创业的一般规律进行总结分析；
4. 能够从自身和行业特点出发找到适合自己的电商创业方向。

▶ 思维导图

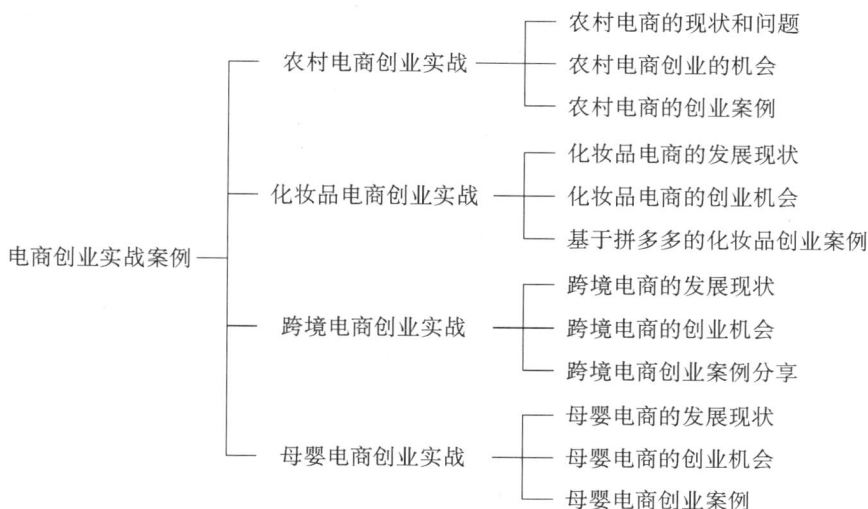

▶ 案例导入

任务一 农村电商创业实战

一、农村电商的现状和问题

(一) 农村电商的发展优势和现状

1. 政策和资本助力农村电商的发展

2016年10月29日,以"新乡村,新经济"为主题的第四届中国淘宝村高峰论坛在江苏沭阳隆重举行。来自政府、淘宝村、高校、电子商务企业等1 000多人共聚一堂,探讨互联网如何改变中国乡村。

近年来,在我国政策的大力支持下,农村电商行业蓬勃发展。2014—2017年,我国农村网络零售额快速增长,2017年年底已达到12 448.8元,较2016年的8 945.4亿元同比增长39.10%,行业处于高速发展阶段。

自2014年起,国家关于农业电子商务行业的利好政策便不断出台。仅2017年,国家就发布了《关于深入推荐农业供给侧结构性改革　加快培育农业农村发展新动能的若干意见》《关于开展2017年电子商务进农村综合示范工作的通知》《关于深化农商协作　大力发展农产品电子商务的通知》等多个政策,鼓励和规范中央与地方农村电商行业的发展建设。政策支持力度不断扩大,农村电商政策体系日趋完善。

据公开数据不完全统计显示,2017年已披露及中心监测到的涉及农村电商的融资事件超过59起,行业总融金额不少于62亿元人民币。其中,中国农村电商行业前十大投融资企业和金额分别是:易果生鲜(3亿美元)、每日优鲜(3.3亿美元)、汇通达(5亿元)、中农网(3.07亿元)、食物优Xcener(数千万美元)、大丰收农资商城(2亿元)、九曳供应链(2亿元)、分分钟食材(1.1亿元)、农分期(1亿元)、乐村淘(1亿元)。资本方的看好和投资,无疑浇灌了农村电商的成长,促使农村电商企业不断壮大。

2. 互联网渗透率不断扩大,农村网民快速增长

图5-1　2012—2017年互联网渗透率和农村网民规模增长情况(单位:亿,%)

(资料来源:前瞻产业研究院整理　@前瞻经济学人App)

2012—2017 年,我国农村网民规模持续增长,由 2012 年的 1.56 亿人增长至 2017 年的 2.09 亿人。截止至 2017 年 12 月,我国农村地区互联网普及率为 35.4%,年均提升 2.34 个百分点。随着农村信息网络基础的改善和农村居民生活水平的提高,未来农村地区互联网普及率和农村网民规模还将进一步提升,进而带动我国农村电商进一步发展。

3. 农村电商人才回流加速

2017 年我国整体返乡创业人员明显增加,农村电商因其成本低、参与便捷的特点,吸引了许多大学生和其他社会群体返乡创业。根据数据显示,2017 年全国农村网点已达 985.6 万个,返乡下乡创业人员达 700 万人,主要分布在电子商务、休闲农村和乡村旅游等领域。可见,农村电商人才的加速回流推动农村电商发展。

另外,淘宝村成为农村互联网双创的重要载体,2017 年全国淘宝村带动超过 130 万个直接就业机会,又体现了电子商务对农村创业的带动作用。

据统计,淘宝网点中个人网店总数的 80% 由 16～40 岁青年开办;农村网商年龄在 20～29 岁的占 75.9%,30～39 岁的占 18.6%,两个年龄段合计近 95%。

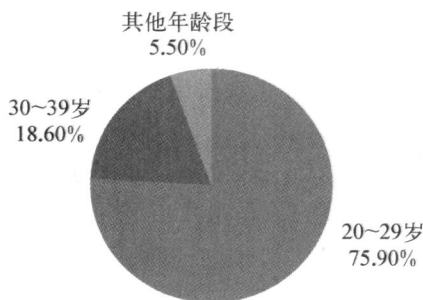

图 5－2　2017 年农村电商十大融资电商情况(单位:%)

(资料来源:前瞻产业研究院整理 @前瞻经济学人 App)

(二) 农村电商的发展存在的问题

1. 农村电商发展缺乏专业化人才队伍

产业的发展需要一定规模的人才队伍支撑。农村电商的健全发展需要农业生产人才、农产品销售人才、电子商务运营人才等各类型专业人才。然而,目前我国大部分农村地区空心化现象仍然严重,无法从外向内引进人才。同时,农村地区青壮年劳动力外流,留守者缺乏农村电商发展所要求的技能和素养。人才的缺失成为阻碍农村电商发展的最重要因素之一。

2. 农村电商发展缺乏足够金融服务支撑

任何产业的发展除了需要人力资源的支持,经济资源也是发展的重要支撑。农村电商的主要融资渠道是银行提供的金融服务。然而,与城镇地区相比,我国农村地区尤其是偏远的农村地区电商企业很难通过银行金融服务获得资金支持。配套金融服务不足阻碍了农村电商的进一步发展。

3. 农村电商尚未探索出最佳发展模式

国家针对农村电商的扶持政策出台后,地方政府在考虑本地实际情况后不断出台相应政策。随着政策在全国的不断扩散,各地探索出多样的农村电商发展模式。较具代表性的包括浙江"遂昌模式",这种模式的核心在于"生产商＋服务商＋分销商"三级平台,主打提高服务质量;吉林"通榆模式"采用"生产商＋电商公司"二级平台,主打政府干预保护;甘肃"成县模式"采用"农户＋网络分销商"二级平台,利用新媒体进行推广营销。各种发展模式各有优势,但尚未探索出将各种优势整合起来的最佳发展模式。

二、农村电商创业的机会

国家对农村电子商务的发展提出三方面要求：一是构建完善的县、乡、村三级物流配送体系；二是为县域电子商务公共服务中心和村级电子商务服务站的建设改造提供重要的支持；三是开设相关的农村电子商务培训，向企业和农民传授更多的电子商务知识。

从以上国家发布的新政策来看，农村电商、农产品电商、农特微商以及农村物流的兴起将掀起一股创业热潮，以农村为中心构建一个生态体系，并通过鼓励创业的方式积极带动农村就业，主要的创业机会有以下几点。

（一）县域农村电商物流创业

从目前国内的快递网络来看，县级的城市基本实现了快递网络的覆盖，但是从县级到村级的物流一直以来都是快递行业的一个痛点和软肋。因此京东、阿里菜鸟等电商平台为了实现在农村电商市场的布局，也在积极推进县到村的物流网络建设。

阿里计划在3～5年成立1 000个县级运营中心和10万个村级服务站，支持其农村物流。顺丰也在加快布局全国农村的物流网络，采用了双向商流和物流通吃的战略。顺丰已经在农村领域展开了布局，物流网络已经覆盖了大约全国40％的乡镇。顺丰还积极鼓励员工回乡创业，带动服务网点的下沉，建立乡村站点，将快递直接送达农村农民的手中，同时利用乡村站点为"城乡购"中土特产的物流运送提供重要的支持。

通过县级快递服务站的建立，实现与"三通一达"、顺丰等快递企业在县级网点的合作，如果单就一个县来说可能包裹数量比较少，但是如果能够建立县级快递节点站，那么就可以将多个县的包裹集中起来统一进行运送。这样一来在县到村的配送中，由于包裹数量比较集中就可以采用小货车配送或者采用滴滴打车的众包模式。

商机评估：可行性大，风险较低，要能够说服快递企业在各个区的区总，同时还要对电商快递包裹流量的稳定程度进行风险评估，拥有一定整合和调度社会运力资源的能力。如果能够建立比较完善的县到村级的物流体系，那么对于农产品流向城市以及工业产品流向农村都有重要的意义。

（二）农村刷墙创业

在实施上设计符合农民语言特色的刷墙语言，随着村村乐知名度的不断提升，村村乐开始成为各大电商企业争相合作的对象。农村刷墙实际上就是掌握了农村广告的入口，并且付出了比较低的位置以及劳动力成本，但同时这样的方式也将面临如下重要的挑战：一是如何吸引上游广告投放的客户，抓住意欲进入农村市场的客户；二是如何利用社会化的资源开展刷墙业务；三是语言要有一定的创意，结合农民的语言特色。

商机评估：收入能够达到几千万元，估值已经达到了10亿元。其商业价值是牢牢抓住了农村互联网的入口，通过招募网络村官进行线下推广，雇用农民为其工作。将农村1万家小卖部资源整合起来，对农村用户进行分析。

（三）农产品电商创业(F2B 和 F2C)

F2B 即 Farm To Business，农产品直供模式，当前这种模式主要集中在城市，通过省去中间渠道，将产品直接从产地运送至城市的学校、食堂、机关、酒店等机构。这种模式已经在全国范围内广泛运用开来，并且有的已经获得了一定额度的风险投资。

上游的平台一定是与多个农业基地实现对接的,因此在基地端的创业者,可以通过给予农民一定的种植指导,去对接上游的平台,从而为农村电商的发展提供重要的支持。

F2C 即 Farm To Customer,线上多渠道模式,对于多品牌农业基地的产品,可以借助淘宝等电商平台,实现农场与家庭的对接,采用预售和订购的模式来销售农产品。

商机评估:传统的农场主不仅不了解互联网,同样也缺乏品牌意识和商业化思维,因此这个创业机会值得年轻人去深入挖掘和整合,或许未来能创造更大的商业价值。

（四）农特微商创业

农特微商将迎来井喷式增长。只要有地标性的特产,具备农特微商发展的基础,就可以进行农特微商创业。万人农特微商创业孵化平台正在积极筹备中,并且目光已经瞄准了 600 多个全国农特基地,对 50 个规模比较大的农特基地给予重点扶持。全国已经建立了 20 个农特微商创业孵化园,对接农特微商基地产品的渠道创业者都有资格申请渠道创业。此外,农特微商还积极打造全国的物流网络,为农特产品的配送创造良好的物流条件。

随着"互联网＋"行动计划的提出,国家也越来越重视互联网在农业领域的深入渗透和融合,农特微商的出现使整个农村领域进入了一个新的发展阶段。万人创业孵化园的建立,也为农村创业提供了重要的支撑。

适合开展农特微商创业的对象包括以下两类:

（1）基地:地标性的农特产,具有独特的产品价值。基地的产能比较稳定,同时能够保证产品品质,符合当前的物流承运标准。规模比较大的基地可以运用品牌化的策略,中型基地可以运用众包的品牌战略,而小型的基地和单品只需要做好心态运营。

（2）渠道:只要能够懂社群,在农特微商领域就能实现快速成长。农特微商会向他们推荐比较靠谱的单品,结合基地就可以玩转社群营销,依靠一个单品就可以注册公司;如果还能为用户提供几次 O2O 体验,那么品牌的名声就能打出去;或者是建立独特的微商运营体系,在农特微商平台上同时申请多个单品来做农特微商。

商机评估:农业是一个具有较大挖掘潜力的行业,通常情况下,一个人工资的 1/3 是消费在吃上的,因此在社交电商时代,农特微商具有较大的创业价值,可以推动成千上万人的创业,让每一个人都有机会成为独立创业者。

（五）农村 O2O 服务平台创业

这里的 O2O 服务平台并不是指单一的物流或者是电商,如日日顺在全国拥有 2 万多个村级服务站,除了物流服务之外,日日顺也是一个提供家电送装、以旧换新的综合服务平台,在农村家庭的消费入口赢得了更多的商业机会。

商机评估:O2O 服务对于村级服务站来说具有重要的意义,如果能在全国农村范围内建立 O2O 村级服务站,那么将具有重要的商业价值,不仅会吸引京东、阿里等电商巨头的目光,同时也会获得其他意图进军农村市场的品牌的青睐。

（六）农资集中采购平台、农机融资租赁创业

农村集中采购平台原本是供销社的事情,但是由于其特殊的属性以及体制,供销社中没有一个能与互联网深度融合的,而今在"互联网＋农业"趋势的影响下,这一领域也应该积极尝试变革。随着农村对农资、种子以及农业机械等需求的日益提升,在农村市场可以搭建一个农资的集中采购平台。如果是比较大型的农业机械设备,可以联手金融机构开展融资租赁,从而创造更大的发展空间。

商机评估:这个领域的商机,需要有多方面资源的支持,而且供销社可能会设置一定的门槛,因此创业者在这个领域进行创业的时候,可以选择相对比较发达、思想比较先进、对新事物接受程度比较高、深受互联网影响的农村地区。在资本的支撑下,创业者还应该积极与县级和市级的相关部门进行对接,在他们的协同作用下开展创业活动。

(七)农村电商培训创业

在中央发布的 20 亿元扶持农村电商发展中,其中有一个方向就是开展农村电子商务培训,因此说整个农村电子商务培训方面也是一个巨大的市场,需要有具备一定互联网思维的人,深入县域和农村进行交流和培训,向农民传授更多的电子商务知识。

商机评估:既可以迎合国家政策的需求,也可以通过培训业务的开展带动创业,创业又可以为农村解决一部分就业问题。而且全国已经拥有了 20 多个农特微商创业孵化园,推动基地以及渠道的农特微商发展,这些申请农特微商的会员们会逐渐孵化成为导师,在自己操作农特微商的同时,影响和带动更多人。

(八)农村旅游平台创业

农业互联网化的趋势,不仅带动了农村市场的商品买卖以及服务,同时也促进了产业旅游业的发展,对于一些生产地标性特产的地方,可以通过搭建农村旅游体验平台,在为消费者提供乡村游以及特色产品体验的同时,带动农特产的销售。2015 年 6 月,农特微商领域的知名品牌"简小妞燕窝"开展了一场走进马来西亚的燕窝寻燕之旅,获得了比较好的品牌传播和营销效果。

商机评估:这种创业形式不需要太多商业化的推进,只要能够将全国的农业基地以及农特基地整合起来,然后将农特产的旅行体验粉丝作为主要的消费群体,就可以在带动农村旅游的同时,推动农特产的营销和推广。

三、农村电商的创业案例

"乡村小乔"的创业故事

任务二　化妆品电商创业实战

一、化妆品电商的发展现状

(一)化妆品网购市场规模

从 2014 年至 2018 年,中国化妆品的销售额从 1 825 亿元逐年增长至 2 619 亿元(见图 5-3);其中,大部分化妆品销售额来自线上消费渠道,化妆品网购的渗透率从 2014 年的 53.4%提升至 2018 年的 74.2%。随着中国电商环境发展愈发成熟,网购将继续成为中国用户购买化妆品的最重要渠道,而化妆品网购市场规模也将持续增长。

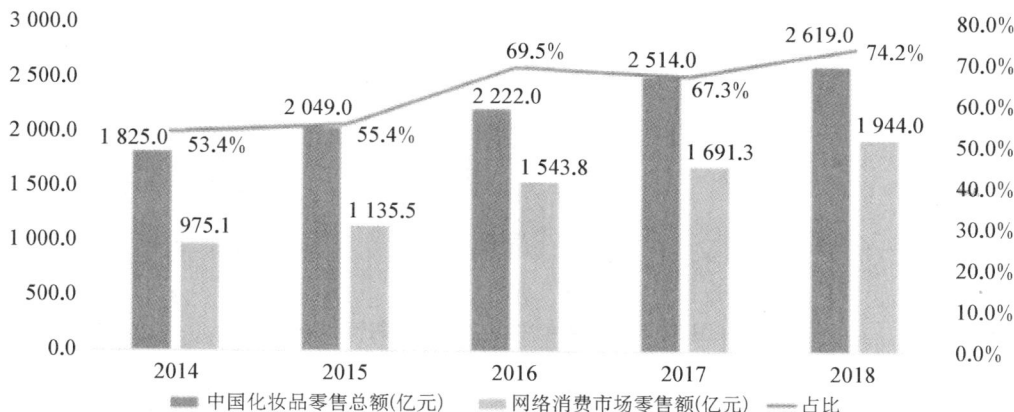

图 5 - 3　2014—2018 年中国化妆品网购市场规模及渗透率(单位:亿元)

(二)化妆品市场增长

数据显示,2012 年至 2018 年,中国化妆品市场规模呈稳定增长态势,年复合增长率达 8.0%。随着"颜值经济"的崛起,中国居民对化妆品的消费将持续地只增不减;预计在 2019 年、2020 年及 2021 年,中国化妆品市场规模将分别实现 4 256 亿元、4 562 亿元、4 852 亿元,如图 5 - 4 所示。

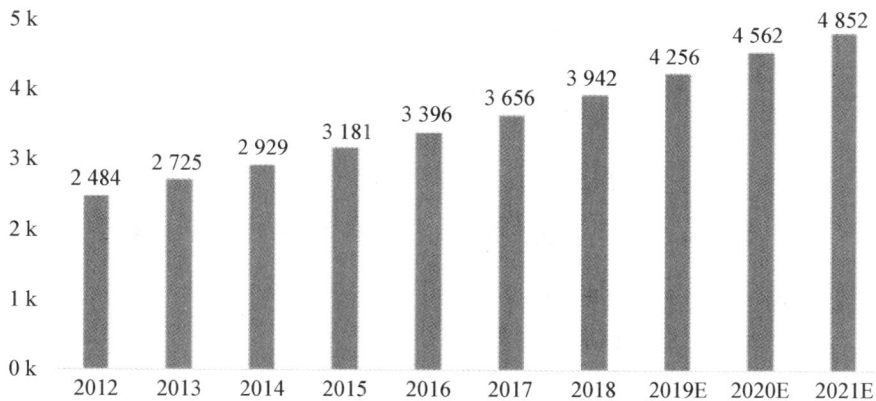

图 5 - 4　2012—2021 中国化妆品市场规模

(三)化妆品网购转化率

由于各网购平台接触点结构存在差异,需从化妆品网购平台总体全站、平台首页以及平台促销页三个方面的转化率来进行对比分析(见图 5 - 5)。总体而言,化妆品网站总体转化率最高,为 20.5%;首页转化率主要由垂直 B2C 平台贡献,因此化妆品网购平台总体首页转化率低于全站转化率为 14%;而促销页转化率中来自综合 B2C 平台的比例高于首页,因此促销页的化妆品转化率整体高于首页转化率,为 17.9%。

(四)化妆品网购平台整体满意度

中国消费者在选择化妆品网购平台时,最主要的考虑因素是平台所提供的商品的质量,其次是商品的价格、平台知名度、平台使用体验、促销活动等因素(见图 5 - 6)。由此可见,中国网购用户对化妆品的质量及价格非常重视。

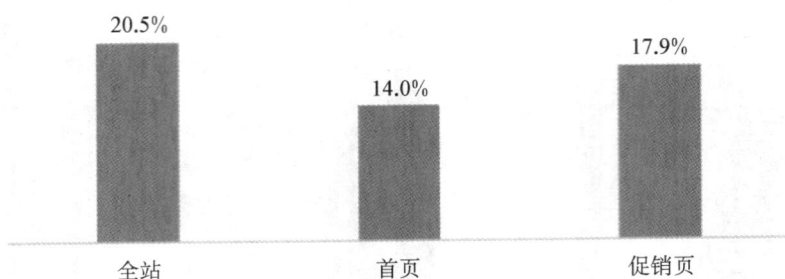

20.5% 14.0% 17.9%

全站　　　　首页　　　　促销页

图 5－5　2014 年中国化妆品网购转化率

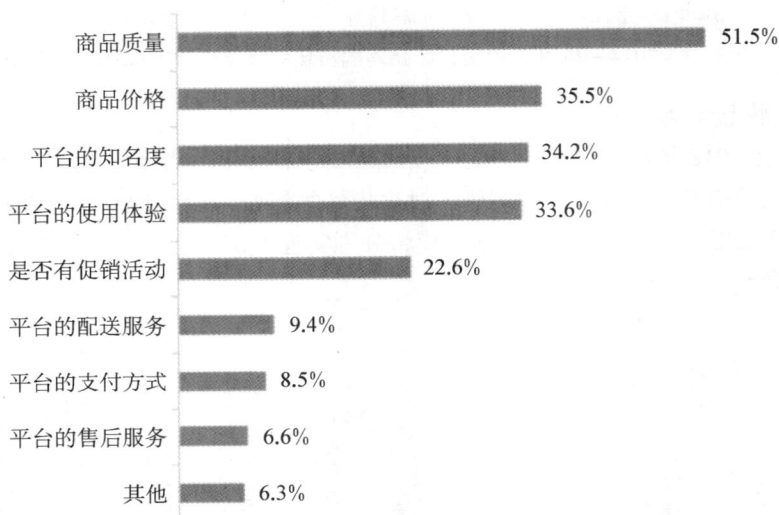

商品质量	51.5%
商品价格	35.5%
平台的知名度	34.2%
平台的使用体验	33.6%
是否有促销活动	22.6%
平台的配送服务	9.4%
平台的支付方式	8.5%
平台的售后服务	6.6%
其他	6.3%

图 5－6　2019 年中国用户选择化妆品网购平台时考虑的因素

（五）化妆品电商发展前景预测

1. 化妆品电商发展红利分析

随着中国互联网技术不断发展,智能手机越来越先进,网购平台、电子支付、快递业务逐渐发展成熟,网购的普及程度持续提高,中国网购用户规模也每年稳定增长。通过线上购物,网民可以节省时间、消费金额,不受空间及时间的限制,因此网购对中国居民来说是必不可少的消费渠道。据数据显示,2014 至 2018 年,中国网络零售市场的销售额从 27 898 亿元增长至 90 065 亿元,复合增长率 34%,中国居民对于网络购物的需求持续扩张。从细分的网购类品来看,艾媒咨询的数据显示,中国网民在线上购买最多的商品是洗护用品及美容彩妆类。因此,网购市场规模的不断增长,也意味着化妆品电商在不断发展。

近年来中国政府出台多项法律法规对化妆品安全、线上销售展示、支付交易等环节进行规范,这有利于提升消费者对化妆品线上销售平台的信任度,从而保障化妆品电商行业健康、有序地发展;另外,政府有关部门还推进了网络诚信体系的建设,从而营造安全有序的线上购物环境,增强消费者对线上化妆品产品安全、公平交易的信心。

2018 年,超过一半的中国网购用户对于化妆品的消费金额是每月 400 元以下。中国消费者对于化妆的消费金额逐渐提升,但相对于美、日、韩、欧洲等发达国家,中国消费者对化妆品的消费意识还处于相对初级的阶段,消费能力较弱,尤其是对于高端奢侈化妆品的购买仍处在探索阶段,因此中国化妆品市场发展空间巨大。但随着中国城镇化水平不断提升,城乡居民人均可支配收入逐年上升,三四线城市居民对化妆品的购买力水平也有所提高,化妆品作为一种日用消费品,已经被越来越多的消费者所接受。加之中国社交媒体不断发展壮大,年轻消费者趋向于通过社交媒体搜集相关化妆品信息,越来越盛行的"种草"文化深入化妆品行业。同时,国内外化妆品品牌越来越擅长利用社交媒体平台进行国际化营销推广。

2. 化妆品电商发展预测

未来,中国依然是全球具有潜力的化妆品消费市场,越来越多的国际大牌、本土品牌将加入中国电商平台中,不断下沉到各级城市的消费市场以及各个化妆品消费群体当中。数据显示,2018 年,中国化妆品网购销售额完成 1 944 亿元,并预计在 2019 年将实现 2 177 亿元,占化妆品零售市场的 76.3%。未来 5 年内,化妆品电商行业依然处于红利期,市场规模将持续稳定增长;预估到 2024 年,中国化妆品零售市场的交易额将达到 4 392 亿元,而其中 79.8% 的份额将由电商渠道贡献,如图 5-7 所示。

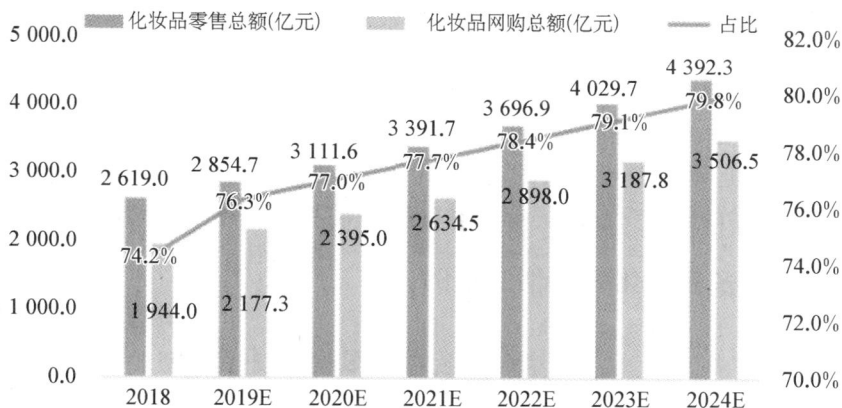

图 5-7　2018—2024 中国化妆品网购零售市场规模预测

二、化妆品电商的创业机会

(一)小众品牌和品类

在小红书上以"安瓶"为关键词进行搜索,可以搜出 57 369 篇笔记,从测评贴到避坑指南,不一而足。安瓶,可谓护肤界名副其实的"网红翘楚"。MartiDerm 进驻天猫国际,5 个月内销售额突破 2 000 万。2017 年天猫"双 11"期间,安瓶单品类销售额过亿。天猫还打造安瓶日等营销活动,配合社交媒体营销、直播试用等方式,推高热度。

以 MartiDerm 为例,安瓶的购买人群呈现如下特点:① 90 后逐步超越 80 后成为消费的中坚力量;② 95 后人群的消费占比进一步攀升。这也与整个美妆个护行业的消费人群变化相一致。数据显示,在美妆个护消费方面,90 年后出生的年轻消费人群在 2016 年线上消费人数已过半,且消费规模首次超过 80 后;其中 95 后消费人群人数增长更为迅猛,占比接近四分之一。

相较于 80 后对大品牌的热爱,95 后在消费美妆个护产品时更加看重评价和反馈,更为热衷于依靠社交营销走红的小众品牌。过去一段时间,也屡屡看到化妆品巨头对小众品牌的收购。CBinsight 发布的 *13 Trends Shaping the Face of Beauty in 2018* 报告中,也指出当千禧一代女性在考虑是否要产生购买行为时,她们往往会参考同龄人、社交化社区、相关专家的意见。其中,60% 的千禧一代女性会根据大 V 的推荐而尝试一个新品牌。

(二)"美妆＋医疗""美妆＋科技""美妆＋保健"带动新品类发展

实际上,美妆个护行业一直存在爆款逻辑,无论是 20 年前 SK-Ⅱ 带火的"贴片面膜",还是近年来 The Ordinary 带火的"原液产品",都彰显出新品类的市场活力。该领域的重要路径是:爆款产品→品类觉醒→玩家进入→品类成熟→头部品牌。之所以新品类能够有机会涌现,主要有以下原因:

(1)新人群消费理念更迭带来机会。年轻人的尝鲜需求和对新潮品类的热衷,给了新品类以初生空间。例如,年轻人对"有机"等概念表现出兴趣,愿意尝试带有姜黄、辣木、椰子油和益生菌等材料的美容产品。

(2)技术升级与应用带来机会。更多由创新技术驱动的实验室产品进入市场,实现了"Lab to Face"。浏览 Total Beauty Awards 的面部护肤产品榜,近三年获奖的产品中多数有独家技术,植物精华、血清素、脐带血等成分大火。此外,人工智能技术、物联网、基因检测技术等在美妆界的应用,也提供了创新的土壤。

(3)新人群生活方式变化带来机会。生活方式的变化制造了新的场景,新的品类也孕育而生。例如,运动类美妆产品的流行(代表:运动防汗美妆、干洗香波、有色润肤霜),"美容＋保健"产品的普及(代表:具有美容功效的维生素和补充剂套餐)。

三、基于拼多多的化妆品创业案例

一款爆款眼膜的拼多多创业之路

任务三　跨境电商创业实战

一、跨境电商的发展现状

(一)受政策扶持及发展环境利好,行业市场规模不断增大

中国是世界上重要的产品出口大国,在整体出口总量相较稳定的情况下,出口跨境电商逐步取代一般贸易,成长性良好。近年来,受政策扶持、行业发展环境的逐步完善,2017年,我国出口跨境电商取得了良好的发展。据电子商务研究中心发布《2017 年度中国出口跨境电商发展报告》显示,2017 年中国出口跨境电商交易规模达 6.3 万亿元,同比增长14.5%(见图 5-8)。

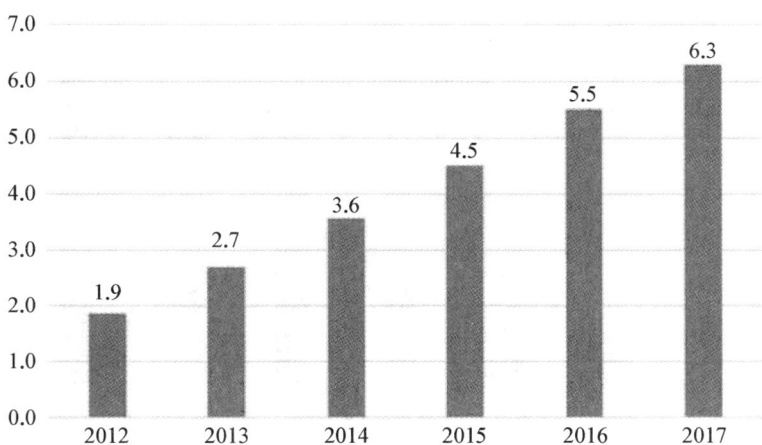

图 5 - 8　2012—2017 年我国出口跨境电商市场交易规模(单位:万亿元)

(二) 按业务模式划分,B2B 占比达到 80% 以上

2017 年主流出口跨境电商 B2B 平台发展的重点是信息撮合型平台转为交易型平台已取得一定进展。外贸新时代下催生新的贸易模式,在向新贸易转型的过程中,跨境 B2B 电商平台将扮演越来越重要的角色。平台将在全球贸易参与者中快速渗透,促使更多有贸易需求的买家和跨境供应实力的供应商在平台上交易,并将更好地承接碎片化、高频的贸易订单。据电子商务研究中心发布《2017 年度中国出口跨境电商发展报告》显示,2017 年中国出口跨境电商中 B2B 市场交易规模为 5.1 万亿元,同比增长 13.3%(见图 5 - 9)。

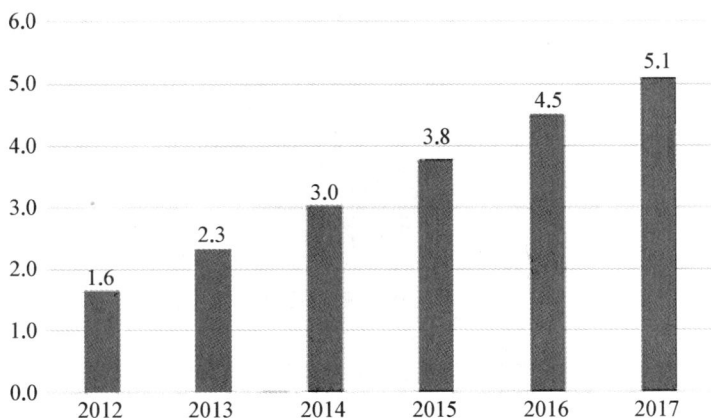

图 5 - 9　2012—2017 年我国出口跨境电商 B2B 市场交易规模(单位:万亿元)

2017 年,出口跨境网络零售市场继续快速发展,行业规模越大,其对于产品供应链和物流的整合力度越强,如可以更加快速地提供品类丰富的商品、物流成本更低等,这正是出口 B2C 电商最核心的优势所在。据电子商务研究中心发布《2017 年度中国出口跨境电商发展报告》显示,2017 年中国出口跨境电商网络零售市场交易规模为 12 000 亿元,同比增长 21.2%(见图 5 - 10)。

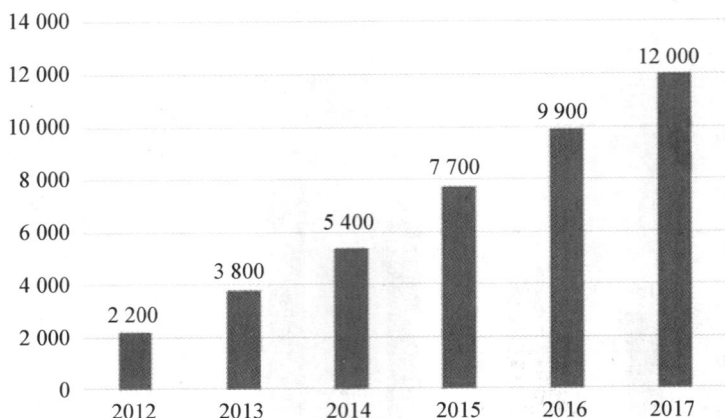

图 5-10 2012—2017 年我国出口跨境电商网络零售市场交易规模(单位:亿元)

按业务模式划分,我国跨境电商主要以 B2B 为主,占比达到 80% 以上。但随着智能手机、网购消费的兴起,以及物流、支付系统的完善,跨境电商零售(B2C、C2C)增长势头强劲。

(三) 从产品种类上,3C 电子和服饰类商品的占比较高

从产品种类上细分,成本优势强、标准化程度高的 3C 电子和服饰类商品的占比较高,而健康美容、母婴产品等增长势头强劲。2017 年中国出口跨境电商卖家品类主要分布在:3C 电子产品 20.8%、服装服饰 9.5%、家居园艺 6.5%、户外用品 5.4%、健康美容 5%、鞋帽箱包 4.7%、母婴玩具 3.3%、汽车配件 3.1%、灯光照明 2.8%、安全监控 2.2%、其他 36.7%,如图 5-11 所示。

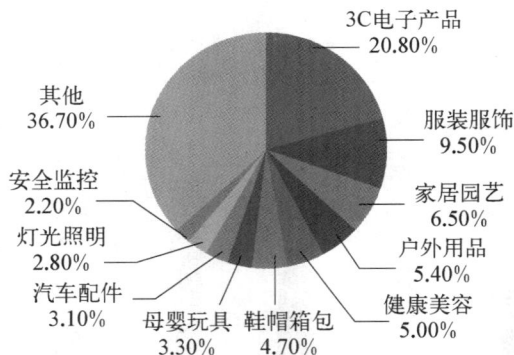

图 5-11 2017 年我国出口跨境电商卖家品类分布(单位:%)

中国凭借低成本、高效率制造业优势打造"世界工厂",在纺织服装品、3C 电子产品等上优势明显。电子产品在中国供应链优势明显,为标准化产品。在供应端,容易形成规模经济,重量小、价值高,物流成本占比较低,适合跨境电商销售。新兴品类不断涌现,创造增量。消费者需求变化较快,技术革新加速,新的产品需求不断产生,国外的一些差异化的细分类目仍有待拓展。

(四) 在出口目的国上,新兴市场有待发展

在主要的出口跨境电商国家分布中,2017 年中国出口跨境电商的主要目的国,美国

15.02％、俄罗斯 12.51％、法国 11.41％、英国 8.71％、巴西 6.51％、加拿大 4.7％、德国 3.4％、日本 3.1％、韩国 2.8％、印度 1.6％、其他 30.23％,如图 5‑12 所示。新兴市场仍然有待发展,新兴市场如东南亚、南美、非洲等市场都处于初级阶段,拉美、中东欧、中亚、中东、非洲是快速增长的新兴市场,跨境电商发展市场仍较为广阔。

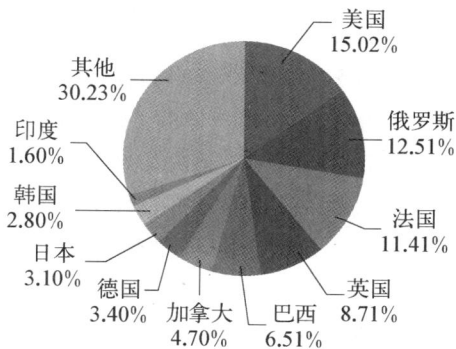

图 5‑12　2017 年我国出口跨境电商目的国分布(单位:％)

二、跨境电商的创业机会

(一) 品类机会

从品类的机会来看,电子产品和服饰为跨境电商零售两大领头羊。其中,电子产品虽然是现在最大的品类,占了市场份额的 20％,但是它的增长是所有品类里面最少的,只有 3％;而跨境服饰和家居园艺虽然位居第二、第三位,品类占比分别为 13％ 和 9％,但在过去 1 年内,都实现了高达 52％ 的快速增长。此外,户外体育、母婴产品和美妆保健也有不同程度的大幅增长。不难看出,服饰、家居园艺品类后劲十足,这也是基于中国制造业的转型升级,依托完善的基础设施、强大的供应链和成熟的制造体系所完成的。建议卖家在选品时可以往这几个品类考虑,家庭取暖制冷设备、维修改善器具、安全安保设备是新机会点,厨房餐厅和家装家饰也仍然存在机会。

(二) 市场机会

从电商市场来看,现在基本分为 3 个主要类型:一个是以印度尼西亚为代表的新兴市场,这种市场类型增速较快,电子商务在社会总体零售额的存量占比较低;另一个是以法国为代表的发展中市场;还有就是以美国为代表的成熟市场,这种市场类型电子商务在社会零售总额中的占比较高,但增速较慢,是一个典型的存量之争市场,这也是给品牌一个启示。

(三) 模式机会

从电商模式来看,更专业化的电商模式,例如品牌直销电商和品牌独立站,它的 GMV 增长更高速,也更具未来行业竞争力。以美国为例,美国占全球 GMV 将近 1/3,而独立站模式去年 GMV 增长是市场平均水平增速的 3 倍之多。

(四) 消费机会

首先,成熟市场的消费者需求更多元,追求有个性的生活方式,受网络意见影响大,消费者购物时长在不断减少,网购决策时间基本在三天内完成,这给品牌的启示就是消费者的耐心越来越少,购物时长越来越短,在合适的消费环节,精准快速吸引消费者变得更加必要,珍惜每一个和消费者有对接的机会,通过有效快速沟通,吸引消费者。

(五)品牌机会

建立品牌独立站来吸引更多有价值的消费者,促进销量增长也是一个不错的选择。通过品牌独立站,消费者的花费是其他电商模式的 2 倍,这带来的品牌启示就是,建立具有独特品牌价值的品牌独立站,以吸引更有价值的购物者,促进销量增长。最重要的一点就是,完善各环节产品和服务,确保完美的用户体验。海外消费者在网购的时候除了价格和产品质量外,体验也非常重要,消费者追求"又快又好"的购物体验,并对个性化体验、配送、客户服务等服务要求更高。这就要求品牌完善各环节产品和服务,提供极致的服务和购物体验来提高消费者满意度,确保完美的用户体验,以此来驱动重复购买和忠诚用户转化。最后,品牌要针对不同市场制定不同策略,进行购物体验创新,让触达更迅捷,沟通更精准,转化更高效,增强品牌商和消费者的沟通,并在重要的时刻创造新的体验,以此来打动消费者。

三、跨境电商创业案例分享

礼品类跨境电商如何做?

任务四　母婴电商创业实战

一、母婴电商的发展现状

(一)市场环境

母婴行业是一个满足 0~8 岁婴童衣、食、住、行、用、娱乐、教育等特定需求的消费行业,并且产品及服务贯穿于父母(孕妇)怀孕及生产、养育等各个阶段。随着互联网的发展、年轻父母消费升级以及移动电商的普及,母婴线上平台也取得了巨大发展。

根据国家统计局数据,2017 年二胎出生人口比重超过 50%,全面二胎政策效果持续显现。同时,母婴消费市场日趋成熟,商品消费品质化与服务消费专业化凸显。艾瑞预计,2020 年,中国母婴童消费市场规模将达到 3 万亿。

母婴童行业需求具有刚性,消费者的价格敏感性较低,并且随着 80 后、90 后父母育儿理念的进步和经济条件的改善,质量与实用性成为用户购买母婴童产品时所考虑的最关键的因素,他们对质量更好、更实用的产品的支付意愿更高。品牌口碑也是购买母婴童产品时关键的考虑因素,良好的品牌口碑代表着消费者对品牌、对商品的认可。在保证商品品质的情况下,外观包装相对而言不是很重要。

随着流量入口增多,商品信息获取方式多样化,线上流量呈现出去中心化的特征。平台通过分析用户线上行为数据,洞察核心消费人群的用户画像、行为偏好、需求特点等信息,将相关资源与用户精准匹配,实现从用户寻找信息到信息精准触达用户的转变,进而提升用户在线上平台的转化率和黏性。

(二) 业务模式

1. 涉及维度多,涵盖领域广

母婴用户在母婴线上平台的活跃程度随婴童年龄发生变化:0~3岁,是用户活跃的黄金期,母婴用户对奶粉等刚需商品的需求度高,且关注育儿、健康等内容,在母婴线上平台的活跃度较高;3岁之后,母婴用户的使用率随宝宝年龄增长而下降,母婴消费属性逐渐弱化;在儿童8岁左右时,母婴用户转向综合性线上平台。较短的用户生命周期及较高的获客成本推动线上母婴平台深度挖掘母婴人群从零售到服务等各个环节的需求,以提升转化率,拓展用户生命周期。

2. 转型泛母婴综合平台

母婴人群的生命周期长度逐步向前延伸至备孕人群,并向大龄儿童人群拓展。同时,随着母婴市场向家庭经济延伸,越来越多的具有不同身份的家庭成员参与到育儿过程中,泛母婴人群形成。为满足孕婴童家庭成员的商品、服务等多方面育儿需求,互联网母婴童企业开始进行业务上的拓展、延伸,与全域行业进行连接,转型泛母婴综合平台。

3. B端与C端同步布局

母婴童平台积淀了大量C端用户,但迭代速度快,随着C端流量红利渐失,营销难度及成本提升,维持已有用户的留存并变现成为关键。因此,母婴童平台挖掘用户在各环节的需求,延伸市场业务线,结合各类场景促进C端流量变现。B端具有流量优势,可通过较低的成本获客,伴随着"后互联网时代"新兴技术的日渐成熟,并进入商用阶段,母婴童平台有机会从B端布局,建立商业模式、产品形态,创造新的盈利点。中国庞大的企业用户群体,为B端发展提供了广阔的市场空间。

4. 线上线下结合

母婴童用户对价格敏感度较低,更看重商品、服务品质及购物的便捷性。在线上,消费者可通过多渠道获取多元化的商品及服务的信息,消费选择多样化;在线下,消费者可对商品的品质及服务的专业性有更为直接的体验,母婴连锁店在此方面具有较大的优势。线下体验、线上下单,用户的消费行为更具连贯性。在线上线下渠道融合的过程中,数据涉及生产、销售、物流、支付等各个环节,对智慧门店、会员管理、库存管理、门店选址等方面具有指导意义。

5. 内容营销与场景营销提升转化效果

为提升顾客消费体验,增强用户黏性,实现流量和销量的双丰收,优化并提升营销方式成为母婴企业的重要利器。通过多元化的极致内容服务与体验,满足泛母婴人群个性化、娱乐化、定制化的内容需求,建立品牌信任,增进互动,引发用户种草,赋予品牌动销能力。场景化互动情景可以连接多种商品和服务,建立品牌与顾客的情感连接,提升体验,影响其消费决策。

二、母婴电商的创业机会

(1) 做母婴电商不能只是简单地开个商城,而是应该开辟更多的道路,从产品和销售渠道上进行细分,往垂直领域不断深化下去,不断挖掘产品的内涵,在更加具体的领域创新产品和销售方式。

(2) 母婴电商正在相关的社交和社区领域蔓延。例如,"宝宝树"这个品牌经过多年积累用户,如今才能够有一定的吸引力和知名度。从之前比较单一的盈利模式,到现在整合成一个完善的电商体系,一时间让很多妈妈都觉得是个不错的母婴产品超市。

(3) 母婴电商正在往国际贸易领域延伸。国内的母婴电商往往在商品上有一些局限性,所以很多商家会代理一些国外的母婴品牌,如进口母婴产品,包括奶粉、母婴日常用品等。一些知名的互联网电商平台,京东、网易、苏宁等也都已经进军海外的母婴用品销售市场。这也就表明,母婴电商在从原来传统的国内产品往国际母婴电商产品领域不断延伸。

(4) 向母婴服务拓展大有可为。新生儿父母以 80 后、90 后为主,这些新父母大部分有成熟的网络获取信息和网络购物的用户习惯,并且多为独生子女,孕养知识匮乏,希望通过交流获得育儿知识。在这样的背景下,母婴行业的互联网创业者拥有了更大的发挥空间。以月嫂行业为例,传统线下月嫂中介信息不透明,而在有福妈妈的平台上,所有月嫂的个人信息、服务记录、用户评价都有展示,并附有 3 分钟的面试视频,内容是自我介绍＋实操演练,降低用户寻找月嫂的成本。

(5) 非标服务是创业新机会。未来的母婴市场,将从基础的满足养育需求,向提高生活乐趣转化,像奶粉、纸尿裤这样的商品虽然依旧是刚需,但将逐渐成为标品购买,顾客在购买的时候也将倾注较少的关注,而以 O2O 为基础的社区关系、互动交往将与智力开发等商品结合成为下一波焦点。

未来母婴创业的方向,将出现越来越明显的"社交＋电商＋本地化"的发展趋势。例如,妈妈网在全国 32 个城市布点,每年举办超过 3 000 场线下活动,聚集了人气。

(6) 智能硬件创新是母婴创业的机会所在。以婴萌科技为例,目前主要做智能冲奶机,未来将向母乳喂养、婴儿辅食等电商品类扩展。其他如传世未来公司的胎心监测仪,应用场景可以拓展至小孩咳嗽等基础病症的检测、老年人中风的防护等,将服务延伸至整个家庭的基础医疗。

三、母婴电商创业案例

线上精选母婴产品、线下与母婴店合作的母婴电商创业

▶▶ 能力训练

一、单选题

1. 在做跨境电商创业时,首先要选择合适的平台,下列哪个平台是可以免费入驻的?（　　）。

A. 亚马逊　　　　　　　　　　B. 阿里巴巴国际站

C. 敦煌网　　　　　　　　　　D. Shopee

2. 下列不属于农村电商创业方向的是（　　）。

A. 选择农产品上行市场为创业方向,比如产品的创新。渠道的创新

B. 为农村电商提供供应链体系,比如仓储保鲜。分拣加工等

C. 创业者创业资金充足

D. 为农村电商创业者提供电商服务,比如店铺运营。美工文案等

3. 拼多多平台个人店铺的保证金(水果生鲜与美容个护类目除外)是(   )元。

A. 0   B. 1 000   C. 2 000   D. 10 000

4. 二胎政策最利好哪类创业方向?(   )。

A. 食品行业   B. 母婴用品   C. 服务行业   D. 智能产品

5. 对护肤品行业来说,电商创业最应该关注(   )。

A. 产品质量   B. 产品价格   C. 使用体验   D. 配送方式

二、多选题

1. 下列属于提升农村电商创业机会的是(   )。

A. 市场消费升级   B. 物流等社会配套资源支持

C. 农村电商人才很多   D. 国家政策扶持

2. 跨境电商创业时应考虑的因素包括(   )。

A. 汇率变动问题   B. 消费者所在国家或地区的文化

C. 消费者的消费偏好问题   D. 产品的物流问题

3. 电商创业过程中,应注重下列哪几方面的问题?(   )。

A. 货源问题   B. 团队问题   C. 推广问题   D. 物流问题

4. 按照目前的社会热点,以下属于目前电商创业热点的是(   )。

A. 母婴行业   B. 服装行业   C. 农产品行业   D. 电子产品行业

5. 电商创业成功的关键因素包括(   )。

A. 靠谱的创业者   B. 选对产品   C. 宏观环境向好   D. 消费者定位明确

三、思考题

1. 请结合自己的实际情况做电商创业安排,并说出创业思路。

2. 分享你身边电商创业成功的案例,并分析其成功的原因。

项目六

打造电商创业核心团队

●● ▶▸ **知识目标**

1. 团队构成因素5P；
2. 三种类型团队成员的特征，招募团队合伙人；
3. 团队领导者的核心能力要求；
4. 目标管理、绩效管理和期望管理；
5. 提升团队效能的八步法，高效团队沟通和有效团队激励。

●● ▶▸ **能力目标**

1. 学会选择团队领导者和合伙人来组建创业团队；
2. 掌握目标管理、绩效管理和期望管理的实施；
3. 应用高效八步、团队沟通和有效激励来提升团队效能。

●● ▶▸ **思维导图**

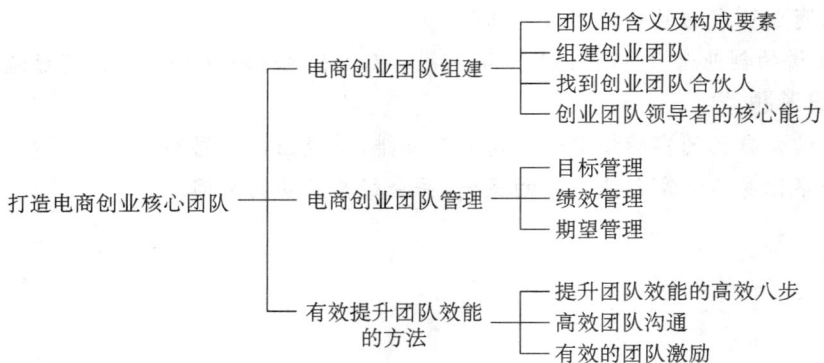

●● ▶▸ **案例导入**

西游记的团队精神

任务一 电商创业团队组建

国家对创业的鼓励和支持,成功地把每一个个体内心的梦想和力量真正激发出来了。而这种力量一旦激发,就会有故事发生,就会有奇迹发生,就会有美好发生。发生在我们每一个个体层面的故事,就是在这个时代我们所拥有的机会和我们所可能突破的高度。

很多大学生都有着创业梦想,创业不一定意味着单枪匹马冲出去,孤注一掷,做一把手或者做老大,加入一家创业公司一起创业,或者加入大公司以创业的心态经营自己,积蓄势能,为自己未来创业做准备,其实也是一种另类创业。但不论是何种方式,最重要的是过好每一天,让每一天的自己都有成长,让每一天的自己都有收获。

一个人能够走得很快,但是不会走得很远;一群人可能走得慢,却能走出一个宏大的场景。任何一个人走向优秀的过程必然是与人相处、与人沟通、与人协作、融入团队、融入事业,最后找到自己和认知自己的一个过程;任何一个人走向自信的过程必然是能够与团队一起有梦想、有情怀、有憧憬、有打拼、有挫败、有坚持,最终能够去赢和成长的一个过程;任何一个人走向有力量和影响力的过程必然是源自他在自我的认知中不断地在团队中去验证、去反思,进行内心的自我对话,并且随着团队追逐与奋斗的事业而跌宕起伏、惊心动魄、全力以赴、波澜壮阔的一个过程。

当下应该是最好的创业时代,创业能否成功,团队是关键。要想创业成功,需要弄清楚六个核心要素。这六个核心要素分别是商业模式、商业战略、人才聚引、文化氛围、绩效考核和完美执行。这六个核心要素中的每一个要素都与团队休戚相关,都与团队的组建、发展和成长密不可分,都值得经常性地回顾、评估、反省、思辨和检讨,以能够更快更好地打造、锻造、提升、升华、淬炼团队的力量。

一、团队的含义及构成要素

团队是指一种为了实现某一目标而由相互协作的个体所组成的正式群体,是由员工和管理层组成的一个共同体,它合理利用每一个成员的知识和技能协同工作,解决问题,达到共同的目标。团队的构成要素总结为5P,分别为目标、人、定位、权限、计划。

(一)目标

团队应该预设目标(Purpose),为团队成员导航,知道要向何处去。没有目标的指引,这个团队就没有存在的价值,很容易迷失方向。

小知识

自然界中有一种昆虫很喜欢吃三叶草(也叫鸡公叶),这种昆虫在吃食物的时候都是成群结队的,第一个趴在第二个的身上,第二个趴在第三个的身上,由一只昆虫带队去寻找食物,这些昆虫连接起来就像一节一节的火车车厢。管理学家做了一个实验,把这些像火车车厢一样的昆虫连在一起,组成一个圆圈,然后在圆圈中放了它们喜欢吃的三叶草。结果它们爬得精疲力竭也吃不到这些草。

这个例子说明在团队中失去目标后,团队成员就不知道到何处去,结果可能是饿死,这个团队存在的价值可能就要打折扣。团队的目标还必须跟组织的目标一致,此外还可以把大目标细分成小目标,具体分到每一个团队成员身上,每个人完成自己的小目标,合力完成团队的大目标。同时,目标还应该有效地向大众传播,让团队内外都知道这些目标,甚至可以把目标贴在团队成员的办公桌上、会议室里,以此激励所有的人为这个目标去努力工作。

(二)人

人(People)是构成团队核心的力量。3个以上(包含3个)的人就可以构成团队。目标是通过人员来实现的,所以成员选择是团队中非常重要的一环。在一个团队中,可能需要有人出主意,有人制订计划,有人实施,有人协调不同的人一起去工作,还有人去监督团队工作的进展,评价团队最终的贡献。不同的人通过分工来共同完成团队的目标,在人员选择方面要考虑人员的能力如何,技能是否互补,人员的经验如何。

(三)定位

团队的定位(Place)包含两层意思:

(1)团队的定位,团队在发展过程中处于什么位置,由谁选择和决定团队的成员,团队最终应对谁负责,团队采取什么方式激励成员?

(2)个体的定位,作为成员在团队中扮演什么角色? 是订计划还是具体实施或评估?

(四)权限

团队领导者的权利大小跟团队的发展阶段相关,一般来说,团队越成熟,领导者所拥有的权利相应越小。在团队发展的初期阶段,领导权相对比较集中,易于发挥指挥作用。团队权限(Power)关系的两个方面:

(1)团队在组织中拥有的决定权,比如财务决定权、人事决定权、信息决定权。

(2)组织的基本特征。例如,团队的规模有多大? 团队的数量是否足够多? 组织对于团队的授权有多大? 它的业务是什么类型?

(五)计划

计划(Plan)的两层面含义:

(1)目标最终的实现,需要一系列具体的行动方案,以及团队成员的分工,可以把计划理解成目标的具体工作的程序。

(2)提前按计划进行可以保证团队的顺利进度。只有在计划的操作下团队才会一步一步地贴近目标,从而最终实现目标。

延伸阅读

微软有战斗力的团队

二、组建创业团队

我们在讨论团队组成时,经常会提到成员类型,不论创业团队规模如何,是几个人的小团队,或者是几百人甚至上千人的成熟团队,团队成员的类型其实就只有固定的那几种,通过不同类型的人员来做好匹配,高效地完成团队目标。

我们可以用一个经典的例子来解释这个问题。大家都读过《西游记》,但是大家有没有思考过:为什么在《西游记》中,唐僧去西天取经只带 3 个徒弟?要知道,西天之行经历重重磨难、劳碌艰辛,更要经历一次次的生死之劫。唐僧从大唐出发的时候,完全可以带上几万名的士兵,可是他最终却只带了 3 个徒弟。

团队成员的类型划分通常有 2 个维度。第一个维度是忠诚度,即团队成员对组织忠诚与否,按从低到高的级别予以划分。第二个维度是能力或者绩效水平,也是从低到高予以划分,这两个维度形成了 4 个不同的象限,这 4 个不同的象限就代表了 4 种不同的类型,如图 6-1 所示。

象限一:这类员工的能力很强,而且他们对公司和团队非常忠诚,就像西游团队中的孙悟空,虽然孙悟空在早期对取经的态度不是很积极,但后期他对取经大业是完全忠诚和认同的。同时,孙悟空的能力也是毋庸置疑的。他在这个团队中既有极强的能力,又是一名非常忠诚的团队成员。

图 6-1　团队结构

象限二:这类员工的能力很强,但是忠诚度有限。在《西游记》中,这个角色就是八戒了。八戒的能力应该还算是过关的,不然他也不会官至天蓬元帅。但是八戒对取经这件事的认同度很低。只要一有机会或者稍遇磨难,他的第一反应就是回高老庄。这种员工的能力是团队所需要的,我们要通过他的能力来达到团队的目标绩效,但是我们没有办法依赖他的忠诚度。

象限三:第三类员工的忠诚度不用怀疑,但是这类员工的个人能力非常有限。《西游记》中的沙僧就是这样的人。他非常忠诚,任劳任怨,但是其能力确实有限。基本上每次和妖精的对阵中,他都会败下阵来。他经常会说的两句话就是"大师兄,师傅被抓走了"和"大师兄,师傅和二师兄都被抓走了"。这样的角色在团队当中也一定存在。他缺乏足够的能力,但是他对团队忠心耿耿。

象限四:这个象限的人,能力有限,同时忠诚度也很低。这样的人一般在团队中的生存空间非常小,甚至不会被招入团队中,即使意外地让他进入了团队,也会很快被驱逐出去。

在《西游记》中,唐僧的徒弟只有 3 个,分别是 3 种类型,基本涵盖了我们团队里所有的员工。因此,创业团队领导者需要根据创业项目来构建团队,找到 3 种类型的人才。对于创业者而言,你不用将每一个员工都细分到不同的个性、特点中去,从团队管理的角度来看,我们只要掌握这样一个团队矩阵,就可以清晰地看出团队成员的结构。

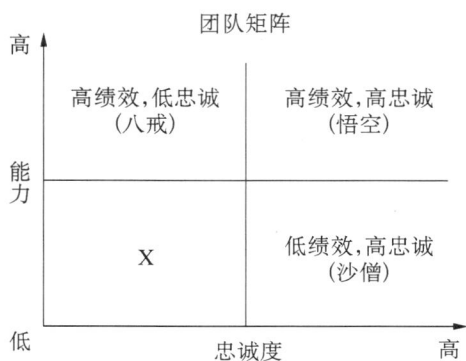

拓展思维

创业机会识别与团队建设

三、找到创业团队合伙人

搭建团队的第一个问题就是:用什么去吸引你想要的人才? 优秀的人才,是每一个管理者梦寐以求的也是每一个创业者渴望的。然而大家都知道,吸引人才并不是一件容易的事。

如果是一家拥有良好雇主品牌和雄厚实力的公司,吸引优秀的人才难度不会很大。但如果是一家普通的公司,或者是刚刚创建的公司,没有优厚的条件,开不出市场最高的薪酬,普通的人才,我们看不中;而往往大家看中的优秀人才,又会因为这样那样的原因拒绝我们的录用。

在这样的情形下,用什么来吸引你想要的人才? 这里给大家一个参考模型。在和渴望的人才沟通的时候,可以先了解这个模型,用"三板斧"来和他沟通,这会让我们在吸引人才的道路上事半功倍。这个原则叫"3S原则",S是英文单词分享(Share)的简写,3S就是指三个分享:分享愿景、分享公司和分享价值,如图6-2所示。

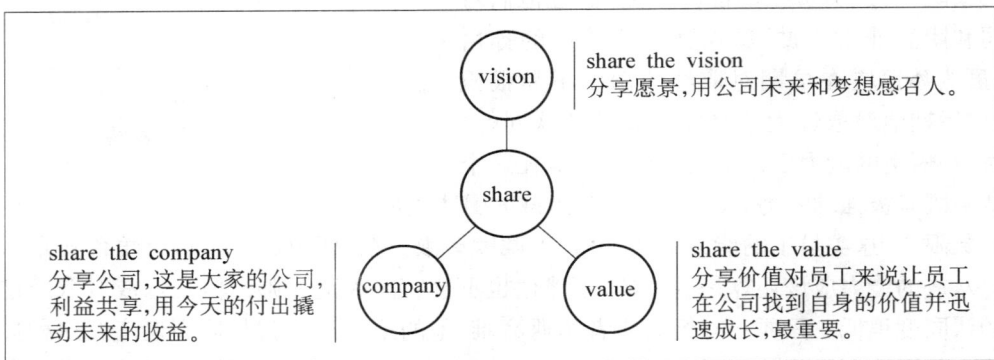

图 6-2 3S 原则

(一) 分享愿景

Vision 就是一个公司的愿景和目标,是这个团队希望实现的方向。这里分享两个知名公司的 Vision。阿里巴巴的使命是:成为全球最大的电子商务服务提供商,一家持续发展 102 年的公司,成为全球最佳雇主公司;Facebook 创立时的愿景是:连接全世界。

分享公司的愿景,是指管理者和创始人把这个团队或者公司关于未来的宏大理想传达给希望吸引的人才。很多时候,优秀的人才之所以愿意加入该团队,其实是奔着团队希望做成的某件事情和未来能够共同成就的事业。在阿里巴巴早期发展阶段,甚至包括它上市之后,阿里的成员们始终坚持的口头禅就是"梦想还是要有的,万一实现了呢"。所以,在团队的组建过程当中,创业者如何收获优秀人才对公司的愿景、核心理念的认可和支持,让小伙伴与之一起同舟共济,是达成目标的关键。

一个好的管理者、创业者,或者是优秀的领导者,一定要成为一个非常优秀的布道者,即把脑海当中规划的愿景目标、宏伟梦想不断地传递给身边的人,让他们对梦想有憧憬,充满着希望,并深信可以通过所在团队的努力去实现。

苹果公司的乔布斯、阿里巴巴的马云都是非常优秀的布道者。他们会利用各种机会向团队描绘公司的未来,尤其是在公司最困难的时期,这种时候员工最需要的就是坚持下去的信念和动力。

不论你的公司规模多小，员工多少，每个公司都应当有一个远大的、宏伟的愿景，以凝聚人心，激发动力。但是很多公司都忽略了这个因素，有些人觉得我们公司还小，还不需要考虑这些。缺乏愿景的公司会产生一系列的问题，如有时候团队成员辛苦工作，但却并不知道需要达成的目标是什么。这样的状态持续一段时间以后，成员就会陷入疲态和迷茫，这对于优秀人才的挽留是极其不利的，越是优秀的人才，越在乎未来。

（二）分享公司

"分享公司"的核心概念，是从利益的角度出发的，是向每一位新加入的成员传达"我们很在乎你的加入，我们希望你成为这个公司的一部分，这个公司也有你的一份，公司未来的成长所获得的收益，你是有份的"的信息。

这是从人的经济性的角度来考虑，任何人的职业付出，都会考虑经济利益，这是管理者一定不能忽视的问题。"分享公司"旨在激发人才加入公司和团队，并不遗余力地发挥才能，让员工能够意识到随着团队不断的成长和公司的增值，他也能从中获得更大的利益，让他意识到今天的加入和付出，通过资本杠杆，可以在未来换来成倍的财富增长。

"分享公司"的另外一个好处，其实是将公司或者团队的短期人力成本分摊到相对长的时间周期里，这对于许多处在早期发展阶段的公司或团队是非常有利的。

（三）分享价值

价值（Value）就是指我们想要吸引的人才所在乎的东西，也就是人才希望从团队中得到东西。每个人在选择一个工作的时候，一定都有自己的个性诉求，可能在乎工作环境和氛围，可能是工作内容，或者在公司是不是有牛人或领导能否给予自己帮助。

一个管理者想要吸纳一个人才的时候，一定要清楚他最在乎的是什么。若能够清晰地知道他的需求，这将对于团队收获人才大有裨益。如果我们能够准确把握优秀人才的需求，并且着重满足他这个需求的时候，我们在谈判的过程中就可以占得先机。同样对于优秀人才的获取，可能需要管理者采取盯人战术，不断反复地沟通，三顾茅庐才能达到目的。优秀人才的加盟，有时候就可以开辟一个新的战场，带来持续的胜利，所以为此的所有付出都是值得的。

思考：

假设你正在进行某项创业，请思考如何用"3S"原则吸引到优秀的人才？

四、创业团队领导者的核心能力

一个创业团队的竞争力，决定因素绝不只是团队成员的能力，更重要的是团队领导者的领导力。同样一支球队，不同教练指导，带出来的水平也会千差万别。团队领导者的领导水平是优秀团队的最重要标志之一。

一个优秀的领导者不应该只是单纯地采用某一种领导风格，应该能够根据情境的转变，采用不同的风格和方式。管理者和领导者应当清楚地辨别出目前所处的情境和环境如何，然后根据需要，转变自己的领导方式，这样对整个团队的绩效是非常有帮助的。管理风格的选取就像在打高尔夫球，高尔夫球有不同的球杆，球手会根据每一个球的不同状况来思考用什么样的球杆才能击出最好的球，这也是一名优秀的管理者和领导者所应该具备的能力。但是,一个人很难具备所有的领导风格,那就需要通过组建团队的方式来弥补个体在某些能力上或领导方式上的缺陷。

一个好的团队领导者,应该具备 12 个方面的能力。

（一）布道者

一个好的管理者同时也应当是一个好的布道者。正如我们一直讲的,好的领导者,如马云和乔布斯,一定会在很多场合不断地去推广和宣传自己的产品、企业愿景和使命,让团队有统一的目标和方向,这也是一个品牌对外推广的过程,它可以提高产品的影响力。所以,现在看到很多公司的管理者或者一些创始人,他们本身就是这个公司最好的代言人。所以领导者的角色应当是一个布道者。

（二）文化使者

一个团队的负责人或者领导者可以塑造整个团队文化的核心。所以领导者一定要对自己的行为有意识,要认识到哪些行为是希望这个团队效仿和保持的。对于团队不应该发生的行为,必须要克制自己,不要让这样的行为在自己身上发生。团队的文化使者必须用自己的思考、行为和价值观去引导整个团队。这就是领导者的第二个重要的角色,要成为文化使者,以身作则,推动团队文化的搭建和推广。

（三）教导者

一名好的领导者也应该是一名教导者,应该给团队的成员提供不断学习和成长的机会,让他们在这个团队当中找到自己的职业坐标,以此来不断提升整个团队的水平。同时,一个领导者还应该是一个身先士卒的铺路者,面对困难和挑战,应该冲在最前面,通过探索和尝试走出一条可行的道路,然后带领所有的团队成员朝着这个方向前进。在业务发展的前期有太多的不确定性,需要更多的决策和资源导向,如果领导者探索出了一条可行的道路,那团队的成员也能够随之走得更快。优秀的团队领导者还应该具备激发和鼓励的能力,而不仅仅是直接的细节管理。特别是面对 90 后,甚至是 00 后的员工,应该鼓励他们做出一些创新和创造,用一些好的方式激发他们去思考,激发他们为这个团队做出更多的贡献。而不是采用以前的"人盯人""一对一"的管理方式,并命令员工严格按照领导者要求的方式来执行任务。

（四）支持而不替代

好的领导应该是提供给员工们支持和帮助,而非代替他们工作。有一个很好的比喻,就是要做"114"一样的领导者,而不要做"119"型的领导者,众所周知"114"是号码百事通,在团队的成员在执行任务的过程中,领导者的价值应该和"114"一样是提供更多的信息和资源,支持员工实现他所负责的目标,而不是像一个救火队员一样,冲进火场代替员工完成他应该做的事情。所以好的领导是支持型的,而不是代劳型的。

（五）创造新的领导

好的领导者并不是一直创造追随者,相反,他应该创造更多的领导人。这是一个好的领导者出于长远的考虑,出于团队梯队效应和团队未来的持续发展的考虑,应该采取的举措。因为任何人都可能会被这个时代淘汰,但是团队要持续地前行,所以在领导者工作的每一天都应该不断地去创造另外一个自己,去创造那些可以替代的人。这样团队才会不断滚动式地发展,而不会单独地依附于某一个人,不会因为某个人的存在而存在,某个人的离开而消亡。所以培养接班人是优秀领导者的工作中非常重要的内容之一。

（六）表达认可和鼓励

好的领导经常会对员工表达认可和鼓励。不要吝啬对员工表达认可，因为员工其实很在乎自己完成某项任务以后领导对这件事情的态度。如果领导对这件事情予以鼓励和赞扬，那就会让员工充满动力，员工一定会让领导看到他下一个阶段的成长。而且，在赞扬和鼓励的时候，领导应该做到及时。传统的方式是按照一个月度或季度对员工的行为进行表扬和认可，但是从对员工刺激强度的角度来看，需要缩短鼓励的时间周期。在看到员工有好的表现或好的成绩时，第一时间就要给予他们赞扬。

如今有很多表扬的方式，比如通过微信的方式给员工点个赞，给他写一份邮件、发一封贺卡，送一份生日礼物，或者直接给他发一个红包。对员工的行为表达认可，对于员工的成长以及团队的热情和士气的鼓舞都是非常有帮助的。

（七）敢于冒险

好的领导是敢于冒险的，优秀的领导是敢于聪明地冒险的。领导者的价值是不断地去创造和思考，在新的领域开辟新的价值。一个好的领导一定不是裹足不前的，他应该在充分思考、精确选择后，聪明地进行冒险，这样才能做到与众不同。像乔布斯一样做出别人做不到的东西，才能成为市场上或者这个时代的优秀领导者。

（八）富有同情心

好的领导应当是有同情心的，他会从对方的角度去思考问题，这一点非常重要。往往很多的管理者和领导者会因为权力或者影响力的原因，对自己的认知特别在意。所以有时候，他们会缺乏耐心去聆听团队成员的思考或者建议。此时，团队成员不仅没有获得知识和效率，反而会损失很多东西。所以，一个好的领导首先要会倾听。倾听是学习和捕捉员工心声最有效的方式。如果能够站在员工的角度思考问题，那领导者一定会看到这个事物的另一面，这对于团队成员也是非常有价值的。

（九）信任

好的领导会给员工更多的信任，因为只有这样才能获得员工的回报和责任心。有些团队的管理者在给予员工某项工作时，在员工的工作过程中经常关注这件事情的进展，经常给员工提出不同的建议或者意见，这是对员工工作缺乏有效信任的表现，反而会让员工不知所措。那如果领导经常采用这样的方式，他就会觉得这个员工不能独立做决策，不能独立地负责任。其实，如果领导没有给员工足够的信任，员工很难做到敢于主动承担和肩负责任。很大程度上，是领导的行为让员工没有办法去肩负责任，而不是员工自己不愿意去肩负起责任。所以这个时候，需要领导考量自己的行为是否得当。

（十）制定规则

好的领导者和管理者，需要用规则来管理团队，而不是依靠自己的个性来管理。举一个简单的例子，有一位员工，因为某件事情犯错了，通常处理方式有两种，一种方式是，领导去批评这个员工，员工会把这种批评当作领导对他个人的不满，进而导致员工存在一种抵触的情绪；另一种方式是，如果这件事情是被一个规则规定好的，领导在批评员工之前就已经做出了明确的声明，违反规定的人会受到一定的批评或者惩罚，惩罚针对的对象是群体，而不是某个个体。这时候，团队的成员对于这种批评就会坦然接受，因为他知道这个批评是因为他触犯了团队定下的条款或者约定,而不是因为触犯了某一个人。所以这样的管理方式和领导方式,更容易被员工接受。

(十一)欣赏

一名好的领导要学会去欣赏员工。领导者往往因为业绩的压力和工作的压力而忽略这一点。有时我们只关注业绩本身,而忽略了员工的成长,或者忽略了员工身上真正有价值的东西。所以一名好的领导应该学会去欣赏每个人身上的优点,然后把它挖掘出来。

(十二)勇于接受挫折

想要成为一个真正的领导者,还要去经历风浪,必须能够正确地面对挫折和失败。

案例思考

创业者画像:最受"风险投资"追捧的创业者通常有什么特质?

任务二 电商创业团队管理

在一个组织中,根据工作性质、能力组成各种小组(团队),参与组织各项决定和解决问题等事务,以提高组织生产力和达成组织目标。基本上,小组是组织的基本单位,成员能力具有互补性,形成异质性团队,其效果较佳,能激发更有创意或独特的问题解决方式。

团队管理是运用成员专长优势,鼓励成员参与及相互合作,致力于组织发展,可以说是合作式管理,亦是一种参与式管理。随着组织工作的复杂性日益增多,很多工作实难靠个人独立完成,必须有赖于团队合作才能发挥力量,所以团队管理有时代需求性。

因此,创业者若能善用团队管理,对于激发成员潜能、协助问题解决、增进成员组织认同、提升组织效率与效能,具有一定的帮助。

一、目标管理

有人分别问三个在工作的石匠:"你在做什么?"

第一个石匠说:"我在混口饭吃。"

第二个石匠一边敲打石块一边回答:"我在做全国最好的石匠活。"

第三个石匠眼中闪烁着智慧说:"我在建造一所大教堂。"

目标指导行动,三个选择不同目标的石匠,最终产生的结果也不一样,如果只是混口饭吃,可能最后连饭都吃不饱。所以一个团队必须要有目标,每个团队成员也必须要有明确的目标,团队领导者有责任,为团队成员制定适宜的目标。因此,目标管理是管理团队的一个重要的方法。

作为领导,他必须知道自己对下级的期待是什么,而下级必须知道自己对什么结果负责。团队目标是团队的灵魂,是指引团队前进的灯塔,也是团队存在的组织意义。因此,对团队的管理,要以目标为导向。

目标管理就是把团队领导人的工作,由控制下属成员,变成与下属一起设定客观的标准和目标,让他们靠自己的积极性去完成工作的一种方法。可以分三个阶段:第一阶段为目标的设置;第二阶段为实现目标过程的管理;第三阶段为测定与评价所取得的成果。

(一)目标的设置

(1)团队高层领导预定目标。这是一个暂时的可以改变的目标预案,既可以由上级提出,再同下级讨论;也可以由下级提出,上级批准。无论哪种方式,必须共同商量决定。其次,团队领导必须根据团队的使命和长远战略,估计客观环境带来的机会和挑战,对本团队的优劣有清醒的认识。对组织应该和能够完成的目标,心中有数。

(2)重新审议组织结构和职责分工。目标管理要求每一个分目标都有确定的责任主体。因此预定目标之后,需要重新审查现有的组织结构,根据新的目标分解要求进行调整,明确目标责任者和协调关系。

(3)确立下级的目标。首先下级明确团队的规划和目标,然后明确自己的分目标。在讨论中上级要尊重下级,平等待人,耐心倾听下级意见,帮助下级发展一致性和支持性目标。分目标要具体量化,便于考核;分清轻重缓急,以免顾此失彼;既要有挑战性,又要有实现可能。每个团队成员和本团队的分目标要和其他的分目标协调一致,支持本团队和组织目标的实现。

(4)上级和下级就实现各项目标所需的条件,以及实现目标后的奖惩事宜达成协议。分目标制定后,要授予下级相应的资源配置的权力,实现权责利的统一。最后把每个团队成员的目标汇总,以便实时提醒与考核。

(二)实现目标过程的管理

目标管理重视结果,强调自主、自治和自觉,并不等于领导者可以放手不管,相反由于形成了目标体系,一环失效,就会牵动全局。

首先,进行定期检查,利用双方经常接触的机会和信息反馈渠道自然地进行;其次,要向下级通报进度,便于互相协调;再次,要帮助下级解决工作中出现的困难问题,当出现意外和不可测事件,严重影响组织目标实现时,也可以通过一定的程序,修改原定的目标。

(三)总结和评估

达到预定的期限后,下级首先进行自我评估,提交书面报告;然后上下级一起考核目标完成情况,决定奖惩;同时讨论下一阶段目标,开始新循环。如果目标没有完成,就分析原因总结教训,切忌相互指责,以保持相互信任的气氛。要使目标管理方法成功,还必须注意下述一些条件:

(1)要由团队高层管理人员参加制定高级策略目标;

(2)下级人员积极参加目标的制定和实现过程;

(3)情报资料要充分;

(4)管理者对实现目标的手段要有相应的控制权力;

(5)对实行目标管理而带来的风险应予以激励;

(6)对团队成员要有信心。

二、绩效管理

中国有句古话："又要马儿跑，又要马儿不吃草"。西洋有个故事：西洋人赶驴子，在驴子眼前、唇吻之上挂一串胡萝卜，引诱驴子向前拼命跑。这两种方式，在团队管理里都要不得，而且也行不通，前者太黑，后者太损。团队管理，一定要有激励，激励一定要团队成员看得到，经过努力能够得着。

（一）绩效管理的含义

通过团队组织制订绩效计划、绩效监控、绩效考核，绩效反馈与改进，以促进团队成员业绩持续提高，并最终实现团队目标的一种管理过程。

（二）如何进行绩效管理

1. 绩效考核的准备

首先要制定工作目标，并且要确保团队成员都明确他们的工作目标。只有在明确了目标的前提下，团队成员的工作才会有方向性。如果团队成员在他的工作中都找不到方向，就无法使他达到目标，控制他的工作进程。

2. 对团队成员的评估

团队领导者关键的职责在于对成员的业绩做出及时的评估和反馈。尽可能快地对成员的业绩做出反馈，在提升团队成员的业绩方面是最有效的。如果在一项工作结束数周以后，你才跟你的成员交流，这项工作他做得如何的糟糕，或者是如何的出色，对于团队成员而言是非常不公平的，也是非常低效的。尽快地让你的成员了解他们的工作状况，可以帮助他们及时找出问题，提高绩效。

3. 对团队成员历史相关考核的回顾

管理者在和成员共同开展绩效考核工作之前，回顾一下以往的文件，如在年初与团队成员共同制定的工作目标、工作计划书，这一年来与成员们相关的所有记录文件。管理者需要翻阅一下这一年来所有与团队成员开会的会议记录，起草的第一份有关团队成员绩效的总结文件。同时，也要给团队成员一个机会，让他们也总结评估一下自己这一年的绩效。然后，在正式的评估开始之前，管理者和团队成员要首先讨论一下，这一年来团队成员所取得的进步，这样可以使团队成员在整个考核过程中，保持一个积极的态度，并且可以让他感受到，他将接受的是一个公正的评估，减少他对考核的误解。

4. 选择合适的沟通地点，创造一个良好的沟通氛围

与团队成员沟通评估的结果，地点的选择和氛围的营造也非常重要。通常情况下，管理者选择的沟通地点就是他的办公室，而这恰恰也是最坏的地点，这里的氛围太严肃，管理者的办公室不能体现沟通双方的平等性，不管这里环境多么好，上下级共事了多长时间，这里始终是你的领地。

会议室会是最好的选择，但是如果争取不到会议室，找一些其他的地方也是可以的，但是一定要有创造力。比如团队成员的办公室：那么你可以考虑在他们的办公室里进行；或者你可以考虑借用同事的办公室。

5. 把考评信息简洁准确地传递给团队成员

把你对团队成员的评估结果，用最简洁的语言传递给他，不要用任何的专业术语，也

不要琐碎冗长。即使评估的结果很可能会让他们失望,但是千万不要回避,不要用含糊不清的语句。如果你的团队成员感到你对于你做出的评估的准确性并不是很自信时,他会认为他现在还有改进的机会,而事实上并非如此,因为年初你们所商定的工作目标和标准并不会因此改变。

6. 鼓励团队成员

年度绩效考核总结会议,意味着这一年的绩效考核工作的结束,同时也意味着下一轮绩效考核工作的开始,在这个会议上,团队管理者的工作就是要激励团队成员,要调动他们的积极性,激励他们发展优势、改进不足。对于那些考核结果不是很理想的成员,要建立他们的信心,肯定他们的自身价值,明确你在今后的工作中将给予他们的支持和帮助。

同时,团队管理者需要制订下年度关于团队成员职业发展的计划。这体现出你对他们的帮助,让他们感受到你在时间上、培训的资源上给予他们的支持。让你的成员相信他们有能力做得更好,再加上你的帮助和支持,他们将取得更好的成绩。

(三)绩效考核注意点

(1)建立一个客观、公正、公平、有效的考核标准,并严格地去执行;

(2)针对团队成员制定个性化的考核方式;

(3)考核的标准要以定量为主,定性为辅;

(4)明确绩效管理的受益者;

(5)使绩效目标合理化;

(6)确保绩效考核的有效性。

三、期望管理

当前,很多老板都感觉困惑:"我的企业不错呀,给他的薪水也不低,福利还可以,为什么就是留不住他呢?"当发现不少离职团队成员投身的是一个各方面条件都不如自己的新公司时,老板们就更是摸不着头脑了。

为什么会出现这种状况?原因在哪里?

问题的关键是,作为团队的领导缺乏对下属的了解。你知道你的团队成员在想什么,想要什么吗?你知道他的期望是什么吗?对团队期望管理的匮乏,导致了前面的不良状态。

(一)团队成员的期望

所谓团队成员的期望,就是指团队成员通过对自身掌握的信息和从外部获得的信息,进行综合分析、评估的基础上,在内心中所形成的对团队提供给自己的"产品"(包括工作、薪酬、福利等)的一种基本要求,并据此对团队形成的一种期望。

(二)期望管理的含义

期望管理,就是指团队领导要对下属的期望进行管理,对其不合理的期望予以说明和剔除,对其合理的期望进行最大程度的满足,同时引导下属建立正确有效的期望,最终实现他们满意的目标。

(三)如何进行期望管理

1. 调查了解团队成员的期望

对每一位团队成员都要进行充分的沟通,了解他真实的期望,在这个团队里他想得到什么,然后认真记录下来,并整理成档案,以便于管理者有针对性地对团队成员进行激励。

2. 引导团队成员形成正确的期望观

每个团队成员由于教育背景和工作经历不同,各自的期望不同,每个团队成员的期望有大小,而团队的资源又有限,所以管理者应该引导团队成员形成正确的期望观,让他们的期望具有客观性、可实现性和团队的发展匹配性。

3. 为团队成员实现期望指引方向和提供方法

了解了团队成员的期望,只是第一步,团队管理者有责任为团队成员期望的实现,指点迷津,提供实现的方法,告诉他一条实现期望的道路。这是期望管理的关键和重要的环节,也是衡量一个团队管理者优秀与否的关键。

4. 对团队成员期望实现与否的管理

年终团队里有的人实现了自己的期望,有的人没有实现。对于没有实现期望的团队成员,团队管理者要与他们交谈,与他们分析没有实现的原因,给他们关怀和信心,帮助他们在未来实现,否则当机会来的时候,他们很可能会离开团队;对于实现了期望的团队成员,要引导他们形成新的、更高的期望,否则,这部分成员也会离开,因为他们认为自己有更高的能力,便会去寻找实现更高期望的地方。

目标管理,让团队成员有了工作的方向;绩效管理,让团队成员更加有激情和动力去工作;期望管理,让团队成员长期稳定地去服务团队。这个三个要素相辅相成,相互支撑,共同发力,才能使每个管理要素发挥更大的作用,才能打造精英团队。

拓展思维

六种领导风格

任务三　有效提升团队效能的方法

团队效能是指一个团队完成团队目标、满足成员的需要和维持自身存在的程度。它具有三层含义:首先,大部分团队的运转都是为了实现某些组织目标;其次,团队效能依赖于团队成员的满意度和个体需要和目标的实现;最后,团队效能还表现在团队本身的生存能力上。简而言之,团队效能是指团队成员围绕团队目标而努力实现的一种理想结果。

一、提升团队效能的高效八步

优秀团队领导者的经验表明:团队效能的提升,不只是依靠核心团队成员一些高效的工作方法就能轻易达成的。相对而言,团队领导者更需要在如何提高团队效能方面制订更全面的规划,并在实践中及时为成员配置资源、提供协助。

（一）明晰目标，预估挑战

为了合理有效地制定团队效能提升方案，团队领导者必须清楚提升效能所达成的成果及目标是什么：提升团队整体的客户导向意识？降低员工业务操作的差错率？或是开拓更多的业务发展渠道？只有将这些类似问题明确地回答出来时，接下来制定的一系列效能提升措施才能更加契合团队的初衷目标。

为了确保管理思路具备更强的实践性，在前期规划阶段，需全面地去衡量现实中的一些限制性因素。对目前团队中存在的低效能问题，有些低层级候选人是具有比较全面的解决思路的。然而在与高层级候选人进行访谈后，常常发现他们谈到的一些组织体制或业务发展现状问题，实际上与低层级候选人的管理思路存在着一定的矛盾关系。

因此，在制定效能提升方案、实施决策前，管理者一定要理清当前组织内外的各个因素中，哪些是执行中的挑战？当前的组织文化是否会形成阻力？如果采用员工培训策略的话，组织可提供的培训机会是否充足？对于管理者来说，系统性的效能提升，必须经过对各种主客观限制条件进行全面衡量，否则有时优秀的管理思路也只能存在于理论的层面。

（二）认清差距，衡量表现

"为什么目前团队的效能偏低？具体都表现在哪些方面呢？"在访谈中问出这样的问题后，管理者们的回答往往显得千差万别。从一定程度上看，管理者个人处事方式及管理风格等方面的差异，会在很大程度上形成他们对团队效能要求的差异。对于一名魄力十足、开拓力强的领导者来说，高效团队可能具备着行动力强、决策果断等要素。而对于一名理性、严谨、精于筹划的管理者来说，"高效"对于他们来说可能更加意味着恪守规范、细致严谨等要素。因此，管理者清晰地知道组织整体及团队内个人当前工作行为表现的现状，明确自己对高效团队行为表现的预期，从而找到现状与预期的差距。

为了确保管理者对团队效能准确判断，管理者需要问自己以下几个问题：目前对团队效能的评判标准是怎样的？具体采用了哪些测评工具？这些测评工具对团队效能的衡量真的准确吗？管理者需要根据自己的前期规划，在实践中不断衡量效能提升的程度，根据不同阶段团队效能的表现来重新调整自己的管理策略。这种测评工具可以是数据化的绩效成绩，也可以是综合性的行为访谈评价等。但无论采取哪种评价方式，管理者的目标都是通过对团队效能的准确衡量来获知管理措施的成效。

通过合理衡量和评估后，发现团队效能仍难以达到自己的预期，管理者此时可能需要思考及判断以下问题：是什么因素可能阻碍了员工行为表现的优化？问题的症结是存在于技术层面还是工作动机层面？针对可能存在的不同限制性因素，应该采取什么样的解决策略？

（三）流程优化，清除障碍

在前期制定效能提升方案时，管理者需要充分地去考察组织内存在的、对管理措施实施可能造成负面影响的限制性因素。但是，在实践过程中，管理者依旧会面对前期未考虑到的一些流程方面的挑战。

管理者需进一步思考以下几个问题：究竟是哪些组织因素在阻碍着团队效能的提升？其中是否有一些流程制度过于老套，甚至可能十余年未经调整和变革？流程有没有继续优化的空间？团队成员们是否支持你进行流程优化和调整？

在通过与团队成员的深入交流和沟通来理清以上问题后，管理者在一定程度上可以对自己之后的应变性措施做到心里有数。为了更加全面深入地了解问题的症结、确实有效地找到解决方案，管理者需要与上级及其他部门进行详细的沟通协调，摆清问题，阐明观点，争取在流程优化方面得到更多方面的资源支持。

（四）分析态势，合理定策

在团队效能提升工作的具体实施阶段，管理者们需要通过对业务现状、成员能力水平、时间规划等各方面细节因素的分析，细化管理方案。

以员工业务能力培训为例，管理者们要认清业务能力方面的问题对团队效能的影响，是偏向于组织性的还是个人性的。简单来说，管理者们需判断当前团队的症结问题，是团队业务能力的普遍低下，还是个体业务能力的低下拉低了整体的团队效能，以此来决策究竟是开展团队性的业务培训还是安排个体性的学习课程。

总的来说，管理者在实践过程中需要明确地理解团队需求，贴合团队的实际态势合理地制定效能提升措施。

（五）长期打磨，监督强化

若管理者采用约束和规范团队成员工作方法的方式来提升效能，相比于管理者的要求，受个性特征、行为方式的影响，员工时常会不自主地转换回固有的工作方式。所以对于管理者来说，团队效能的提升在大多数情况下都是需要经历一个长期的发展过程。在这个长期的阶段内，管理者需要重复地对团队成员对制度或要求的理解和落实情况进行监督，并合理地采用管理手段强化员工对高效工作方法的认知和理解。

（六）精确评估，考察成果

对于效能提升方案来说，对成果的精准衡量及评估是管理者判断自身长期以来的努力是否得到丰厚回报的关键。因此，管理者需要认清和明确如何去衡量团队效能。若在评估和测量后，发现当前团队的效能依旧未能达到自己前期的预期，建议管理者从第二步开始重新定位差距、寻求对策。

（七）效益提升，总结经验

工作效能的提升绝不是我们在管理方面投入精力的最终目标。对于任何企业或商业化组织来说，效益的提升才是经营的目标、发展的基础。因此，若经过一段时间效能提升方案的落实和实施后，团队的整体效益得以提升，管理者应更多地组织团队进行经验总结和梳理，整理出一套完善的员工效能提升培养方案，以便新鲜血液进入团队后，可充分地借鉴经验，更加快速地融入高效团队之中。

（八）庆祝收获，摆正心态

在经历了前期的细致规划、过程中不断地监督落实以及后期充分的经验总结后，一切的努力都将收获丰厚的成果。但管理者在庆祝的同时，要摆正心态，不要由于一时的成功而放松了监督和管理。同时，面对市场的千变万化、社会的变革发展，管理者对团队效能的管控无疑会遇到更大的挑战。因此，当再一次面对团队效能低下的时期，管理者可根据"效能提升八步法"再次规划、思考，重新定位团队内部的症结，全面地理清思路并付诸实践，让团队效能低下的管理问题不再是管理者的困扰和梦魇。

二、高效团队沟通

沟通是人与人之间、人与群体之间思想与感情的传递和反馈的过程,以求思想达成一致和感情的通畅。领导者作为团队中的核心,绝大多数的时间是用于沟通的,通过沟通促进团队合作、驱动项目执行,所以掌握团队沟通的技巧非常有助于我们提升工作效率。

(一)了解人们不一样的沟通和思维

人们的思维是不一样的,但如果学会了那些不一样,就可以整理好你的信息,直到被理解为止。那就意味着学习共同的沟通和思维的风格,更容易形成自己的风格。一旦确认了其他人的风格,就可以在鸿沟上架起桥梁。

(二)建立一个安全的环境

沟通是需要聆听的,同时如果有大量的噪音,人们就不大可能听到了,不管是因为情绪上冷感,还是一个既激动又有压力的人。所以,要建立起信任、尊重,并且开放给那些有不同思维的人,让他们分享他们的选择。

(三)承认有其他的观点

让其他人说出他们的想法是不足够的,必须主动聆听他们,并且不管是否同意他们,都承认他们的要点。他们应该是你行为中的一部分,因为永远不会知道下一个闪亮的意念从何而来。同样,如果轻视团队中的某些人,他们就不太可能会在整体上聆听了。

(四)谈及共同的目标

如果人们不同意,又或者提出一些和整个团队目标不一致的观点,很重要的是让团队认同,他们都是一起工作的印象。

(五)建立目标

为了让团队了解他们目标的共同特性,必须让目标显而易见,要清晰和精确,这样在行动上就不会有不确定性了。可以考虑建立 SMART 目标,清晰的绩效考核目标,能给团队成员留下深刻印象,他们就会做得更好。

(六)沟通的目的/意图

能留下信息沟通就是最好的。在他们离开会议,或者无论开始什么被分派的任务之前,都要给出每个人要知道的东西。说出从其他人处需要的东西,以及可以做些什么来做出贡献和帮助他们。

(七)要正面和有趣

如果能够营造出一个正面和有趣的环境,人们就更有可能去聆听,并且会更好地工作和更努力地达成预设的目标,团队成员就会努力工作,并且在做事情时还会很开心。

三、有效的团队激励

小案例

某电商企业为激励员工努力工作,制定了各种高福利、高补贴政策,如加班补贴、午饭补贴、交通补贴等。刚开始实施时效果显著,员工工作十分努力。但是一年之后,该企业管理层却发现员工工作效率并没有得到提升,销售额也仅仅维持在行业平均水平。关键是员工离职率居高不下,也没有得到有效改善。为了找到出现问题的原因,该企业人力资源部对所有员工做了一份调查,尤其是对已经离职的部分人员进行了采访。调查发现,大部分员工离职是因为薪水太低,其中不少离职员工认为,自己得到的薪资比市场同行业薪资水平低近三分之一。事后,该企业领导很困惑,提高福利和补贴的目的就是为了提高员工的工资待遇,为什么反而成为员工离职的主要原因了呢?经人力资源部相关人员分析,企业提供的福利和补贴没有转化为员工的实际收入,更没能让员工感受到高薪带来的心理满足。大多数员工认为这种补贴是理所应当的,而不是自己收入的一部分。为什么会出现上述的情况?这与企业管理者对激励的理解过于片面有关。不可否认,高福利、高奖励是最好的激励措施,尤其在销售领域效果斐然。但是在实施激励政策之前,管理者应充分了解员工的真正需求和动机,这是制定激励政策的起点和基础。

然而,许多电商领导者在实施激励政策时容易忽略这一点,陷入了很多误区。

人的行为受动机支配,并且具有明确的指向性。这种指向性是行为的诱因,是行为的内驱力,对整个行为结果起着重要的激励作用。再加上电商企业具有虚拟化、网络化经营的特点,员工工作的内驱力本身就比较涣散,如果没有配套的、完善的激励体系来聚拢,那么就很难高效地开展工作,更无法实现预期目标。

高薪与良好的福利待遇在某一个时期可以发挥出吸引人才,留住人才的效力,但随着员工需求的不断增加,将会产生更深层次的需求,如个人职业生涯规划、知识的需求、自我价值实现的需求等,这时高薪与良好的福利带来的刺激效果便会不断减弱。

(一)建立完善的绩效考核体系

现代管理理论认为,考核是对管理过程的一种控制,其核心目标是通过评估企业、部门以及员工的绩效,对考核结果进行反馈,分析绩效差距,来提升员工绩效,进而提高企业管理水平和业绩。

管理激励需要一个前提做支撑——完善的考核体系。考核体系建设是对绩效进行有效考核和评估的前提。绩效考核在传统企业中已是一项非常成熟的管理活动,然而在电商团队中的运用却十分有限,绝大部分电商企业还没有建立完善的绩效考核体系和考核制度。那么,电商团队的管理者该如何做好绩效考核体系的建设呢?

1. 考核目标定位明确:向什么方向发展,达到什么样的高度

目标定位是解决发展方向、发展高度的问题。任何企业由于从事的行业不同,规模大小不同,因而其发展目标也不同。作为电商团队管理者,首先要结合自身的实际情况,为企业制定明确的目标,包括长期目标和短期目标,并最终形成一套完善的方案,以指导和规范员工的日常工作和行为。

2. 制定完善的考核制度:要做哪些管理,要制定哪些制度

制定有效的绩效考核制度是解决行为规范和约束的问题,也是有效激励员工努力工

作的前提。绩效考核作为一项企业管理活动,必须制度化、规范化。制度化和规范化的前提就是要有完善的制度、法律和法规,因为只有有了完善的制度,员工的行为才能得到约束和限制。

3. 贯彻与执行:具体该怎样去做

在设立了目标,制定了制度后,接下来就是坚定不移地去执行。电商管理者要把执行作为一种企业文化,坚定不移地贯彻下去,充分调动员工的积极性,使每位员工能自觉地去执行。同时要充分体现员工的意愿和需求,最好是让优秀员工直接参与到制度的制定和考评中。

绩效考核的主要目的是规范员工行为,帮助员工提高工作效率,向更有益于实现自身价值和企业目标的方向努力。这时,绩效考核的意义不再局限于企业对员工工作绩效情况的评估,同样也是员工的一种高层次需求——成就感方面的满足。企业通过实施绩效考核,员工既可以在团队中得到自豪感和荣誉感,也可以得到提高和升迁发展的机会,有一种需要目标导向和参与的组织归属感。所以,绩效考核,不仅在企业的人力资源分配、选拔、晋升等管理活动中有指导意义,还具有激励作用。

(二)建立激励机制

分配结果的公正性直接影响员工对薪酬公正的感知度,从而影响到对薪酬的满意度,以及对组织的信任度,所以,在保证薪酬外部竞争性的前提下,企业应更重视内部的公正性。企业应建立报酬激励、成就激励和机会激励三位一体的综合性激励机制,建立与绩效考核制度相配套的薪酬福利制度,使之更公平、更公正。那么,如何建立这样的机制呢?可以从以下三个方面入手。

1. 长期激励与短期激励结合

在注重工资、奖金的短期激励的同时,还应考虑适当运用长期的激励措施,将员工的切身利益与企业的发展前景联系起来。

2. 物质激励与精神激励结合

在精神激励方面,企业应更多地关注员工职业生涯的规划和辅导,为他们提供培训和职务晋升机会,在公平和公正原则下,鼓励优秀员工脱颖而出。榜样的力量是无穷的,树立典型一方面有助于员工发展自我、提高自我和贡献自我;另一方面激励其在工作中更加积极主动,以主人翁的姿态参与到企业的经营管理中,这对企业发展壮大无疑是有利的。

3. 被动激励与主动激励

主动激励员工就是看到员工自身的意愿和内驱力,强化其自主意识。例如,有的企业采取竞争方式,让员工主动参与竞争,感受成就;有的企业通过给员工较大的自主权,使其主动工作,主动创新,具体应视企业情况和员工特点而定。

拓展思维

电商创业者如何提升团队能效?
三问创业者

能力训练

一、单选题

1. 对于多人共同创业的公司,是否有必要选定一个核心领导人?( )。

A. 公司规模大有必要,小公司没有必要

B. 没有必要,大家权力平分,凡事都要开会商量

C. 有必要。多头领导容易乱

D. 大家可以轮流当核心领导人,比较公平

2. 下列哪种方式不是激励员工的方式?( )。

A. "比对"的方式。制订竞争机制

B. "会议交流"的方式。定期开会,分享公司内外最新咨询,激励员工

C. 及时更换不合群的成员

D. "赶超"的方式。设定最后一名的业绩指标,大家会争相赶超最后一名

3. 打造精英团队的三个要素是( )。

A. 目标管理　　　　　　　　　　B. 绩效管理

C. 期望管理　　　　　　　　　　D. 相互协作

4. 《西游记》中的孙悟空属于哪种类型的团队成员?( )。

A. 高绩效,低忠诚　　　　　　　　B. 高绩效,高忠诚

C. 低绩效,低忠诚　　　　　　　　D. 低绩效,高忠诚

5. 适当地给团队成员设定目标,能够提升团队成员的能效。比如,正常的客服询单转化率是 68%,那么大概设定( )既能激励成员更努力,目标又不会太难实现。

A. 50%　　　　　　　　　　　　B. 60%

C. 70%　　　　　　　　　　　　D. 80%

二、多选题

1. 吸引人才的 3S 原则指的是( )。

A. 分享愿景(share the vision)

B. 分享公司(share the company)

C. 分享价值(share the value)

D. 分享收益(share the earning)

2. 如果你打算组建一个视频团队,专攻抖音短视频创业,那么你需要的团队成员有( )。

A. 会视频拍摄、视频剪辑的成员

B. 统筹、外联的成员

C. 擅长剧情文案创作的成员

D. 擅长视频推广的成员

3. KPI 的考核可以按哪些周期?( )。

A. 季度考核　　　　　　　　　　B. 周考核

C. 年度考核　　　　　　　　　　D. 月度考核

4. 打造精英团队的三个要素是（　　）。

A. 目标管理　　　　　　　　B. 绩效管理

C. 期望管理　　　　　　　　D. 相互协作

5. 提升团队效能的方法包括（　　）。

A. 团队沟通　　　　　　　　B. 有效激励

C. 期望管理　　　　　　　　D. 高效八步

三、思考题

在《西游记》中，唐僧师徒四人历经九九八十一难，一路降魔除妖，最终成功取经。看似风格迥异的四人，是如何合作的？他们分别在其中扮演什么角色？

项目七

电商创业财务知识

▶ 知识目标

1. 掌握利润的构成及对电商创业企业的意义；
2. 掌握企业现金流的构成及对电商创业企业的意义；
3. 掌握企业利润和现金流的区别；
4. 掌握利润和现金流的四维关系；
5. 掌握不同财务报表的功能及相关分析指标。

▶ 能力目标

1. 能够简单核算电商创业企业的利润；
2. 能够简单分析电商创业企业的现金流状况；
3. 能够根据电商创业企业发展的不同阶段平衡利润和现金流的关系；
4. 能够认识到现金流对电商创业企业的重要性；
5. 能够对电商创业企业的财务报表进行分析，及时掌握公司的经营情况。

▶ 思维导图

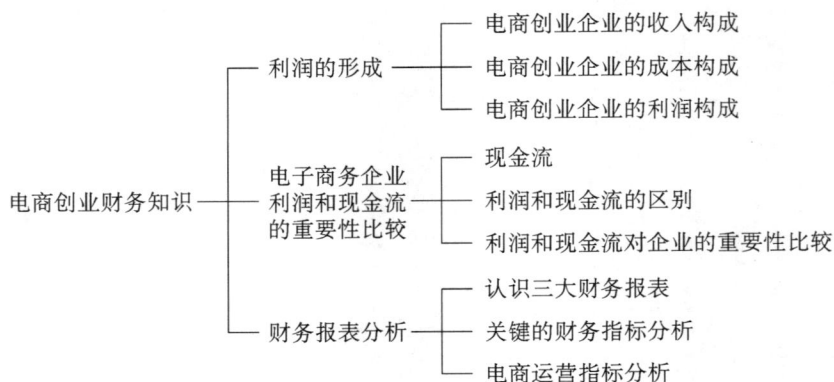

▶ 案例导入

小张是某高校电子商务专业大二的在校大学生，其家乡盛产火龙果、鹰嘴桃、沙田柚等特产。在学习了新媒体营销等课程之后，他决定利用朋友圈、抖音等新媒体进行创业，售卖家乡的特产。经过前期系列准备之后，小张的创业进入运行阶段。运行三个月的利润状况如下：

单位：万元

月份 \ 构成	成本		销售收入	取得现金	利润	期末现金流余额
	进货成本	物流等其他成本				
6 月	2	0.8	4	2.1 万	1.2	2.1
7 月	4	1.5	8	5 万	2.5	1.6
8 月	7	2.5	13	7.5	3.5	—0.4

通过上表大家可以发现，6~8月份的三个月中小张的初创业每个月都有盈利，利润额分别是1.2万元、2.5万元和3.5万元。但是，小张的期末现金流却不甚理想，不仅期末现金流余额逐月递减，而且在8月份出现期末现金为负值的情况。期末现金流为负值，就意味着本月入不敷出，现金不够用。9月份可能面临着无钱进货、无钱支付其他费用的窘境。

小张的初创业为什么会出现收到的现金和销售收入不一致的情况呢？了解电商流程的都知道，卖家收到款有2种方式：① 买家收货确认后，卖家可以立即收到货款；② 买家不积极确认，待系统自动确认交易成功，卖家才能收到货款。而系统自动确认交易的时限通常是15天，那也就意味着从发货到收款需要15天的时长。如果期间遇到退换货，这个时长可能需要更久。所以才会出现有了销售收入数据，但是实际上并没有收到款的现象。

阅读了上面的案例，大家可能会问：既然小张每个月都有钱赚，小张继续经营就好了，现金晚点也是可以回收的，不用理会行不行呢？另外，根据表格的数据，利润是怎么计算的？期末现金流余额又是怎么计算的呢？

关于上述这些问题，在本章我们将带着大家开启解答之旅。

任务一　利润的形成

利润是企业在一定期间内的经营成果，是企业在一定期间全部收入与全部费用相配比的结果。它集中反映了企业在生产经营活动方面的业绩，是衡量企业经营管理水平的一个重要综合指标。企业的利润是由收入和成本共同构成的。企业的利润具有以下特点：

（1）一定的盈利能力。它是企业一定时期的最终财务成果。

（2）利润结构基本合理。利润是按配比性原则计量的，是一定时期的收入与费用相减的结果。

（3）企业的利润具有较强的获取现金的能力。

（4）影响利润的因素较复杂，利润的计算含有较大的主观判断成分，其结果可能因人而异，因此具有可操纵性。

利润的计算公式为：

$$利润＝收入－成本$$

这里，收入是指广义的收入，泛指企业一起的收入或收益；成本是指广义的成本，包括成本、费用和支出。

所以，要了解利润的构成，首先需要掌握收入和成本的构成。

一、电商创业企业的收入构成

收入是财务会计的一个基本要素。对于电商创业者来说，掌握收入的来源、核算，并能够对收入预测是非常重要的。

（一）收入的概念

收入是指企业在日常活动中形成的、会导致所有者权益增加的、与所有者投入资本无关的经济利益的总流入。在电商创业企业的日常运营中，能够导致所有者权益增加或者与所有者投入资本无关的经济利益的总流入，都是收入。比如网店销售产品带来的收入、电商企业提供劳务产生的收入、对外投资产生的收入、余额宝利息收入等，都是收入的核算范围。

收入一词在古代有不同的注解。《礼记·王制》"制农田百亩"汉·郑玄注："农夫皆受田於公，曰肥墽，有五等，收入不同也。"《后汉书·庞参传》："田畴不得垦辟，禾稼不得收入"。这两处收入等同于收获的意思。《后汉书·皇甫规传》："披埽凶党，收入财贿。"这里的收入是没收的意思。《说唐》第二回："仁兄且收入，还有一场大富贵送与令兄，肯容纳否？"清·陈裴《望湘人》词："记那年、收入巾箱，半是锦囊诗卷"。这里收入意为收进，收下。《宋书·王弘传》："虽资以廪赡，收入甚微。"老舍《四世同堂》二："〔他〕不肯去多教几点钟的书，增加一点收入。"这两处的收入是指收进来的钱物。唐·韩愈《石鼓歌》："陋儒编诗不收入，二《雅》褊迫无委蛇。"孙犁《秀露集·文学和生活的路》："其余两篇如有机会，我也想仍把它们收入集内。"这里收入意为编入。《史记·项羽本纪》："西破秦军濮阳东，秦兵收入濮阳"。这里收入是聚集退入的意思。而沈从文在《从文自传·辰州》中写到："广大的竹林，黑色的悬岩，——收入眼底"。在这里收入意为映入。

（二）收入的特点

（1）收入一般是在日常的商业活动中形成的。日常活动是指企业为完成其经营目标所从事的经常性活动以及与之相关的活动。

（2）收入在会计中可能会引起业主权益的增加。其可能表现为资产的增加或负债的减少，或两者兼而有之，即所有者权益的增加。与收入相关的经济利益的流入应当会导致所有者权益的增加，不会导致所有者权益增加的经济利益的流入不符合收入的定义，不应确认为收入。

（3）收入只包括本企业经济利益的流入，所以不应该包括为第三方或客户代收的款项。

（4）收入是与所有者投入资本无关的经济利益的总流入。收入应当会导致经济利益的流入，从而导致资产的增加。

（5）收入是人经过个体经营、劳动、投资等所得到的收益。

（三）收入的分类

收入按企业经营业务的主次不同,分为主营业务收入、其他业务收入和营业外收入。主营业务收入是指企业在销售商品、提供劳务等日常活动中所产生的收入。通常罗列在营业执照范围内的业务产生的收入都属于主营业务收入。其他业务收入是指企业主营业务以外的其他日常活动所取得的收入。营业外收入指与生产经营过程无直接关系,应列入当期利润的收入,如企业合并损益、盘盈利得、政府补助、教育费附加返还款、罚款收入、捐赠利得等。

对于电商企业来说,不同类型的电商企业,企业的主营业务收入构成不同。产品销售型电商企业,企业的主营业务收入是指销售产品的收入;而服务型电商企业的主营业务收入是指提供的劳务,比如一家专门提供网店装修等业务的淘宝店铺,它的主营业务收入是网店装修等业务收入。电商企业的其他业务收入主要是指营业执照主营业务范围以外的日常经营活动产生的收入,主要包括包装物的销售收入、非代运营公司的代运营收入等。其他业务收入量少金额低,在电商企业的整个收入构成中占比很小。而营业外收入也是如此,偶尔发生的非日常经营活动带来的收入,在电商企业的整个收入构成中占比也很小。对于电商企业来说,随着国家对电商企业扶持力度的增加,很多龙头电商企业的营业外收入都离不开政府补贴这一类目。日常的现金盘点、物料商品库存盘点时,出现的盘盈也属于营业外收入。

案例分析

有一家叫"野生的太妃糖"的淘宝店,店主是安永的审计师,典型的"斜杠青年"。淘宝店铺日常主要经营两类业务:一是由店主自己设计模型娃娃,然后找工厂生产再放到店铺销售。由于店主的主业是审计师,所以店铺的模型娃娃基本上一年才卖一次,每个价格在 600~1 200 元左右。二是帮其他纯色无妆的娃娃提供化妆服务。在两类主营业务之外,有部分顾客看中了店主的设计风格,偶尔也会请店主在工作之余帮忙做点平面设计或者其他画画工作等。由于店主打理店铺的精力有限,店主将店铺的支付宝关联了余额宝,支付宝的余额会自动转到余额宝进行理财,因此,店铺会有余额宝的理财收益。

对于这样一家店铺,其主营业务收入和其他业务收入以及营业外收入分别是什么呢?

拓展资源

电商创业必备财务技能一:收入预测

二、电商创业企业的成本构成

成本是每位电商创业者都非常关注的话题。对于电商创业者来说,掌握成本的构成、核算,并能够掌握成本控制方法是非常重要的。

导入案例

小张用微信小程序售卖水果的成本投入分析

（一）成本的概念

企业为生产商品和提供劳务等所耗费物化劳动或劳动中必要劳动的价值的货币表现，是商品价值的重要组成部分。人们要进行生产经营活动或达到一定的目的，就必须耗费一定的资源，其所费资源的货币表现及其对象化称之为成本。

对于创业期电商企业而言，传统的成本控制方法略显滞后，应保证融资资金流入满足企业开展业务的需要，尽快明确并突出核心主业，在众多电商竞争中通过营销投入迅速打开市场，获得顾客认同，形成下一轮融资基础。对于经营必需的固定成本，投入需要量力而行，尤其是在创业初期业务量不足以覆盖固定投入时，应尽量控制总固定成本。而到了成长期，电商企业应在保持核心业务竞争力的基础上，适当拓宽扩展业务，增加收入来源，弥补大量固定支出；此时可能存在其他融资渠道，但因企业仍在大量资金投入期，还需要以股权融资为主；在同行业竞争中，营销投入应当已经形成比较稳定的顾客流量，此时应当注重运营、物流配送等常规经营环节的成本控制，根据业务量发展调整自建自营或外包策略，并计算业务发展到稳定期时这些运营环节是否成本可控。

（二）成本的构成

电商企业的成本构成主要分成以下四个方面：平台成本、运营成本、货品成本和人员成本。

平台成本是电商运营的基础成本，无论是自营平台还是借助第三方平台，都存在平台成本。自营平台的成本包括平台的开发成本、运营维护成本；第三方平台的成本包括平台保证金、技术服务费等。

运营成本包括两部分：一是硬运营成本；二是软运营成本。硬运营成本是电商运营中需要的一次性或稳定固定额度的成本，如购买生意参谋等软件的投入支出；办公设备的购买支出。软运营成本是电商运营过程中所需要的各项开支，推广费、快递费、网店装修费等，软运营成本也是电商企业成本中占比非常大的部分，以天猫店铺的推广费为例，包括直通车推广费、聚划算推广费、钻展、秒杀、直播等各类活动产生的费用。如果店铺通过和网红合作利用新媒体渠道进行微博推广、抖音推广等，其产生的所有费用都属于推广费。

货品成本属于电商运营的核心元素成本，和运营成本共同构成了电商企业最重要的成本部分。货品成本主要包括货品净成本、库存积压成本、仓库管理成本、货品残损成本等。货品成本是成本管理的重点之一。对于电商企业来说，货品的库存结构是比较复杂的，货品成本也是成本控制的重点。货品库存成本包括可销售库存、订单占用库存、锁定库存、虚库存、调拨出库存、调拨入库存和不可销售库存。

人员成本属于电商运营的支撑元素成本，主要包括员工成本、场地成本、管理成本和办公设备成本等。

（三）成本的分类

企业的成本有三种分类方式:按目的分类,按递延性质分类,按性质分类。

1. 按目的分类

成本按照目的可以分为固定成本、变动成本和混合成本(见图7-1)。固定成本是指不随业务量变化而改变的成本。比如房租,无论业务量是多少,房租支付都是一定的,不可改变的。变动成本是指随业务量变化而变化的成本。比如电商的直通车推广费,直通车推广法是点击收费,随着点击次数的增加而增加,也就是和业务量密切相关。而混合成本是综合上述两种成本,既有固定不变的部分,亦有变动部分。比如由底薪+提成组成的工资,底薪是固定的,和业绩没有关系,而提成则和业绩有关系,业绩越高,工资提成也越高,是变动的。

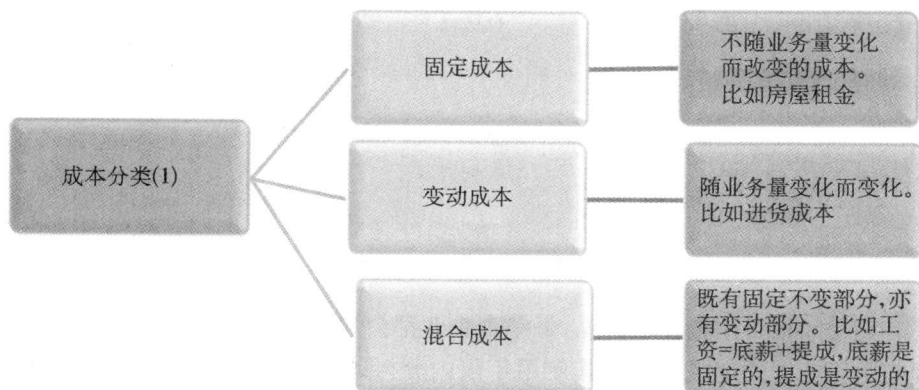

图7-1 按目的分类

2. 按递延性质分类

按递延性质可以将成本分为一次性成本和递延成本(见图7-2)。一次性成本是投入一次,使用多年,比如公司注册手续费、网店的押金、网店装修等开办费。而运营延续期间不断投入的费用则称为递延成本,比如房租、工资、采购成本等。这里大家可以看到,递延成本可以是固定的,也可以是变动的。这是不同的构成分类方法。我们区分一次性和递延的目的主要是帮助创业者了解初期需要投入的资金量。而区分固定成本、变动成本和混合成本主要帮助创业者加强成本的管控。

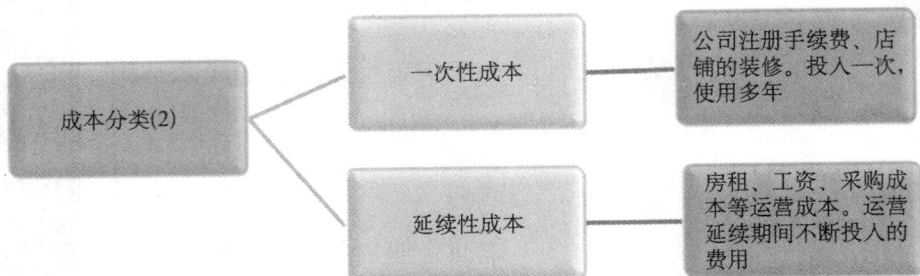

图 7 - 2　按递延性质分类

3. 按性质分类

成本还可以按性质分为直接成本、间接成本(见图 7 - 3)。直接成本是可以直接计入成本的部分,比如进货成本、人工成本等。间接成本是需要分配计入成本的部分,比如办公设备折旧费等。我们区分直接成本和间接成本主要是为了更清晰地了解每一种产品的成本,便于比较。比如小张同时在小程序售卖荔枝和蓝莓两种水果,一共用了 5 000 元的推广费用。当我们分别对荔枝和蓝莓计算利润的时候,5 000 元的推广费应该算在哪个产品的成本上? 这个费用不是直接发生在荔枝或蓝莓身上,荔枝和蓝莓有共同收益,这就需要分配。需要分配的推广费就是间接成本。分配方法有很多种,比较常用的是按照销售额分配,因为我们通常会这么认为:销售额越多,使用的推广费越多。

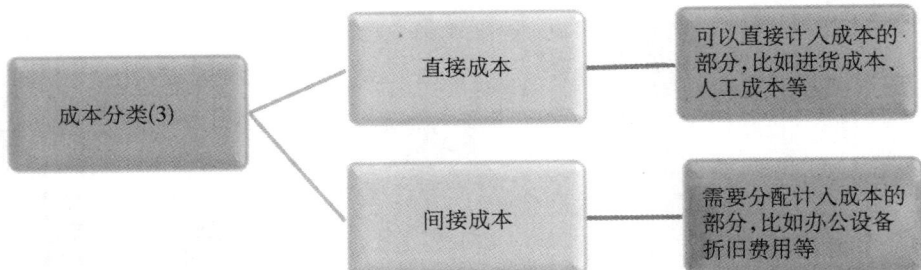

图 7 - 3　按性质分类

还有一个间接费用也比较常见,每一个企业都会涉及,就是折旧费用。企业在生产经营过程中由于使用固定资产而在其使用年限内分摊的固定资产耗费。以电脑为例,我国会计准则规定办公家具的折旧是 5 年。采用直接摊销法,电脑购买价是 5 000 元,预计到期后售卖旧电脑或零件的残值收入 200 元,那么每年电脑的折旧摊销额是:摊销额 = (5 000 - 200) ÷ 5 = 960(元/年),每月摊销额就是 80 元。

案例分析

一碗羊肉面的成本构成和分类

A:小张,学了这么多关于成本的知识后,我来考考你,你知道一碗羊肉面的成本由哪些项目构成吗?

B:师兄,这就难不倒我了。一碗羊肉面的成本构成有店铺运营的桌椅等固定成本,也有羊肉面粉等变动成本,更有按底薪＋提成构成的厨师工资的混合成本。

A:嗯,总结得不错。固定成本里,开办费、营业执照等又属于一次性成本,其他属于持续性成本。一次性成本的可控性比较低。成本核算和管理主要是针对持续性成本。

B:是的,成本构成是创业者对成本掌握的第一步,成本管理才是关键。

(四)成本控制和管理

随着互联网的发展,许多传统企业也逐步向电商企业转型,成本管理作为企业实现利润和蓬勃发展的关键因素,在电商企业内部管理中显得尤为重要。传统企业注重生产过程,电商企业由于经营模式的改变,成本构成及管理不同,则注重商品流通过程。因此,电商企业不能完全参照传统企业成本管理的方式,而应该根据自身经营特点,对重点环节的成本进行控制,实现企业可持续发展。

电商企业成本主要可以分为平台成本、运营成本、货品成本和人员成本这四个方面。与传统企业不同,电商企业往往没有实体商店,是借助互联网平台向顾客销售商品,因此电商企业的成本构成与传统企业也有很大差异,主要表现在平台固定成本、运营成本两个方面。传统企业实体经营,销售平台是固定的实体店铺;电商企业的销售平台是互联网,在互联网平台建设方面会增加许多成本。在运营成本上,线上销售与线下销售截然不同,电商企业由于自身销售模式的特点,会增加许多物流成本,客户服务与维护的成本也不容小觑。电商企业的成本管理贯穿整个生产经营活动,任何一个环节的疏漏都有可能导致大量损失。电商企业应根据自身特点,重视成本管理工作,紧跟时代步伐,利用科学的管理方法,实现企业成本的有效控制。

网站降低企业运营成本的主要途径是通过消减不增值作业,这样可以使企业在产品的生产和管理上节约一部分成本,从而提高企业生产产品的效率,为企业增加运营效益。

1. 电商企业成本管理的重点

电商企业成本控制中比较重要的一块是如何控制营销推广费用。如何用较少的运营推广费用取得不错的销售业绩是电商企业追求的目标。

① 减少目标不明确的项目和任务。在企业目标清晰的情况下,每个项目及任务都是为实现目标所服务的。项目立项分析后,可以把目标不明确的项目与任务削减掉。② 明确各部门的成本任务,实行"全员成本管理"的方法。具体做法是先测算出各项费用的最高限额,然后横向分解落实到各部门,纵向分解落实到小组与个人,并与奖惩挂钩,使责、权、利统一,最终在整个企业内形成纵横交错的目标成本管理体系。③ 成本核算,精细化管理。没有数字进行标准量化,就无从谈及节俭和控制。伴随着成本控制计划出台的是一份数字清单,包括可控费用(人事、水电、包装、耗材等)和不可控费用(固定资产折旧、原料采购、利息、销售费用等)。每月、每季度都由财务汇总后发到管理者的手中,超支和异常的数据就用红色特别标识。在月底的总结会议中,相关部门需要对超支的部分做出解释。④ 成本管理的提前和延伸将成本控制提前和延伸,提前就是加大技术投资,控制采购成本;延伸就是将上下游整合起来。

2. 电商企业成本管理现状及存在的问题

(1)物流成本占比过大。物流成本在电商企业运营成本中占有较大比重,是影响电商企业利润的重要因素。对比物流成本占比过大与控制较好的企业可以发现,产生差异的原因主要有两个方面,一方面是物流模式的选择,另一方面是退换货的概率。在物流模式选择上,除少数大型电商外,多数中小型电商企业由于自身条件的限制,缺乏经济高效的物流模式。大型电商企业由于销售量大,销售额高,有条件研发低成本的包装材料,实行自建物流系统和第三方物流结合的配送方式,配送货物时选择价格最低方式,以此来达到减少物流成本的目的。中小型电商企业由于自身条件的限制,只能选择价格较高的物流配送方式,导致自身物流成本占比偏大。

(2)退换货成本高。在退换货方面,由于线上销售只能提供商品的图片、评价等信息,甚至还有许多商家采用淘宝刷单的方式,消费者收到的货物与期望相差较大,会产生较高的退货率,在很大程度上也增加了电商企业的物流成本。

(3)存货成本管理不善。存货成本的管理不够科学是电商企业成本管理的另一个重要部分。安排合理的采购周期,科学控制库存是非常重要的。多数电商企业并不重视库存成本的科学管理,库存计划不到位,最终导致存货短缺与积压并存,存货短缺会影响企业的销售收入,存货的积压,轻则增加存货成本,重则影响企业现金流,导致企业无法正常运营。

(4)信息安全体系不健全导致管理成本增加。电商企业交易的平台是互联网,对于信息体系的建设要求更高。许多中小型电商企业为了节省成本支出,并不重视信息安全体系的建设。随着互联网的不断发展,黑客的手段也越来越高,当电商企业的信息安全体系被入侵时,就有可能导致消费者、商家身份账户被盗,交易平台瘫痪,给电商企业带来巨大的营业外损失。企业遭遇这些风险时,必须支付高额的费用解决面临的各种问题,导致企业的成本大幅增加。

(5)后台服务较差,增加企业运营的隐性成本。客服人员在电商企业销售商品过程中发挥着至关重要的作用,客服人员的服务水平较低,会使得顾客提出的各种问题不能及时得到解决,影响客户对电商企业的认可度,使商家声誉严重受损,增加客户维护的成本支出。同时,受后台服务的影响,电商企业的好评率也会影响其他消费者对电商企业的评判,带来一定隐性成本。目前来看,许多中小电商企业客服人员专业素质不够,缺乏统一的管理,这必然会给企业带来不良影响,增加企业的成本支出。

3. 电商企业加强成本管理

(1)保证产品质量,选择科学合理的物流模式。通过保证商品质量,完善界面商品介绍,提高客户满意度来提高销售量,减少退货率,从而降低由此承担的高物流成本费用。商品质量的提高,不仅可以节约不必要的物流成本支出,还可以提升电商企业的信誉度,促进电商企业长远发展。在物流模式的选择上,电商企业要根据自身实际情况,在自建物流系统和第三方物流之间,选择最经济高效的物流配送方式。在商品包装上,在保证包装质量的前提下,可以选择外购包装物的方式,达到节约包装成本的目的。

(2)加强对库存成本的控制。首先,要做好库存预测工作,不能过度依赖销售数据,要利用科学的预测方法,全面考虑实际需要的采购数量。其次,要提高库存的周转率,从而加快企业资金的周转速度,减少库存成本的资金占有量。最后,要定期对剩余存货进行盘点,及时补充即将缺货的产品,并对即将积压的产品采用适当的促销方式,减少企业的库存成本,提高电商企业核心竞争力。

（3）构建完善的信息安全体系。电商企业必须要增强网站安全意识，在成立之初，不能为了节约少量的安全建设成本，忽略了自身网站的安全建设工作，要及时购买安全软件系统，聘请网络技术服务人员，帮助企业实现稳健发展。

（4）加强客户服务管理，争取好评率。客服人员是展示电商企业产品质量、公司文化的重要媒介，客服人员的服务态度直接影响消费者对一个商家的认可度，对客服人员进行专业培训，制定规范的客户服务指南，可以在商家服务上赢得客户的满意。此外，还应对收到货物的消费者进行跟踪服务，询问顾客对产品的评价，及时解决顾客的问题，顾客的满意可以提高电商企业的好评率，吸引更多的消费者。客户服务的质量，不仅可以提升电商企业的信誉度，还可以为公司节约大量营销成本。

4. 常见的几种成本控制方法

成本控制是所有企业都必须面对的一个重要管理课题。成本控制所面临的问题是如何使企业达到成本最小化。它关系到企业经营目标的实现、企业管理制度的制订和实施，是企业管理者都很关注的内容。下面介绍几种和电商创业比较相关的成本管理方法：

（1）JIT方法。这是日本企业的管理理念，Just In Time，及时性生产，强调企业的全过程及时、高效，不拖延。电商企业追求的"零库存"管理就是JIT很好的体现。

（2）全面质量管理法：TQM。全面质量管理要求企业从上至下都要关注质量。在电商企业，高质量是减少退换货比例的保证之一，从而降低网店的运营成本。

（3）作业成本法。作业成本法要求在成本管理过程中将企业分为很多个作业板块，比如网店，我们可以分为客服、销售、推广、库存、物流这几个作业板块。按作业分类管理，便于发现每个板块的成本问题，更有针对性地加强成本管理。

有效的成本分析是企业在激烈的市场竞争中成功的基本要素。不完善的成本分析可导致单纯地压缩成本，从而使企业丧失活力。建立起科学合理的成本分析与控制系统，能让企业的管理者清楚地掌握公司的成本构架、盈利情况和决策的正确方向，成为企业内部决策的关键支持，从根本上改善企业成本状况。铂略咨询认为，正确的成本分析对一家公司盈利起着相当重要的作用。由于成本分析的不利，企业可能因为未将费用合理分摊至不同产品而导致定价失误，从而长期陷入越卖越亏的怪圈。

拓展资源

电商企业库存成本管理常见难点

案例分析

电商企业成本管理失败案例：50万的广告费22万的产出

三、电商创业企业的利润构成

在前面的章节，我们介绍了电商企业的收入和成本的相关知识，从而获得利润计算的相关数据。

$$利润＝收入－成本$$

掌握了收入的预测方法,理清成本的构成,对电商创业者判断项目的利润是非常关键的。下面我们从电商的行业视角进一步深入分析电商企业的利润构成。

(一) 电商企业的利润计算公式

$$利润＝销售额×净利率$$
$$＝(购买人数×客单价)×净利率$$
$$＝(进店人数×购买转化率)×客单价×净利率$$
$$进店人数＝广告展现×广告转化率$$
$$＝推广展现×推广转化率$$
$$＝搜索展现×搜索转化率$$

(二) 关于利润计算公式的几个名词解释

1. 客单价

客单价(Per Customer Transaction)是指一定时期内每一个顾客平均购买商品的金额,即是平均交易金额。通常来说,网店的销售额是由客单价和顾客数(客流量)所决定的,因此,要提升网店的销售额,除了尽可能多地吸引进店客流,增加顾客交易次数以外,提高客单价也是非常重要的途径。在网店的日常经营中,影响入店人流量、交易次数和客单价的因素有很多,如网店的装修风格、网店的导购设计、客服的服务水平和服务态度、物流效率、促销活动方案设计、商品储备和补货能力、对专业知识的熟悉程度、推销技巧、商品质量与价格竞争对手等。

(1) 电商企业关注"客单价"的意义在于以下几点:

① 提高利润。

客单价越高,卖家越能够拥有更大的利润空间。比如说一件东西卖 10 块钱,那么最多也就赚 8 块钱;如果一件商品卖 100 块钱,那么最多说不定就能够赚 80 块钱了。这就是高低客单价的区别。

② 提高服务能力。

一般情况下,一个店铺的客单价比较高的话,那么商家也会比较重视,因此服务质量肯定会提升,消费者的体验满意度也会大大提高,带来更多的店铺和产品使用好评,进而影响其他的意向消费者,增加转化,也可以从某种程度上去增加店铺的销量。

③ 提升付费收入。

淘宝的站内付费工具会随着客单价的提升而增加,因为客单价比较高时,就能够记忆站内广告的投入。尤其是对于一些中小卖家来说,刚开始客单价不会特别高,需要不断创新,找到一条提升店铺客单价的方法,这样才能够获取更多的利润,也能给后续的店铺运营带来资金。

对于电商创业者来说,追求高客单价,就是为了让自己的店铺摆脱靠走量而赚钱,因为走量赚的利润很低,而且也特别辛苦,因此电商创业者需要不断努力,了解客单价提升的方法和技巧,然后朝着提升客单价的方向运营,才能够真正让自己的店铺活跃起来。

（2）客单价的计算方法和提升技巧。

客单价有简单的计算方法和复杂的计算方法。

① 简单的计算方法。

$$客单价＝商品平均单价×每一顾客平均购买商品个数$$

或 $$客单价＝销售总额÷顾客总数$$

或 $$客单价＝销售总金额÷成交总笔数$$

拓展案例

如何提升客单价？

② 复杂的计算方法。

$$客单价＝动线长度×停留率×注目率×购买率×购买个数×商品单价$$

复杂的计算方法下提高客单价的策略：

A. 动线长度。商品的性质及其在店内的位置是吸引顾客行走距离长短、滞留时间长短的主要原因。在进行店内通路设计时，其前提条件是商品的整体布局。

B. 停留率（总停留次数÷动线长度）。顾客在店内只行走，对于商家不会产生任何生产性。只有当顾客在店内销售区域停留并搜集商品信息时，才能产生实际的购买动机。

C. 注目率（注目次数÷总停留次数）。注目率是指商品在卖场中吸引顾客目光的能力或者称为"视线控制能力"。

2. 购买转化率

购买转化率，就是所有到达淘宝店铺并产生购买行为的人数和所有到达店铺的人数的比率。计算方法为：

$$转化率＝\frac{产生购买行为的客户人数}{所有到达店铺的访客人数}×100\%$$

转化率影响的因素有宝贝描述、销售目标、宝贝的评价、客服。网店无论是流量引导还是购买，都存在各种转化率。比如，商家在淘宝打广告引导流量，商家要知道广告会展现多少次，广告点击率就是到店的转化，到店以后，实际购买的人群就会产生购买转化率。网店转化率是一条链上的信息，不能单纯地看某一个指标。比如到店转化率高不等于购买转化率高。用吸引眼球的标题做广告可能会产生较高的到店转化率，但是消费者进店以后发现不真实，那必然导致购买转化率不高。

对于电商创业者来说，要在各个环节转化更高，才有真正的意义，否则适得其反。比如他们会降低客单价，提高展现数量，这其实并不能保证利润。

提升网店转化率的几种方法：

（1）在店里进行整体装修。

① 店招：店招主要用来展示定位。定位明确，会增加回头客或收藏人数，为以后转化做铺垫。

② 店铺的产品分类：分类要清晰明确地告诉用户这个系列到底是什么产品，这样才能吸引用户继续看下去，从而转化成购买行为。

（2）促销区活动搭配。

促销区是一个非常精彩的展示区，网店可以尽最大努力在设计上突出推荐相关的产品，千方百计留住用户。据统计，在淘宝上一些发挥好的卖家，他们的店铺购买转化率可以高达10％甚至更高。首先，在促销区推荐的产品一定要是热销产品，产品呈现的尺寸也相对显眼，选择拍摄和设计的角度能够把精美度呈现出来。其次，要把此产品的热度体现出来，比如说狂卖了多少件，某某杂志推荐的等被认同的相关信息，用户的从众心理会促使用户仔细地往下浏览下去。再次，要适当地把优惠的信息体现出来，用户需要直接的信息刺激，网购的现状更是如此，比如特惠多少，打折力度等。

（3）宝贝展示技巧。

把宝贝的各个细节大图都放在宝贝下面，并把相关的材质介绍、购买信息写得非常详细，越真实的信息越能让用户及早下定决心进行购买。

（4）回头购买。

网店一定要想方设法吸引浏览过产品的用户，为以后流量和销量的稳定增长打好基础。首先，要让这些用户有一个深刻的印象，知道本店是专注于做什么的。其次，要让用户主动地记住店铺，比如收藏店铺或产品。第三，要有一个渠道让用户有效地找到店铺。用户在三个月后想买本店的产品时，他可能只记得店名，然后按照习惯就会去网站 LIST 页面搜索。所以网店在命名产品的时候，尽量在产品命名里加上本店或者品牌的名字，或者设置一下直通车，搜店名就能到搜到店铺。

（5）重复购买。

对于已经买过的用户大多都了解产品，如果好感度比较强的话，会不间断地重复购买，此时有经验的卖家也要不时地给老用户一些优惠和照顾。另外对于当天购买产品的用户，在发货之前，客服们应该沟通下，推荐关联产品，提供更好的服务，可以帮助提升客单价。

（6）外部推广与形象包装。

统计显示，80后、90后用户在购买产品前有相当多的人会通过百度、谷歌等搜索该产品的介绍及评价，所以塑造企业或产品的正面形象非常重要。一条关于产品的负面信息会大大降低成交量，所以对企业、产品的正面宣传是提高淘宝转化率一个方法。

任务二　电子商务企业利润和现金流的重要性比较

▶ 案例导入

小莉开了一家淘宝店，店铺刚启动，一个人独立经营，运营了一段时间，小莉很困惑，不知道自己赚了多少钱。小莉每天都做利润，她把每天出货的单子整理后做一个表，在表里面写上日期、销售收入和成本。由于淘宝的游戏规则是顾客确认才能收到款，如果顾客不确认只能等15天后系统自动确认收货才能收到款。所以在月底的时候，有的钱收到了，还有大部分钱都是欠款,要等到下个月才能收到。小莉就很糊涂,没有收到的欠款到底能不能做到利润里?

其实小莉的困惑也是很多电商创业老板的困惑。就是利润和现金流分不清。在这里利润和收款不是一个概念。利润＝收入(这个是可以欠款的)－成本(这个也可以是没有付款的)－费用(这个也是可以没有付款的)。而收款是以收到款项为准,是现金流。

一、现金流

现金流(Cash Flow)是现代理财学中的一个重要概念,是指企业在一定会计期间按照现金收付实现制,通过一定的经济活动(包括经营活动、投资活动、筹资活动和非经常性项目)而产生的现金流入、现金流出及其总量情况的总称,即企业一定时期的现金和现金等价物的流入和流出的数量。例如,销售商品、提供劳务、出售固定资产、收回投资、借入资金等,形成企业的现金流入;购买商品、接受劳务、购建固定资产、现金投资、偿还债务等,形成企业的现金流出。衡量企业经营状况是否良好,是否有足够的现金偿还债务,资产的变现能力等,现金流是非常重要的指标。

对电商创业企业来说,现金流非常重要,"现金为王"是当下电商企业财务管理重点之一。这里的现金是广义的概念,包括库存现金、银行存款以及其他货币资金,比如支付宝账户资金、银行汇票、跨境交易中使用的信用证等,一切能在短期变现、流动性较强、易于转换为已知金额现金、价值变动风险很小的投资都是这里说的现金。所以创业者们要准备充足的资金,提前做好现金流规划,才能防患于未然。同时,充足的现金流对企业融资、贷款也会很有帮助,更有利于企业融资。因为出于贷款回收或投资回报角度考虑,银行、投资人比较青睐现金流充裕的企业。

拓展资源

关于现金流的名家观点

二、利润和现金流的区别

利润和现金流的区别可以通过下面两个公式进行比较。

利润和现金流的区别

现金流=收款－付款(现金的收支) → >0,赚到钱 / <0,入不敷出

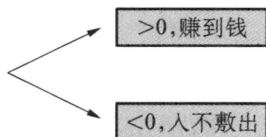

利润是当期账面是否赚钱,现金流是当期是否赚到钱

利润=收入－成本(账面的数额) → >0,盈利 / <0,亏损

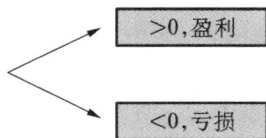

从公式中我们可以看出,现金流是反映企业现金的收支,是收款和付款的差额。当收款大于付款时,企业现金流为正,表明企业当期实实在在地赚到了现金,拥有一定的现金;当收款小于付款时,企业现金流为负,表明企业当期出现入不敷出的情况,持续下去,可能会出现现金流短缺,无法支付的情况。而利润则是企业收入和成本的差额。当收入大于成本时,企业账面显示盈利;当收入小于成本时,企业账面显示亏损。这里需要说明的是,收入不等于收款,成本也不等于付款。比如,网店售出某商品后,店铺即产生收入,但是收到该商品的款项,即现金,则需要顾客确认收货或者等待十五天后系统自动确认收货,该笔销售款才能进入网店的支付宝,才能实现收款。同理,某网店以赊账的方式购买了一批办公用品,购回后企业即发生了成本,但是付款可能在几个月之后。因此,利润和现金流是不一致的。

三、利润和现金流对企业的重要性比较

一个游客路过一个小镇,他走进一家旅馆给了店主1 000元现金,挑了一个房间。他上楼以后,店主拿这1 000元给了对门的屠夫支付了这个月的肉钱。屠夫去养猪的农夫家里把欠的买猪款付清了。农夫还了饲料钱。饲料商贩还清了赌债。赌徒赶紧去旅馆还了房钱。这1 000元又回到旅馆店主手里。可就在此时,游客下楼说房间不合适,拿钱走了。但是,全镇的债务都还清了!

看完这个故事,请问有谁亏了吗?一个也不亏,没有这1 000元现金,大家都还在相互持续的追债,后果不堪设想,可外地游客带来的1 000元现金流动了一下,大家的债务就全部解决了。这就是资金流动让经济社会焕发了生机!

思考与作业:请画出现金的流动图,并说说各店铺在交易过程中是否产生了利润。

(一)利润对企业的重要性

利润是企业内外有关各方都关心的中心问题,利润是投资者取得投资收益、债权人收取本息的资金来源,是经营者经营业绩和管理效能的集中表现,也是职工集体福利设施不断完善的重要保障。凡是不盈利的商业活动对企业来说就是在失血,常言道:千做万做,亏本不做。当然,现代经济领域里,有些商业模式可以暂时性的不盈利,但是一定要清楚什么时候可以盈利,不然就会造成持续的"失血"现象,后果很严重。

利润,是指企业在一定会计期间的经营成果。通常情况下,如果企业实现了利润,表明企业的所有者权益将增加,业绩得到了提升;反之,如果企业发生了亏损(即利润为负数),表明企业的所有者权益将减少,业绩下降。

利润是评价企业管理层业绩的指标之一,也是投资者等财务会计报告使用者进行决策时的重要参考依据。

利润反映收入减去费用、直接计入当期利润的利得减去损失后的净额。利润的确认主要依赖于收入和费用,以及直接计入当期利润的利得和损失的确认,其金额的确定也主要取决于收入、费用、利得、损失金额的计量。

利润具有以下四个质量特征:

(1)一定的盈利能力。它是企业一定时期的最终财务成果。

(2)利润结构基本合理。利润是按配比性原则计量的,是一定时期的收入与费用相减的结果。

（3）企业的利润具有较强的获取现金的能力。

（4）影响利润的因素较复杂，利润的计算含有较大的主观判断成分，其结果可能因人而异，因此具有可操纵性。

拓展资源

财务思维——可持续利润的重要性

投资一家公司的时候，投资的不是它的过去，也不是它的现在，而是它的未来。可持续的利润非常重要。因为什么事情做一次不难，难的是能持续做下去。梅西和巴菲特就是很好的例子，只有持续地输出自己的确定性才是有价值的。

在管理者的眼中，看待利润的方式有两点：

第一点，观察利润有多元视角。除了考察利润大小，还要考察利润的可持续性。

第二点，利润可持续性高的企业具有投资价值。

可以使用"盈利能力分析框架"来判断一家企业的利润可持续性。

盈利能力分析框架		
	经常性利润	非经常性利润
主要的利润	核心产品主要产品的销售利润	处于衰退期或即将退市的产品的销售利润
次要的利润	闲置资产产生的利息收入	火灾保险产生的补偿收入

（二）现金流对企业的重要性

现金是公司的血液。流动资金的每一次周转都能产生营业收入和利润，所以本质上说流动资金就是公司利益的创造者。对于电商创业小企业来说，本来创业资金就不足，为了生存，展开低价竞争，货物发出去以后，款项迟迟无法回收。但是公司房租、员工薪资及各项固定费用都无法拖欠，再加上签了几个资金不流动的订单合同，这些公司就可能面临关门倒闭了，他们没有输给对手，而是输给了"钱"。

现金流问题可以扼杀那些原本可能存活下来的公司。根据美国银行（U.S. Bank）的一项研究，82%的公司经营失败可以归因于现金管理不当。为避免重蹈其覆辙，务必牢记以下几点：

（1）利润不是现金，只是会计账务处理。

会计账务比想象中要复杂得多。利润不能用来支付账单，事实上利润会让企业管理者放松警惕。假如企业付了自己的账单而客户却没有，客户没有支付款项意味着企业没有收到钱，那么公司经营很快就会陷入困境。表面上看企业可能创造了利润，但实际上没有获得任何现金。

（2）现金流无法凭直觉判断。

不要试图简单计算，有销售并不必然意味企业有钱，而费用发生了也不必然意味着企业已经对此付出代价。存货在转为销售成本前，企业通常要先购买、付款再储存它。

（3）增长耗费现金。

一家企业发展最好的时期可能会遭遇最坏的局面，有的企业在销售业绩翻倍时也正是经营最艰难的一个时期，公司几乎倒闭。对于一些 B2B 企业来说，六个月以上才得到销售资金是很常见的情况，企业创业者需要警惕因增长要产生的现金的消耗。所以，电商创业者要牢记，企业发展得越快，越需要具备更强的融资能力。

（4）B2B 销售耗费现金。

销售意味着业绩，意味着利润。但当企业在 B2B 交易中，可能会因为对方延迟付款，而引起企业现金流紧张。

（5）存货耗费现金。

电商创业企业最大的风险之一就是存货问题。每当大促活动时，比如京东的"618"，淘宝的"双 11""双 12"，商家都会提前备好充足的货源。而备货需要支付货款，这就是存货耗费现金。这些现金如果不用于备存货，可以存款获得利息，可以进行其他的投资获得收益。而存货占用的现金，就是资金的占用成本。

（6）营运资本是企业最好的生存能力。

技术上说，营运资本是一个会计词汇，代表企业的流动资产减去流动负债后剩余的部分。它是企业可以用来支付运营成本和开支、等待客户还款前购买存货的银行存款。

（7）尽可能地减少"应收账款"。

客户欠企业的钱称为"应收账款"。应收账款越多，意味着收到的现金越少，企业的风险越大。因为应收账款有"坏账"（收不回来的账称为坏账）的可能。"应收账款每多 1 块钱，企业就少了 1 块钱现金"。

（8）提前做好融资。

提前做好融资，而不是等企业缺钱了才开始筹划。如果企业有很好的发展前景，而当新产品受阻或是客户无法按时支付货款或者投资收益需要时间才能获得时，那么越早融资，企业的经营越不受限。

（9）关注三个重要的指标。

"回款期限"（Collection Days）衡量用了多长时间收回账款。"存货周转率"（Inventory Turnover）衡量存货占用营运资本和现金流的时间。"付款账期"（Payment Days）衡量从收到货物到向供货商付款的时间。监控这三个重要的现金流信号，提前一年制订计划，并与后来的实际情况进行比较。

拓展资源

利润和现金流的重要性比较

（三）利润和现金流的四维关系

在现实中，企业的利润和现金流不一致的现象是普遍存在的，概括来说，一共有四种现象：利润充足，现金流不足；现金流充足，利润为负；利润为负，现金流也为负；利润很好，现金流也很充足。利润和现金流的四维关系如图 7-4 所示。

在这张图中，以坐标来看，横坐标表示利润，纵坐标表示现金流。A 区表示现金流充足，利润也充足，比如华为集团目前的财务状况，企业能够健康发展，扩大规模和投资。B 区则表示现金流充足，利润不乐观，正如 2016 年以前的京东，企业有经营风险，能否持续下去依靠现金流的充足程度和盈利的时间轴长短。而 C 区表示利润不足，现金流也不足，比如本章被合并的摩拜共享单车，就是利润和现金流都不行的代表。D 区则表示有利润，但现金流不足，比如案例导入中提到的小张的创业，同样具有经营风险，能否持续下去依靠现金流的管理能力。如果企业处于这四种关系中，应该采取什么样的经营战略呢？

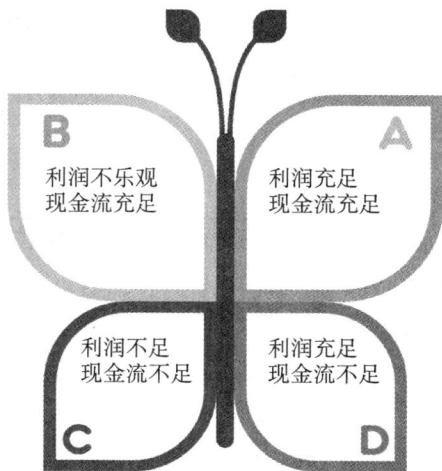

图 7 - 4　利润和现金流的四维关系

处于 A 区的企业继续发展，扩大生产，寻找投资机会。处于 B 区的企业加强现金流管理，注重款项回收，支出合理，管好库存，不要让库存占用过多资金。同时注重企业的经营管理，提高盈利能力，争取早日盈利。处于 C 区的企业面临着破产或被兼并，要想扭转局面，必须利润和现金流两手都要抓。处于 D 区的企业要注重提高融资能力，加快现金的回收速度，同时合理分配现金开支，主要加强对现金流的管理。任何一家企业，它的利润和现金流状况都会处于四维关系的其中一个关系。对于创业初期的企业来说，关注现金流重于关注利润或许是企业的重点。

任务三　财务报表分析

一、认识三大财务报表

每一位电商创业者，都必须学会看 3 张财务报表：资产负债表、利润表、现金流量表。财务报表能够传递企业的经营信息，比如看总资产，能够了解企业整体规模；看总收入，能够了解企业业务规模；看利润总额，能够了解企业盈利能力；看现金流，能够了解企业现金情况；看资产负债率，能够了解企业风险表达；等等。

创业者要学会看财务报表，根据看到的数据，判断企业的经营现状，从而帮助提升企业管理的水平。从某些角度看，CFO(Chief Financial Officer，首席财务官)可以解读为：C(Cash)现金，代表现金流量表；F(很像资产负债表的构架)代表资产负债表；O(operation)运营经营，代表利润表。三大报表之间是有逻辑关系的，孤立地去看不能体现整个公司的情况。

(一) 资产负债表

资产负债表(the Balance Sheet)亦称财务状况表，表示企业在一定日期(通常为各会计期末)的财务状况(即资产、负债和业主权益的状况)的主要会计报表。资产负债表为会计上相当重要的财务报表，最重要功用在于表现企业体的经营状况。通过分析公司的资产负债表,能够揭示出公司偿还短期债务的能力,公司经营稳健与否或经营风险的大小,以及公司经营管理总体水平的高低等。资产负债表如表7-1所示。

表7-1 资产负债表

纳税人识别号: 　　　　　所属期起: 　　　　　　　　　至
纳税人名称: 　　　　　　　　　　　　　　　填报日期:

项　目	行次	期末余额	年初余额	项　目	行次	期末余额	年初余额
流动资产:				流动负债:			
货币资金	1			短期借款	32		
以公允价值计量且其变动计入当期损益的金融资产	2			以公允价值计量且其变动计入当期损益的金融负债	33		
应收票据	3			应付票据	34		
应收账款	4			应付账款	35		
预付款项	5			预收款项	36		
应收利息	6			应付职工薪酬	37		
应收股利	7			应交税费	38		
其他应收款	8			应付利息	39		
存货	9			应付股利	40		
一年内到期的非流动资产	10			其他应付款	41		
其他流动资产	11			一年内到期的非流动负债	42		
流动资产合计	12			其他流动负债	43		
非流动资产:				流动负债合计	44		
可供出售金融资产	13			非流动负债:			
持有至到期投资	14			长期借款	45		
长期应收款	15			应付债券	46		
长期股权投资	16			长期应付款	47		
投资性房地产	17			专项应付款	48		
固定资产	18			预计负债	49		
在建工程	19			递延收益	50		
工程物资	20			递延所得税负债	51		
固定资产清理	21			其他非流动负债	52		
生产性生物资产	22			非流动负债合计	53		
油气资产	23			负债合计	54		

项　　目	行次	期末余额	年初余额	项　　目	行次	期末余额	年初余额
无形资产	24			实收资本(或股本)	55		
开发支出	25			资本公积	56		
商誉	26			减:库存股	57		
长期待摊费用	27			其他综合收益	58		
递延所得税资产	28			盈余公积	59		
其他非流动资产	29			未分配利润	60		
非流动资产合计	30			所有者权益(或股东权益)合计	61		
资产总计	31			负债和所有者权益(或股东权益)总计	62		

电商创业者要读懂资产负债表隐藏的 10 个含义:

(1)没有负债的企业才是真正的好企业。

好公司是不需要借钱的。如果一个公司能够在极低的负债率下还拥有比较亮眼的成绩,那么这个公司是值得投资的。

(2)现金和现金等价物是公司的安全保障。

现金流是否充沛,是衡量一家企业是否优质的主要标志之一。现金流比成长性更重要。对公司而言,通常有三种途径来获取自由现金:

① 发行债券或股票;

② 出售部分业务或资产;

③ 一直保持运营收益现金流入大于运营成本现金流出。

(3)债务比例过高意味着高风险。

负债经营对于企业来说比较危险。合理的债务比例在 20%~60%之间。超过 60%,说明企业的经营杠杆很高,企业的还债压力很大。

(4)负债率依行业的不同而不同。

在观察一个企业的负债率的时候,一定要拿它和同时期同行业的其他企业的负债率进行比较,这才是合理的。虽然好的企业负债率都比较低,但不能把不同行业的企业放在一起比较负债率。

(5)负债率高低与会计准则无关。

不同的会计准则能够把同一份数据计算出相差甚远的结果。所以在分析要投资的企业时,一定要尽量了解该公司使用的是那个会计准则。如果该公司有下属公司,那么一定要注意该公司报表中是不是把所有子公司的所有数据都包含在内了。

(6)并不是所有的负债都是必要的。

在选择投资的公司时,如果从财务报表中发现公司是因为成本过高而导致了高负债率,那么企业要认真寻找降低成本从而降低高负债率的方法。

（7）零息债券是一把"双刃剑"。

零息债券是个有用的金融工具，既可以节税，也可为投资者带来收益，但投资风险也是存在的。电商创业企业在利用闲置的现金购买零息债券时，一定要时刻提防不能按期付现。仔细观察被投资企业的信誉如何，不要被企业的表象所欺骗。

（8）银根紧缩时的投资机会更多。

"不要把所有鸡蛋放到一个篮子里"。保持充沛的资金流，这样，当银根紧缩时，就不会错过良好的投资机会。

（9）固定资产越少越好。

电商创业企业不需要投入太多资金在更新生产厂房和机器设备上，在经营上也更加轻便和灵活，电商创业者的压力也比较小。

（10）无形资产属于不可测量的资产。

企业的无形资产和有形资产一样重要，电商创业者要注意对品牌、口碑、流量、会员等无形资产的塑造。依靠 10 元钱有形资产产生 1 元钱利润和依靠 1 元钱有形资产产生 1 元钱利润的企业，后者的无形资产价值更高。

（二）利润表

利润表，又称为损益表，是指反映企业在一定会计期的经营成果及其分配情况的会计报表，是一段时间内公司经营业绩的财务记录，反映了这段时间的销售收入、销售成本、经营费用及税收状况，报表结果为公司实现的利润或形成的亏损。利润表格式如表 7-2 所示。

表 7-2 利润表

纳税人识别号：　　　　　　　　　　　　　　　　　　　　　　所属日期：
编制单位：　　　　　　　　　　　　　　　　　　　　　　　　　填报日期：

项　目	行　次	本期金额	本年累计金额
一、营业收入	1		
减:营业成本	2		
营业税金及附加	3		
销售费用	4		
管理费用	5		
财务费用	6		
资产减值损失	7		
加:公允价值变动收益(损失以"-"号填列)	8		
投资收益(损失以"-"号填列)	9		
其中:对联营企业和合营企业的投资收益	10		
二、营业利润(亏损以"-"号填列)	11		
加:营业外收入	12		
其中:非流动资产处置利得	13		

项　目	行　次	本期金额	本年累计金额
减:营业外支出	14		
其中:非流动资产处置损失	15		
三、利润总额(亏损总额以"－"号填列)	16		
减:所得税费用	17		
四、净利润(净亏损以"－"号填列)	18		
五、其他综合收益的税后净额	19		

判断一家电商创业企业经营业绩好坏的 8 个标准:

(1) 好企业的销售成本越少越好。

只有把销售成本降到最低,才能够把销售利润升到最高。电商企业的一个特点就是,相对于制造企业或者线下实体流通企业,电商企业没有生产成本,固定资产摊销成本也很低,销售成本是企业成本的主要构成部分。尽管销售成本就其数字本身并不能说明公司是否具有持久的竞争力优势,但它却可以说明公司的毛利润的大小。通过分析企业的利润表就能够看出这个企业是否能够创造利润,是否具有持久竞争力。

企业能否盈利仅仅是一方面,还应该分析该企业获得利润的方式,它是否需要大量研发以保持竞争力,是否需要通过财富杠杆以获取利润。通过从利润表中挖掘的这些信息,可以判断出这个企业的经济增长原动力,因为利润的来源比利润本身更有意义。

(2) 长期盈利的关键指标是毛利率。

企业的毛利润是企业的运营收入之根本,只有毛利率高的企业才有可能拥有高的净利润。

在观察企业是否有持续竞争优势时,可以参考企业的毛利率。毛利率在一定程度上可以反映企业的持续竞争优势如何。如果企业具有持续的竞争优势,其毛利率就处在较高的水平,企业就可以对其产品或服务自由定价,让售价远远高于其产品或服务本身的成本;如果企业缺乏持续竞争优势,其毛利率就处于较低的水平,企业就只能根据产品或服务的成本来定价,赚取微薄的利润。

如果一个公司的毛利率在 40% 以上,那么该公司大都具有某种持续竞争优势,毛利率在 40% 以下,其处于高度竞争的行业;如果某一个行业的平均毛利率低于 20%,那么该行业一定存在着过度竞争。

(3) 特别关注销售费用。

企业在运营的过程中都会产生销售费用,电商企业的销售费用占比非常大。常见的直通车、聚划算、抖音广告等的支出都是销售费用的构成。销售费用的多少直接影响企业的长期经营业绩,关注时可与收入进行挂钩来考核结构比的合理性。另外,对于固定性的费用可变固定为变动来进行管控。

(4) 衡量销售费用及一般管理费用的高低。

在电商公司的运营过程中,销售费用和一般管理费用是企业很重要的两个费用构成。电商公司应将销售费用和一般管理费用占毛利润的比例控制在 30% 以下,那将是非常优秀的公司。说明公司的引流做得非常成功。大部分公司的这一比例在 30％～80％ 之间。如果超过 80％，说明广告的投入效果很差，要审视原因，改变引流策略。

（5）保持适度的研发费用。

对于大部分电商企业来说，研发费用都不会太高。毕竟电商企业的主营业务是销售，而非研发和生产。研发费用过高，企业的长期经营风险也比较高。如果电商企业，其需要研发业务，那么研发费用要适度，要在公司能够承受的范围之内。

（6）不要忽视折旧费用。

折旧费用对公司的经营业绩的影响是很大的，在考察企业是否具有持续竞争优势的时候，一定要重视厂房、机器设备等的折旧费。

（7）利息支出越少越好。

电商行业的融资渠道更加丰富多样。比如淘宝平台的蚂蚁金服为淘宝店主提供短期融资业务；亚马逊平台为跨境电商的店铺提供应收账款融资业务。这些业务的共同特点是利率较高，从而利息支付的多。和同行业的其他公司相比，那些利息支出占营业收入比例最低的公司，往往是最具有持续竞争优势的。利息支出是财务成本，而不是运营成本，其可以作为衡量同一行业内公司的竞争优势的指标，通常利息支出越少的公司，其经营状况越好。

（8）计算经营指标时不可忽视非经常性损益。

在考察企业的经营状况时，一定要排除非经常性项目这些偶然性事件的收益或损失，然后再计算各种经营指标。非经常性损益不可能每年都发生。此外，还要考虑所得税的影响以分析净利率。

（三）现金流量表

现金流量表主要用来辅助判断公司的利润质量。现金流量表是最接近"真实"的表，有两个原因：其一，现金流量表是与银行记账相匹配的，很难造假；其二，现金流量表是基于真实的现金流入流出。比如，假设赊销给客户，只要签了合同，这部分钱就算作利润了，但只要没收到款项，就不能算作现金流入。现金流量表总共有三个主要现金流：经营现金流、投资现金流、筹资现金流。

（1）经营现金流：经营活动产生的现金流量。

经营活动，是指企业投资活动和筹资活动以外的所有交易和事项。经营活动产生的现金流量主要包括销售商品或提供劳务、购买商品、接受劳务、支付工资和缴纳税款等流入和流出的现金和现金等价物。

（2）投资现金流：投资活动产生的现金流量。

投资活动，是指企业长期资产的购建和不包括在现金等价物范围内的投资及其处置活动。投资活动产生的现金流量主要包括购建固定资产、处置子公司及其他营业单位等流入和流出的现金和现金等价物。

（3）筹资现金流：筹资活动产生的现金流量。

筹资活动，是指导致企业资本及债务规模和构成发生变化的活动。筹资活动产生的现金流量主要包括吸收投资、发行股票、分配利润、发行债券、偿还债务等流入和流出的现金和现金等价物。偿付应付账款、应付票据等商业应付款属于经营活动，不属于筹资活动。

现金流量表力图回答以下两个核心问题：其一，企业的现金和上期比是增加还是减少了？其二，企业的"钱"都花在什么地方，经营、投资还是融资？

现金流量表的具体分类项目内容如表7-3所示。

表7-3 现金流量表

纳税人识别号：　　　　　　　　　　　　　　　　　　　所属日期：

纳税人名称：　　　　　　　　　　　　　　　　　　　　填报日期：

项　目	行　次	本期金额	本年累计
一、经营活动产生的现金流量：	1		
销售商品、提供劳务收到的现金	2		
收到的税费返还	3		
收到其他与经营活动有关的现金	4		
经营活动现金流入小计	5		
购买商品、接受劳务支付的现金	6		
支付给职工以及为职工支付的现金	7		
支付的各项税费	8		
支付其他与经营活动有关的现金	9		
经营活动现金流出小计	10		
经营活动产生的现金流量净额	11		
二、投资活动产生的现金流量：	12		
收回投资收到的现金	13		
取得投资收益收到的现金	14		
处置固定资产、无形资产和其他长期资产收回的现金净额	15		
处置子公司及其他营业单位收到的现金净额	16		
收到其他与投资活动有关的现金	17		
投资活动现金流入小计	18		
购建固定资产、无形资产和其他长期资产支付的现金	19		
投资支付的现金	20		
取得子公司及其他营业单位支付的现金净额	21		
支付其他与投资活动有关的现金	22		
投资活动现金流出小计	23		
投资活动产生的现金流量净额	24		
三、筹资活动产生的现金流量：	25		
吸收投资收到的现金	26		
取得借款收到的现金	27		

续 表

项 目	行 次	本期金额	本年累计
收到其他与筹资活动有关的现金	28		
筹资活动现金流入小计	29		
偿还债务支付的现金	30		
分配股利、利润或偿付利息支付的现金	31		
支付其他与筹资活动有关的现金	32		
筹资活动现金流出小计	33		
筹资活动产生的现金流量净额	34		
四、汇率变动对现金及现金等价物的影响	35		
五、现金及现金等价物净增加额	36		
加:期初现金及现金等价物余额	37		
六、期末现金及现金等价物余额	38		

电商创业者应正确解读现金流量表：

（1）现金流充沛的企业才是好企业。

巧妇难为无米之炊，再好的项目也需要现金的支持才能实施和运转。没有现金流，企业就无法运转。

（2）有雄厚现金实力的企业会越来越好。

企业的现金流充足，在机会面前能够有实力抓住机会，企业的经营会越来越好。

（3）自由现金流代表着真金白银。

如果一个企业能够不依靠不断的资金投入和外债支援，光靠运营过程中产生的自由现金流就可以维持现有的发展水平，那么该企业是一个好企业。

（4）优秀的公司必须现金流充沛。

现金流非常重要，比成长率、增长率等数据更重要。

（5）现金流不能只看账面数字。

不要完全信赖企业的会计账目，会计账目并不能完全体现整个企业的经营全貌。

（6）现金流有赖于优秀的经理人。

对于一个企业来说，持续充沛的现金流不仅依赖于所从事的业务，在很大程度上也依赖于企业管理层的英明领导。

二、关键的财务指标分析

引入案例

财务指标分析视频

对于电商创业企业来说,关键的财务指标是指能够说明盈利能力、营运能力、偿债能力的财务指标。

（一）盈利能力指标

盈利能力指标包括总资产利润率、主营业务利润率、营业利润率、主营业务成本率、销售净利率、净资产报酬率、资产报酬率、净资产收益率等。

1. 总资产利润率

总资产利润率代表的是企业利用资金进行盈利活动的基本能力,等于总利润除以总资产,即每一份资产能够产生多少利润。它从整体上反映了企业资产的利用效果。这个比率越高,说明资产创造利润的能力越强。

2. 主营业务利润率

主营业务利润率是企业一定时期主营业务利润同主营业务收入净额的比率,等于主营业务利润除以主营业务收入净额。主营业务是公司的主要的业务,主营业务指标代表公司的主业。它表明企业每单位主营业务收入能带来多少主营业务利润,反映了企业主营业务的获利能力,是评价企业经营效益的主要指标。比如小张开个网店主要售卖特产农产品,同时也会兼职用 PS 修图。那么主营业务收入就是卖农产品的收入,主营业务利润就是卖农产品的收入减去相应的成本。主营业务利润率衡量小张网店卖农产品的收入中有多少利润。

3. 销售净利率

销售净利率是指企业实现净利润与销售收入的对比关系,用以衡量企业在一定时期的销售收入获取利润的能力,指每一个收入中净利润有多少。小张的网店售卖农产品,同时兼营 PS 修图,那么农产品收入和 PS 修图收入都是销售收入。所有的收入扣除全部成本费用后是净利润。销售净利润＝净利润÷销售收入。所以,这个指标越高越好。

4. 资产报酬率

资产报酬率是衡量资产产生的利润高低,等于利润除以总资产,即每一项资产能够产生多少利润。这个指标越高,表明资产利用效率越高,说明企业在增加收入、节约资金使用等方面取得了良好的效果;该指标越低,说明企业资产利用效率低,应分析差异原因,提高销售利润率,加速资金周转,提高企业经营管理水平。

（二）营运能力指标

对于电商行业来说,营运能力主要看这几个指标:存货周转率、固定资产周转率、应收账款周转率。

1. 存货周转率

存货周转率是企业一定时期销货成本与平均存货余额的比率,用于反映存货的周转速度,即存货的流动性及存货资金占用量是否合理,促使企业在保证生产经营连续性的同时,提高资金的使用效率,增强企业的短期偿债能力。对于电商创业来说,市场竞争激烈,产品更新快速,存货关系到企业的一切。促销、资金回笼、销售业绩、未来的营销方向,都和存货有关。所以存货周转率是非常关键的一个指标。

2. 固定资产周转率

固定资产周转率,也称固定资产利用率,是企业销售收入与固定资产净值的比率。固定资产周转率表示在一个会计年度内,固定资产周转的次数,或表示每1元固定资产支持的销售收入。这个指标越高,说明企业固定资产创造收入的能力越强。对于电商创业来说,固定资产投入比较低,所以要求的周转率比普通行业要高。

3. 应收账款周转率

应收账款周转率是一定时期内赊销净收入与平均应收账款余额之比。它是衡量企业应收账款周转速度及管理效率的指标。公司的应收账款如能及时收回,公司的资金使用效率便能大幅提高。应收账款周转率就是反映公司应收账款周转速度的比率。它说明一定期间内公司应收账款转为现金的平均次数。对于电商行业来说,由于交易流程不同,应收账款主要在支付宝等第三方平台,发生坏账的可能性非常小。通常来说,电商企业会采用一些方法让消费者早点确认收货,以便及时收到货款。这也是提供应收账款周转率的方法。

(三) 偿债能力指标

电商行业密切关注的偿债能力包括流动比率、速动比率和利息支付倍数、资产负债率。

1. 流动比率

流动比率是流动资产对流动负债的比率,用来衡量企业流动资产在短期债务到期以前,可以变为现金用于偿还负债的能力。一般说来,比率越高,说明企业资产的变现能力越强,短期偿债能力越强。对于电商创业来说,流动能力是要经常关注的一个指标。因为电商竞争激烈,对流动资产的需求比较高。尤其是对流动资产中的速动资产需要高,比如现金、银行存款等。所以在流动比率以外,还有个速动比率(=速动资产÷流动负债),用于说明更快的变现能力和更强的偿债能力。

2. 利息支付倍数

利息支付倍数是指企业经营业务收益与利息费用的比率,用以衡量偿付借款利息的能力。从公式收益÷费用来看,如果费用远高于收益,这个倍数就低,说明公司的债务压力越大。如果倍数低于1倍,便意味这家公司赚取的利润根本不足以支付利息的要求,而比较理想的倍数则是1.5倍以上。

3. 资产负债率

它是用以衡量企业利用债权人提供资金进行经营活动的能力,以及反映债权人发放贷款的安全程度的指标,通过将企业的负债总额与资产总额相比较得出,反映在企业全部资产中属于负债的比率。从公式负债÷资产,我们可以看出,资产越高,这个比率越小,企业越安全;反之,企业风险比较高。对于电商创业来说,合理的资产负债率能够有效提升企业的经营管理效果。比如适当的贷款用于企业建设和发展,也是有利的。但是过高的资产负债率,企业风险增加。如果企业的资产负债率达到100%,说明企业基本是资不抵债了。企业没有一点负债,也是不好的,说明企业没有利用他人资金的能力。通常业界认为,最合理的资产负债率是40%～60%之间。

三、电商运营指标分析

（一）流量类指标

流量类指标如图 7-5 所示。

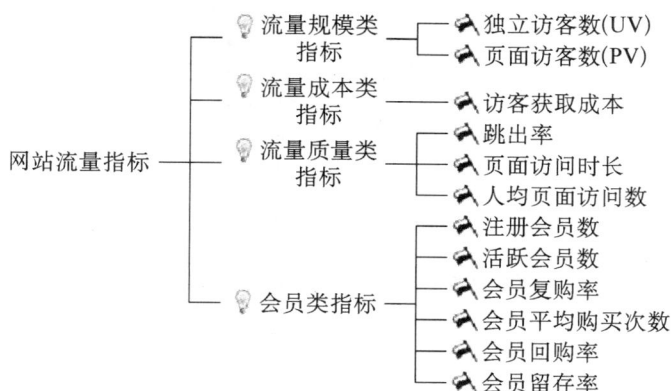

图 7-5　流量类指标

（二）转化类指标

转化类指标如图 7-6 所示。

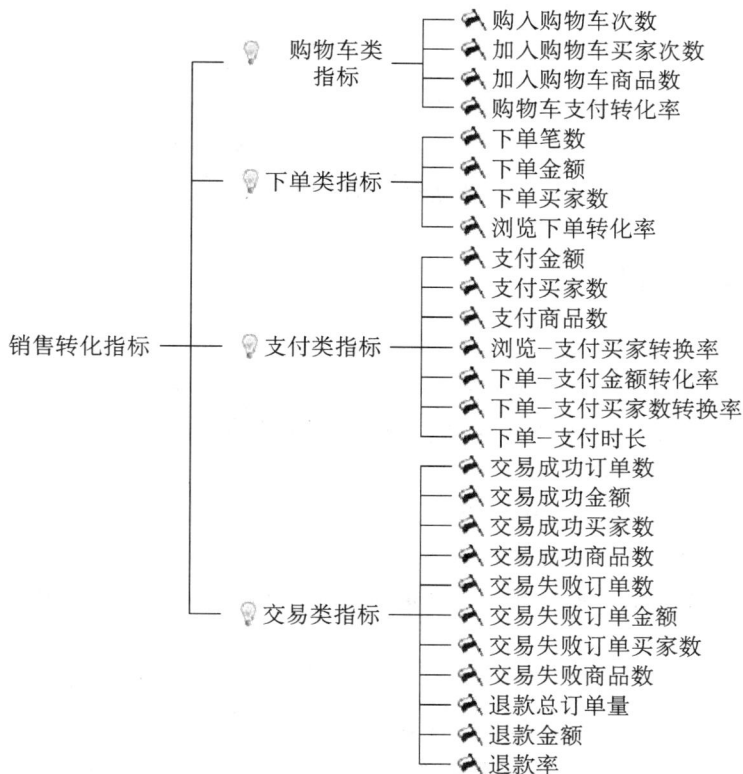

图 7-6　转化类指标

（三）总体销售业绩指标

总体销售业绩指标如图7-7所示。

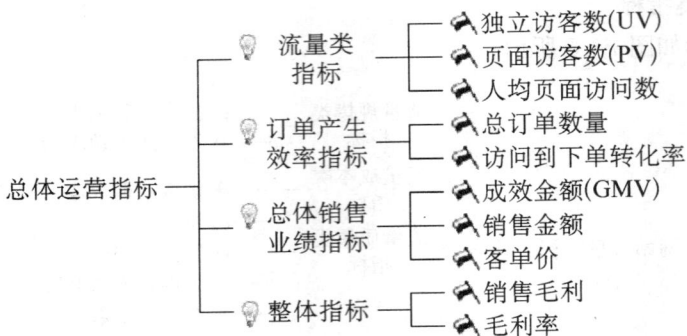

图7-7 总体销售业绩指标

（四）客户指标

客户指标如图7-8所示。

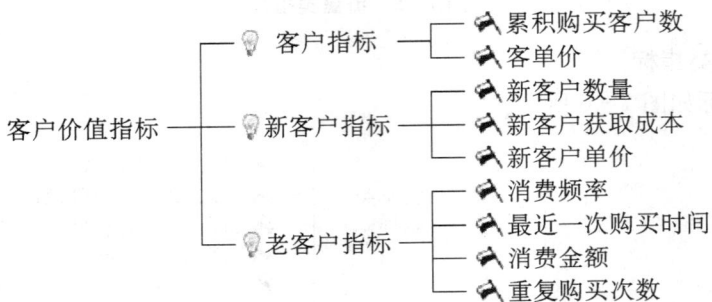

图7-8 客户指标

能力训练

一、单选题

1. 某创业项目在销售收入预测时，需要客户数据。经过分析发现在《消费者电玩》杂志上做广告，该杂志的有效投放率在2‰～3‰。该杂志每月的发行量是10万册，那么广告会为项目带来多少个客户？（   ）。

A. 10万个客户　　　B. 300个客户　　　C. 200～300之间　　D. 200个客户

2. 小张售卖荔枝。荔枝进货的价格是2元一斤，平均售价6元一斤。一个荔枝季节的物流费用是4 000元，其他包装等杂费是800元。小张的这个轻创业要想保本，大约需要卖多少斤荔枝？（   ）。

A. 2 400　　　　B. 1 200　　　　C. 800　　　　D. 4 800

3. 某化妆品网店销售化妆品属于什么收入（   ）。

A. 主营业务收入　　B. 其他业务收入　　C. 营业外收入　　　D. 非常损益

4. 对于网店来说，快递费属于什么成本？（   ）。

A. 主营业务成本　　B. 其他业务成本　　C. 营业外支出　　D. 损失

5. 一家盈利能力很强的企业,现金流也很充足,那么该企业可以采取什么经营策略?
(　　)。

A. 扩张策略　　　　B. 收缩策略　　　　C. 稳定策略

二、多选题

1. 电商企业成本构成包括(　　)。

A. 平台成本　　　　B. 运营成本　　　　C. 货品成本　　　　D. 人员成本

2. 下列说法正确的是(　　)。

A. 现金流对企业很重要　　　　　　　B. 利润对企业很重要

C. 从长期来看,现金流比利润重要　　D. 从长期来看,利润比现金流重要

3. 电商企业利润的影响因素有(　　)。

A. 销售额　　　　B. 购买人数　　　　C. 客单价　　　　D. 购买转化率

4. 企业的财务报表包括(　　)。

A. 资产负债表　　B. 利润表　　　　C. 现金流量表　　　D. 财务报表附注

5. 李子柒为代表的电商达人,她的收入构成包括(　　)。

A. 带货收入　　　　　　　　　　　B. 广告收入

C. 有偿参加活动收入　　　　　　　D. 粉丝流量收入

三、思考题

如果您打算在淘宝开一间网店,售卖某商品,请结合店铺的运营计划做一份财务
计划。

项目八

电商创业融资

▶ 知识目标

1. 掌握融资对于电子商务创业企业的意义；
2. 掌握电子商务创业融资的现状；
3. 介绍融资的渠道选择；
4. 掌握有效的融资方法。

▶ 能力目标

1. 能够简单地领会融资对于电子商务创业企业的重要性；
2. 能够简单地分析创业融资的现状及背后原因；
3. 能够了解至少 5 种以上融资的渠道，并清楚其优、劣势和适用的情形，学会做 BP 计划书；
4. 能够了解有效的融资方法，并根据创业的现状选择合适的融资渠道。

▶ 思维导图

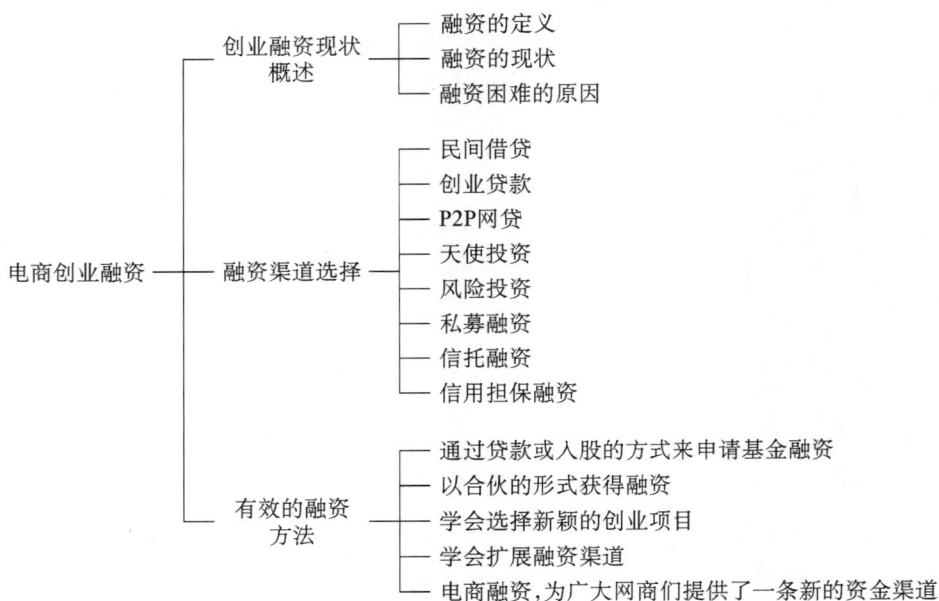

案例导入

创业融资的重要性——"小马过河"的故事

任务一　创业融资现状概述

"大众创业,万众创新"这个号召及国家相关的扶持政策,使得创业的春风吹遍大地。草根创业、小微创业的春天正在到来,小微企业发展的空间正在极大地释放。然而,"巧妇难为无米之炊",创业面临的难题之一,就是"缺少启动资金"。资金的需求贯穿于原货物采购、推广运营等创业的整个过程,倘若资金供应不上,创业者就需要通过各种融资渠道来进行筹资。那么钱从何处来呢? 这成为很多电子商务创业者最关心的问题。下面我们一起来看看创业融资的现状。

一、融资的定义

融资,英文是 Financing,从狭义上来讲,即一个企业的资金筹集的行为与过程;从广义上来讲,融资也叫金融,就是货币资金的融通,当事人通过各种方式到金融市场上筹措或贷放资金的行为。

二、融资的现状

当遇上"缺少资金"此类难题时,我们通常想到的有银行贷款、向亲朋好友借钱、拉人入股合伙等筹钱方式,即筹资途径。但创业融资确实是一个难题,这个原因也使得很多有梦想的人对于创业望而却步,有很多的创业者被卡在资金破裂这一难关上,创业融资的途径不顺畅。

(一)吸引融资难

从中国目前的国情来说,直接融资难,间接融资的可提量不高。一是证券这个市场的门槛偏高,创业投资的体制尚未健全,发展尚未壮大,形成一定规模的企业通过证券市场来筹集资金的可能性偏低,困难重重。据统计,目前我国中小企业已超过了 800 万家,占据全国企业总数的 90% 以上,在工业总产值和实现利税中的比重分别为 60% 和 40%,并提供了 75% 的就业机会,但其在全部银行的信贷资产中的使用比率则不到 30%,银行对其贷款的满足率也仅为 30%~40%。根据天津融宇信诺企业咨询管理有限公司分析结果显示,国有企业的信用资源状况较好的比例约为 39.3%,外资企业的信用资源状况较好的比例约为 38.7%,两者的比例相加,则远远地领先于其他经济类型的企业。以下依次是股份制企业为 8.4%,私营企业为 5.1%,有限公司为 4.8%,集体企业为 1.7%,个体户为 1.5%。而为了规避风险,银行新增的贷款 80% 左右都集中在信用等级稍高的企业。

(二)融资结构不合理

融资结构,也称广义上的资本结构,它是指企业在筹集资金时,由不同渠道取得的资金之间的有机构成及其比重关系。现代金融制度中,包括以间接融资的金融机构体系、服务于直接融资的金融市场体系、对金融业实施监督管理的金融监管机构体系,各种体系发挥特有功能为资金融通提供服务。简而言之,融资结构反映了企业通过不同的来源和渠道所筹集的资金之间的相互比例关系,如图8-1所示。

资金性质	融资渠道和融资方式		来　源
自有资金	资本金		内源融资
	折旧基金		
	留存收益		
借入资金	发行股票	直接融资	外源资金
	发行债券		
	其他企业资金(各种商业信用)		
	民间资金(民间借贷和内部集资)		
	外商资金		
	银行信贷资金	间接融资	
	非银行金融机构(融资租赁、典当)		

图 8-1　融资结构图

创业企业的融资结构不合理之处主要表现在:

(1) 创业企业主要依靠自身的存款及身边的资源,严重依赖内源融资,外源融资比重小。极不平衡的融资结构极大地制约了企业的快速发展和做强做大,并且在外源性融资中,一般只能向银行申请贷款,主要表现为银行借款。

(2) 在以银行借款为主渠道的融资方面,形式也比较单一,借款的形式一般以抵押或担保贷款为主。

(3) 在借款期限方面,一般只能借到短期贷款。若以固定资产投资为担保,去申请长期贷款,要么借贷金额不高,要么被拒绝概率很高。企业在融资结构上的选择,也会一定程度上影响资源的合理化配置。

近年来,中长期贷款占比改善势头仍在延续,结构趋势比总量波动更值得重视,融资结构改善趋势仍在延续,仍在努力改善期间。

(三) 融资成本较高

企业的融资成本,包括利息支出和相关筹资的费用。创业企业不仅在筹资上有困难,所需费用比中大型企业偏高,连利息利率都会高于中大型企业。现在社会借钱难,融资难,诚信成本高,担保成本高。例如,贷款手续比较繁杂,信贷门槛高,限制资金使用范围,审批周期长。信用担保贷款为了自身保障,往往会要求企业提供反担保的措施。

三、融资困难的原因

知道遇到困境的主要的原因是什么了,然后才能做到对症下药。融资途径的不顺畅,可以从内部融资和外部融资两个方面来进行分析(见图8-2)。

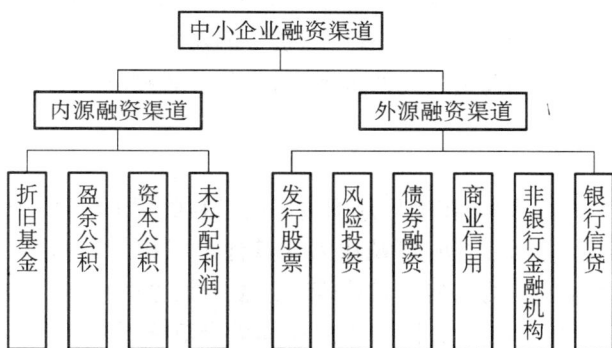

图 8-2 中小企业融资渠道

(一) 内部融资方面分析

内部融资方面的分析,我国的初创企业融资现状不尽如人意,主要是存在以下几个问题:

(1) 初创企业的原始积累有限,往往一进就出,需要周转、用钱的地方很多,不注重或者顾不上资本的积累,我国非公有制企业从无到有、从小到大、从弱到强,企业发展主要依靠自身积累、内源融资,从而极大地制约了企业的快速发展和做强做大。据国际金融公司研究资料,业主资本和内部留存收益分别占我国私营企业资金来源的 30% 和 26%,外部股权融资不足 1%。

(2) 我国现行税务制度使初创企业没有税负优势,十八大以后,新一届中央决策层做出“稳定宏观税负”的决策,实质上是决策层需要时间来对我国的宏观税负水平做出判断,并相应制定新的战略方案。

(3) 折旧费过低,无法满足企业固定资产更新改造的需要,固定资产平均年限法计提折旧使得早期负担费用偏低。平均年限法,又称直线法,是按固定资产的使用年限平均地计提折旧的方法,主要取决于下列因素,即固定资产的原值、预计使用年限、固定资产报废清理时所取得的残余价值收入和支付的各项清理费用。

(4) 自有资金来源有限,资金难以支持企业的快速发展。

(二) 外部融资方面分析

外部融资方面分析,初创企业能够选择的融资渠道也较为局限,融资渠道窄。

外部融资主要包括银行贷款、股权融资、租赁融资、商业信用、开发银行贷款和非正规金融机构等六种来源。初创企业大多是以下三种途径:

(1) 通过银行进行贷款融资;

(2) 通过资本市场进行公开的融资;

(3) 以私募的方式进行融资。

任务二 融资渠道选择

创业是在一个不确定环境下创业者开发创业机会的一个过程,带有很大的风险性。

一个好的资金来源组合不仅可以降低融资成本,还可以在一定程度上降低创业的融资风险,保证新创的企业在启动和成长的过程中对资金的需求,且能为其他创业资源的筹集和整合创造条件。下面介绍创业融资的八大渠道,供创业者在融资时参考。

一、民间借贷

民间借贷是一种历史悠久、在世界范围内广泛存在的民间金融活动,主要指自然人之间、自然人与法人或其他组织之间,以及法人或其他组织相互之间,以货币或其他有价证券为标的进行资金融通的行为。经金融监管部门批准设立的从事贷款业务的金融机构及其分支机构,发放贷款等相关金融业务,不属民间借贷范畴之列。

(一)民间借贷类型

民间借贷又分个人或企业借款和高利贷。

1. 个人或企业借款

利用自己的人脉,获取个人或企业的投资。这种融资方式比较灵活,通常建立在投资者对创业者比较熟悉的基础上,也没有烦琐的手续和流程。个人可以是自己的亲朋好友及家人,也可以是他人介绍的投资人。例如,美国的神奇人物股神沃伦·巴菲特,在刚刚开办合伙公司的时候,也是得了老师格雷厄姆的帮助,才好不容易募到了第一笔投资基金105 000美金,直到创业三年以后才有了第一个100万美元。虽然巴菲特的父亲霍华德贵为国会议员,但他的第一笔基金也是通过个人借款而来。

2. 高利贷

高利贷是指索取特别高额利息的贷款。高利贷的渠道和数量多,借款方便,但是利息很高,操作不规范,风险极大。不建议创业者选择此种融资方式。

如何界定高利贷?根据《中国人民银行关于取缔地下钱庄及打击高利贷行为的通知》中规定:民间个人借贷利率由借贷双方协商确定,但双方协商的利率不得超过中国人民银行公布的金融机构同期、同档次贷款利率(不含浮动)的4倍。超过上述标准的,应界定为高利借贷行为。

小案例

案例1:企业间临时性资金拆借,依法予以保护

基本案情:

2012年,某电子商务公司向某矿业公司汇款转账2 500万元,并在转账凭证中注明"借款"。2017年,某矿业公司向某电子商务公司出具借条,载明:自2012年以来向某电子商务公司借款2 500万元,利率为月息1.8%,截至2017年12月7日利息为3 100万元。现某电子商务公司提交上述转账凭证及借条,起诉要求某矿业公司偿还借款并支付利息。法院认为双方之间属于临时性资金拆借,某电子商务公司的诉讼有事实及法律依据,依法予以支持。

典型意义:

《最高人民法院关于审理民间借贷案件适用法律若干问题的意见》第十一条规定:"法人之间、其他组织之间以及他们相互之间为生产、经营需要订立的民间借贷合同,除存在

合同法第五十二条、本规定第十四条规定的情形外，当事人主张民间借贷合同有效的，人民法院予以支持。"企业法人之间为自身生产、经营需要，进行的临时性资金拆借行为，在不违反法律、行政法规强制性规定的情况下，应当认定合法有效。

案例2：合伙经营结算后形成的民间借贷法律关系，依法予以保护

基本案情：

王某起诉李某等要求偿还借款5万元。李某等抗辩称双方系合伙关系，并非民间借贷关系。法院查明，王某、李某、方某等合伙做生意，每人出资5万元。后来王某要求退伙，李某、方某等向王某出具借条，内容为："借到王某5万元，借款三人共同偿还。"法院认定王某与李某等之间的民间借贷关系成立并生效，判决李某等偿还借款。

典型意义：

《最高人民法院关于审理民间借贷案件适用法律若干问题的规定》第十五条规定："原告以借据、收据、欠条等债权凭证为依据提起民间借贷诉讼，被告依据基础法律关系提出抗辩或者反诉，并提供证据证明债权纠纷非民间借贷行为引起的，人民法院应当依据查明的案件事实，按照基础法律关系审理。当事人通过调解、和解或者清算达成的债权债务协议，不适用前款规定。"民间借贷法律关系不仅会通过当事人之间直接借贷而建立，也会由合伙、买卖、投资理财、股权转让等其他法律关系通过结算而转化为民间借贷法律关系，有利于简化各方举证责任，明确权利义务承担。

（二）《合同法》中关于民间借贷利息纠纷的相关规定

在民间借贷中，借贷双方最易在民间借贷利息上产生矛盾。对民间借贷利息纠纷可以参照《合同法》的明确规定：在民间借贷中，借贷双方最易在民间借贷利息上产生矛盾。对民间借贷利息纠纷可以参照《合同法》的明确规定：

（1）根据诚实信用原则，借贷双方对于利息问题在借款合同中没有约定的，在一定程度上具有无偿借贷的性质。债务人在借款期限届满之前偿还或者在未约定还款期限时，并且在债权人要求还款时，在合理期限内还款的，不支付利息。

（2）借贷双方约定了利率标准后又发生争议的，可以在最高不超过银行同类贷款利率4倍的标准内确定其利率标准。对超出部分的利息不予保护。

（3）在有息借贷中，利率可适当地高于银行利率，借贷双方约定的利率未超过年利率24%，出借人请求借款人按照约定的利率支付利息的，人民法院应予支持。借贷双方约定的利率超过年利率36%，超过部分的利息约定无效。借款人请求出借人返还已支付的超过年利率36%部分的利息的，人民法院应予支持。

（4）《关于人民法院审理借贷案件的若干意见》中明确规定：出借人不得将利息计入本金计算复利，否则不受法律保护。这条规定在司法实践中具备一定的惩罚性，如果违反了该规定，有可能被法院判定为同期贷款利率支付利息，那么，当初约定的倍数，本来可以主张要回的也可能要不回了。

（5）当事人因借贷外币、台币等发生纠纷的，出借人要求以同类货币偿还的，可以准

许。借款人确无同类货币的,可以参照偿还时的外汇牌价折合人民币偿还。出借人要求支付利息的,可以参照中国银行的外币储蓄利率计息。

以上是法律对民间借贷利息做出的一些明确规定,实践中采取相应的对策,在遇到一些利息纠纷时,可以参照这些规定。

思考: 民间借贷的利弊有哪些?

二、创业贷款

近年来,在国家政策的鼓励之下,为创业者提供创业贷款的银行品种增加了。创业者可以在所在地区的各大银行了解创业贷款。这种方式最为常见,如果不想和人合伙或者找不到合适的合伙人,可以通过到银行申请贷款的方式来获得创业所需的资金。在各种贷款项目中,创业贷款是最合适的,因为要去还款的利率相对较低。如果创业贷款申请不下来,那就只能通过抵押、担保的方式来申请贷款了。

(一)创业贷款三种选择方式

创业贷款有以下三种选择方式,创业者可视情况选择适合自己的创业贷款。

1. 个人创业

创业贷款是指具有一定生产经营能力或已经从事生产经营活动的个人,因创业或再创业提出资金需求申请,经银行认可有效担保后而发放的一种专项贷款。符合条件的借款人,根据个人的资源状况和偿还能力,最高可获得单笔50万元的贷款支持;对创业达一定规模或成为"再就业明星"的人员,还可提出更高额度的贷款申请。创业贷款的期限一般为1年,最长不超过3年。为了支持下岗职工创业,创业贷款的利率可以按照中国人民银行规定的同档次利率下浮20%,许多地区推出的下岗失业人员创业贷款还可享受60%的政府贴息。

2. 商业抵押

银行对外办理的许多个人贷款,只要抵押手续符合要求,银行就会不问贷款用途。需要创业的人,可以灵活地将个人消费贷款用于创业。抵押贷款金额一般不超过抵押物评估价的70%,贷款最高限额为30万元。如果创业需要购置沿街商业房,可以用拟购房子做抵押,向银行申请商用房贷款,贷款金额一般不超过拟购商业用房评估价值的60%,贷款期限最长不超过10年。

3. 保证贷款

如果没有存单、国债,也没有保单,但伴侣或父母有一份稳定的收入,那么这也能成为绝好的信贷资源。当前银行对高收入阶层情有独钟,律师、医生、公务员、事业单位员工以及金融行业人员均被列为信用贷款的优待对象,这些行业的从业人员只需找一到两个同事担保,就可以在工行、建行等金融机构获得10万元左右的保证贷款。而且,这种贷款不用办理任何抵押、评估手续。如果有这样的亲属,可以以他的名义办理贷款,在准备好各种材料的情况下,当天即能获得创业资金。

(二)贷款流程

提出申请→准备资料(附申请书:需注明贷款用途、金额、联系地址、姓名固定电话及手机)→传真资料→审核通过→签订合同→发放贷款→按季还息→到期还贷。

贷款具有以下特点:

（1）还款方式优化（按季还息，到期还本）；

（2）借款用途不限（可用作资金周转、购房、买车、装修、旅游、教育等）；

（3）贷款额度大，下款时间快，流程短；

（4）可提前还贷，无违约金；

（5）贷款期限长，手续快速、简便；

（6）方便快捷，信誉第一。

（三）银行的创业贷款优劣势

创业贷款主要是面向本地区的大学生及个人的一种激励型贷款。一般利率较低。

银行的创业贷款优势：安全正规；利率较低，部分地区还有创业利率补贴。比如东莞市对符合条件的大学生创业提供 8 万～20 万元不等的贷款，并有财政局对贷款利息进行补贴。缺点是：手续烦琐，可贷金额少。

银行还提供抵押贷款、担保贷款、信用贷款、联保贷款等。银行贷款一般具有以下优点：

（1）资金来源稳定。由于银行资金雄厚，一般通过贷款审核并满足贷款发放条件的企业很快会获得所贷的资金。

（2）筹资成本低。银行贷款利率相对一些贷款公司而言，整体较低，不容易出现高利贷等情况，贷款具体利率视情况而定，如大企业贷款利率高于小企业贷款利率，信用等级低的企业贷款利率高于信用等级高的企业贷款利率；中长期贷款利率高于短期贷款利率。

与其他融资方式相比，银行贷款的不足表现在以下两个方面：

（1）贷款门槛高。很多电商、中小型企业由于资产的匮乏，没有足够的抵押物来做抵押，无法获得贷款。

（2）审批手续复杂，耗时较久。

三、P2P 网贷

P2P 网贷是 PEER TO PEER 的简称，意思是点对点，起源于英国，又叫 P2P 信贷，是互联网金融（ITFIN）的一种。

P2P 网贷指不同的网络节点之间的小额借贷交易，需要借助电子商务专业网络平台帮助借贷双方确立借贷关系并完成相关交易手续。借款者可自行发布借款信息，包括金额、利息、还款方式和时间，自行决定借出金额，实现自助式借款。

P2P 网贷主要以互联网为主要媒介，服务被银行等传统融资渠道忽略的个人或企业。这种方式门槛低、无抵押、操作简单。但是目前国内 P2P 网贷监管不规范，融资成本高，资金利用率低，发生多起 P2P 平台违约、跑路等不法行为，因此目前阶段不建议创业者选择此种融资方式。

小拓展

谨防 P2P 网贷陷阱

四、天使投资

此词源于纽约百老汇,1978 年在美国首次使用,指具有一定净财富的人士,对具有巨大发展潜力的高风险的初创企业进行早期的直接投资,属于自发而又分散的民间投资方式。进行投资的人士被称为"投资天使",用于投资的资本称为"天使资本"。天使投资是风险投资的一种,以投资换股权,属于股权投资行为,主要投资有市场增长空间和竞争潜力的项目,适合种子期和初创期的创业项目。国内的朱敏、薛蛮子、李开复、雷军、周鸿祎、王云达、新东方徐小平、腾讯曾李青等都是现阶段耳熟能详的天使投资人。

小拓展

龚虹嘉:偏爱冷门,一个项目赚了上万倍

投资案例:海康威视。龚虹嘉曾说,有人把做天使投资的定义成"三个 F":创业者的家人(Family),创业者的朋友(Friends),比较傻(Fools)的人。我想了想,被我投资的基本上都是朋友,我是从投朋友开始成为天使投资人的。2001 年 11 月,杭州海康威视数字技术有限公司成立,龚虹嘉出资 245 万元,持股 49%。而经过这么多年,这笔投资给龚虹嘉带来了超万倍的回报。

五、风险投资

风险投资,简称风投,又叫 VC,指由专业化人才管理的投资中介,向特别具有潜能的高新技术企业的投资。风险投资也是股权投资,以投资换股权,投资金额大、投资年限较长,一般采取风险投资基金的方式运作。风险投资基金在法律结构上采取有限合伙的形式,而风险投资公司则作为普通合伙人管理该基金的投资运作,并获得相应报酬。在美国,采取有限合伙制的风险投资基金,可以获得税收上的优惠,政府也通过这种方式鼓励风险投资的发展。

很多大企业在创业期都引进风投。风投不是简单的借贷,而是股权的占有和分配,但是不控股,只是会派人参与被投资企业的经营管理,参与企业的重大决策活动。待时机成熟,实现了投资目标,会通过上市、收购兼并或企业股权转让方式撤资。适合初创期、成长期的企业,尤其是喜欢拥有高新技术和高增长潜力的企业。中国大陆企业在海外股市上市的互联网企业都曾获得过风险投资的支持,比如腾讯的马化腾、百度的李彦宏、盛大的陈天桥和搜狐的张朝阳都曾获得美国风险投资公司的资金支持;阿里巴巴的马云曾在2000 年得到软银孙正义的风险投资,这些在业界都是非常著名的风投案例。风投公司非常关注创业企业的盈利模式和创业者本人,所以要想获得风投的青睐,创业者要学会写BP 和阐述 BP(BP 是商业计划书)。

拓展资源

风投史上成功案例

六、私募融资

私募融资通常指不公开方式,私下与特定的投资人或债务人商谈,募集资金。私募融资也是一种股权融资,即投资者投资后拥有一定的股权,拥有股权即意味着拥有一定的表决权。投资期限较长,最终的投资收益也是通过上市、收购兼并或企业股权转让方式实现。私募融资看中企业的成长期和扩张期,对企业的类型不做特别要求。

(一)私募融资的好处

(1)中小企业私募融资是一种便捷高效的融资方式。

(2)中小企业私募融资是发行审核采取备案制,审批周期更快。

(3)中小企业私募融资募集资金用途相对灵活,期限较银行贷款长,一般为两年。

(4)中小企业私募融资综合融资成本比信托资金和民间借贷低,部分地区还能获得政策贴息。

(二)办理条件

(1)中小企业私募融资办理企业应符合国家相关政策对于中小企业定义的标准。

(2)办理中小企业私募融资必须有企业纳税规范。

(3)申请中小企业私募融资的目标企业的主营业务不能包含房地产和金融类业务。

(4)办理中小企业私募融资的目标企业的年营业收入达到一定规模,以企业年营业额收入不低于发债额度为宜。

(5)中小企业私募融资办理的目标企业能获得大型国企或者国有担保公司担保。

(6)申请中小企业私募融资的企业的信用评级达到 AA 级以上则为有限考虑对象。

(三)私募市场上的市场工具

私募市场上的市场工具主要分为私募股票、私募债券和私募贷款三种。

1. 私募股票

私募股票是指企业通过私募形式发行的股票。与公募股票相同,私募股票包括普通股、优先股两种形式。私募普通股是指企业通过私募方式发行的不对股东加以限制,享有平等权利,并随着公司经营业绩优劣而取得相应收益的股票。私募普通股是企业私募发行的最基本、最重要的股票种类。私募优先股是指企业通过私募发行的在盈余分配上或财产分配上的权利优先于普通股,但表决权受到限制的股份。根据优惠的条件不同,优先股还可以分为参与优先股和非参与优先股、累积优先股和非累积优先股、可转换优先股和不可转换优先股、可赎回优先股和不可赎回优先股。

2. 私募债券

私募债券是指企业通过私募形式发行的企业作为借款人实行其职能直接向债券投资人融资而发行的一种负债凭证,即企业作为借款人以私募形式向其债权人一定利息承诺而进行的融资。按照时间的长短,私募债券可以分为一年以内的短期债券和一年以外的长期债券。根据利率的浮动与否,私募债券可以分为浮动利率债券和固定利率债券。

3. 私募贷款

私募贷款是企业通过私募形式直接作为借款人直接向贷款人融资的一种贷款形式,与私募债券不同的是负债凭证的不同。私募债券是债券形式的负债凭证,而私募贷款是贷款合同形式的负债凭证。按照时间的长短,私募融资可以分为一年以内的短期贷款和一年以外的长期贷款,根据贷款的抵押与否,可以分为抵押贷款和信用贷款等。

七、信托融资

贷款人将金融机构作为媒介,间接地向信托公司进行融资,这种方式就是信托融资。

信托融资是一种间接融资形式,创业者有意向向信托公司融资时,可以通过两种渠道,一是直接找信托公司洽谈;二是委托相关银行等金融机构代为寻找信托公司。信托融资规模大,金额高,成本略高于银行贷款利率,主要适合扩张期和成熟期的大型项目和企业。

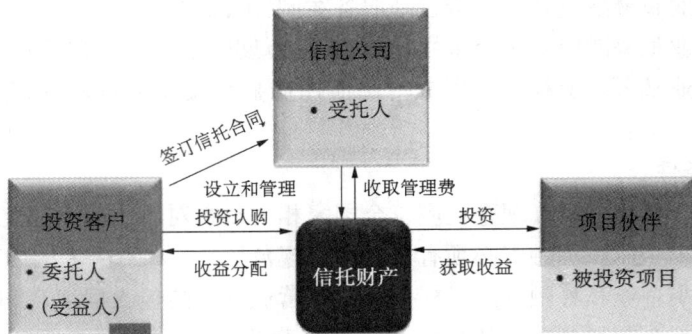

图8-3 信托融资流程

(一)信托融资两种渠道

一是直接找信托公司洽谈,二是委托相关银行代为寻找信托公司。

1. 科学设计一个"资产包"或者"项目包"

"资产包"的设计非常重要,一是将直接关系到信托融资的成败;二是"资产包"的质量好坏,不但是信托公司、银行考察的重点,同时也是信托产品投资者是否决定购买的重点;三是"资产包"的好坏,将直接关系到信托融资成本的高低。在"资产包"的设计上,一般的企业都没有经验,专家们的建议是:企业可委托合作银行帮忙设计,请合作银行先按其风险管理程序预评估一遍,然后再与信托公司接触,成功的可能性就将大大提高。

2. 选择一个比较有实力的合作银行

信托融资,即"受人之托,代客理财",信托公司往往是把信托产品的风险控制放在第一位加以考虑的。也就是说,信托公司通常都会要求企业开立专门的信托融资账户,专款专用,对信托资金实行封闭运行。因此,选择一个好的专款账户银行,就很重要。一是这家银行能帮企业发行信托融资出谋划策;二是这家银行与合作的信托公司有着良好的合作关系。

3. 具体问题的确定

信托产品的规模、预计年回报率、期限、管理费、手续费等具体问题的确定需要企业与信托公司、与银行进行洽商而定。对于这一点,专家们的建议是:企业应请信托公司、合作银行提供一些相关的、已经发行的信托产品加以借鉴。

(二)信托融资方式的特点

与其他融资方式比较,信托融资方式具有以下特点:

一是融资速度快。信托产品筹资周期较短,与银行和证券的评估、审核等流程所花时间成本相比,信托融资时间由委托人和受托人自主商定即可,发行速度快,短的不到三个月。

二是融资可控性强。我国法律要求设立信托时,信托财产必须与受托人和委托人的自有资产相分离。这使得信托资产与融资企业的整体信用以及破产风险相分离,具有局部信用保证和风险控制机制。银行信贷和证券发行都直接影响企业的资产负债状况,其信用风险只能通过企业内部的财务管理来防范控制。

三是融资规模符合中小企业需求。信托融资的规模往往很有限,这一特点与中小企业的融资需求相吻合。中小企业由于经营范围和规模较小,对融通资金的需求量也很有限。因此资金募集的水平同中小企业的融资需求相对应,信托的成本对于中小企业来讲也处于可以接受的范围。

(三)三大隐忧

信托业发展面临的首要问题是已经取得的发展和成绩能否持续、稳固。

首先,随着市场环境和政策导向的变化,信托机构如何发挥自身的资产管理能力和制度优势,适时改变信托经营管理策略,充分发挥功能优势、丰富信托新产品、提高在经济结构调整中投融资创新服务水平,将成为当下信托机构必须面对的现实:一方面,庞大的存量信托资产需要稳健管理,这将考验信托机构的后期管理能力和风险缓冲能力;另一方面,在传统的优势业务日渐式微的大背景下,培植新业务以带动增量的信托资产,也是备受关注的现实问题。

其次,理财市场大瓜分,业务竞争日趋激烈,信托行业正统的业务优势将难以维持延续下去。

最后,信托配套法规制度的缺失,监管方式的"一律"原则,被认为依然是信托创新发展的瓶颈与门槛。

八、信用担保融资

信用担保融资主要由第三方融资机构提供,是一种民间有息贷款,也是解决中小型企业资金问题的主要途径。目前我国中小企业的信用担保融资机构有很多,其最基本的原理就是通过提供担保的形式,为中小企业提供资金帮助。信用担保融资的主要途径如图8-4所示。

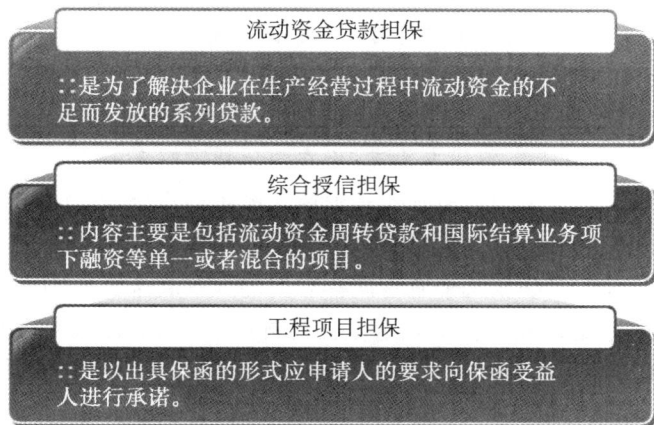

流动资金贷款担保
::是为了解决企业在生产经营过程中流动资金的不足而发放的系列贷款。

综合授信担保
::内容主要是包括流动资金周转贷款和国际结算业务项下融资等单一或者混合的项目。

工程项目担保
::是以出具保函的形式应申请人的要求向保函受益人进行承诺。

图8-4 信用担保融资的主要途径

以上即是创业者可以选择的融资渠道,创业者可以根据自身的项目选择合适的创业渠道并要充分考虑融资过程中可能遇到的风险。

小拓展

融资助务:一份高质量的 BP 书写要点

任务三　有效的融资方法

创业离不开融资,而融资市场错综复杂。创业者选择合适的融资方式是对创业项目的保障。有些创业项目取得了投资,但同时也付出了巨大的代价,导致创业者和投资方对簿公堂的例子不在少数。

一、通过贷款或入股的方式来申请基金融资

这个方式的优点是资金链相对较为稳定、筹资的成本也比较低,非常适合高校学生创业融资申请。如果是以贷款的方式申请的基金融资,那么,我们就需要按月还款,每个月都会有一定的还贷压力;如果是以入股的方式申请的基金融资,我们就无须还款,但是要给对方分配股份和对公司的控制权。在这两点上,最好都要预先计划清楚,在合同上面也要将其罗列明白,以免给后续经营带来麻烦。市场上因为股份被占而导致公司控制权被别人夺走的案例比比皆是,虽然还是小公司刚起步,但是,一定要看到后面的长远处。

二、以合伙的形式获得融资

有这么一个小故事。

有人和上帝讨论天堂和地狱的问题。上帝对他说:"来吧! 我让你看看什么是地狱。"

他们走进一个房间。一群人围着一大锅肉汤,但每个人看上去一脸饿相,瘦骨伶仃。他们每个人都有一只可以够到锅里的汤勺,但汤勺的柄比他们的手臂还长,自己没法把汤送进嘴里。有肉汤喝不到肚子里,只能望"汤"兴叹,无可奈何。"来吧! 我再让你看看天堂。"上帝把这个人领到另一个房间。这里的一切和刚才那个房间没什么不同,一锅汤、一群人、一样的长柄汤勺,但大家都体态饱满,正在快乐地歌唱着幸福。

"为什么?"这个人不解地问,"为什么地狱的人喝不到肉汤,而天堂的人却能喝到?"

上帝微笑着说:"很简单,在这儿,他们都会喂别人。"

如果创业资金不够,不妨找几个有着同样志向的人一起来合伙创业,每个人都掏一点钱,这样就基本能够凑足创业所需的资金了。这样的话,几个合伙人之间还能够互补,相互将各自的优点和长处发挥到公司的运营问题上。不过,每个合伙人可能出的钱并不一样,之后所担负的职责、所出的力也是不同的,因而,在合伙创业之初,就要将每个人获得盈利的方和分红商量好,并以合同的形式写下来并签订,以免后续因为分红不均或者不合

理而导致公司内讧。

三、学会选择新颖的创业项目

风靡全国的桌游《三国杀》，其创始人黄恺正是一位标准的大学生创业者。黄恺 2004 年考上中国传媒大学动画学院游戏设计专业，他在大学时期就开始"不务正业"，模仿国外桌游设计出了具有中国特色，符合国人娱乐风格的桌游《三国杀》。2006 年 10 月，大二的黄恺开始在淘宝网上贩卖《三国杀》，没想到大受欢迎。毕业后的黄恺并没有任何找工作的打算，而是借了 5 万元注册了一家公司，开始做起《三国杀》的生意。2009 年 6 月底《三国杀》成为中国被移植至网游平台的一款桌上游戏，2010 年《三国杀》正版桌游售出 200 多万套。这个创意独特的项目也获得了不少的投资。粗略估计，《三国杀》迄今至少给黄恺带来了几千万的收益，并且随着《三国杀》品牌的发展，收益还将会继续增加。

近年来，投资市场一直被炒得火热，但是可供大量资金投资的项目过少。可见当前资本市场上缺乏的并不是钱，而是值得投资的好的项目。那么，怎样选择创业项目呢？

（1）扩宽选择项目的渠道，以从互联网、财经报刊、朋友和熟人、投资贸易洽谈会、展览会、工商协会、专利部门、经销商和批发商、政府有关部门等处获得项目信息。创业者还可以通过改进现有产品和服务找到新的项目，在客户抱怨声中获得原创性的思路。

（2）要有正确和先进的项目理念。人们都知道"不熟不做"的道理，选择的项目与自己过去的从业经验、技能、特长和兴趣爱好越吻合，则越有内在和持久的动力，成功的可能性越大。在行业的景气上不要盲目跟风，进入热门生意的不见得人人赚钱，走点冷门可能反而好做，要记住"只有不景气的企业，没有不景气的行业"。

（3）创业项目多多少少都要有一点创新。对投资几万或者十几万元的项目，不主张上革命性或者全新的项目，这样做的话，市场推广的难度非常大，风险非常高。做小生意，最好把现有各个领域先进性的东西组合到自己的项目中来，走"组合创新"的道路。

（4）当项目信息扑面而来的时候，不要任何项目都舍不得丢弃，要建立一套项目筛选机制。一般主要根据项目是否符合个人兴趣、投资额、投资回报水平、行业前景与市场潜力大小、经营场所要求、市场准入、需要的员工技能、需要的人际关系资源、上下游业务渠道控制能力等来确定。

拓展资源

风投比较青睐的电商创业项目

四、学会扩展融资渠道

创业融资是开始创业的第一步，也是最关键的一步，如果融资没有成功，后面的项目根本就无法开启，也就谈不上什么创业了。不能单单局限于一两种融资渠道，多方面去评估哪些是合适的，哪些重点去申请，哪些可以尝试一下拓展的。在申请融资的时候，一定要将创业计划书写清楚明白,要重点突出项目产品和后期预计盈利情况,这样才能打动对方的心。

五、电商融资,为广大网商们提供了一条新的资金渠道

目前的电商平台贷款模式主要有与银行、网贷公司等的合作模式,如慧聪、生意宝、敦煌网等,以担保公司为平台内的客户贷款进行担保。另外,还有以自有资金成立小贷公司直接对平台内客户放贷,如阿里巴巴。既解决了客户融资问题,又盘活了闲置资金。不过,从多数电商平台融资案例来看,基本体现以下四个特质:首先,申贷人必须是电商平台内的客户;其次,授信以客户在平台上的信用资质和交易记录为基础;再次,对小微企业客户,会进行财务资料收集以及必要的贷前调查,甚至现场调查;最后,从贷款利息的角度来看,相较同类银行贷款产品,有所上浮。还有,申贷、审批、下款、支用、还贷等业务流程,基本上都能够通过互联网完成,省时省力,快捷高效。

(一)淘宝贷款

淘宝贷款分两种:订单贷款和信用贷款。需要哪种贷款只需点击"立即申请"即可。订单贷款是淘宝贷款的产品之一,其主要服务对象为淘宝网的卖家,只要淘宝卖家符合一定的条件,且卖家当前有符合条件的"卖家已发货"的订单,就可以申请淘宝订单贷款,申贷成功的贷款将直接发放到申贷人的个人支付宝账户中。

1. 订单贷款

订单贷款首先需要满足:

(1) 店铺注册人年满18周岁,具有完全民事行为能力的淘宝卖家;

(2) 淘宝店铺最近两个月持续有效经营,每个月都有有效交易量;

(3) 诚实守信,店铺信用记录良好。

订单贷款的还款方式由3种形式组成:

(1) 系统自动还款。一般通过订单交易到账后系统自动从支付宝扣取相应金额进行还贷(如发生店铺波动或者退款也有可能系统自动扣款)。

(2) 提前还贷。在贷款期限内,如果没有资金需求了,也可以手动操作提前还贷,把某笔贷款部分或者一次还清。

(3) 逾期还贷。当逾期后,系统会自动对账户余额发起扣款。

2. 信用贷款

信用贷款的申请资格:

(1) 淘宝店铺最近6个月持续有效经营,每个月都有有效交易量,经营情况良好;

(2) 诚实守信,店铺信用记录良好;

(3) 店铺注册人年龄在18~65周岁,具有完全民事行为能力。

信用贷款还款方式如下:

信用贷款目前有6个月期限和12个月期限。期限为3个月和6个月的还款方式:按日计息,按期付息,到期还本付息;前几个月只需归还贷款利息,最后一个月归还本金以及最后一期利息。期限为12个月的还款方式:每月以固定金额偿还贷款本金,并偿付当月实际产生的利息,贷款到期日归还剩余贷款本金及利息。

自动还贷:正常情况下,只需在每个月的还款日保证支付宝账户余额充足即可,系统会自动地从支付宝或余额增值服务中扣除当月需归还的金额,无须手动操作。

提前还贷:根据个人实际情况,可以选择提前还贷,只需进入提前还贷页面输入想要归还的贷款金额就能完成还贷操作。期限为 12 个月的信用贷款提前还款手续费:第 1 期~第 3 期(含)操作提前还贷,产生提前还款本金 2%的费用,第 4 期~第 9 期(含)操作提前还贷,产生提前还款本金 1%的费用。

(二)京东贷款

京东金融的企业融资途径如图 8-5 所示。

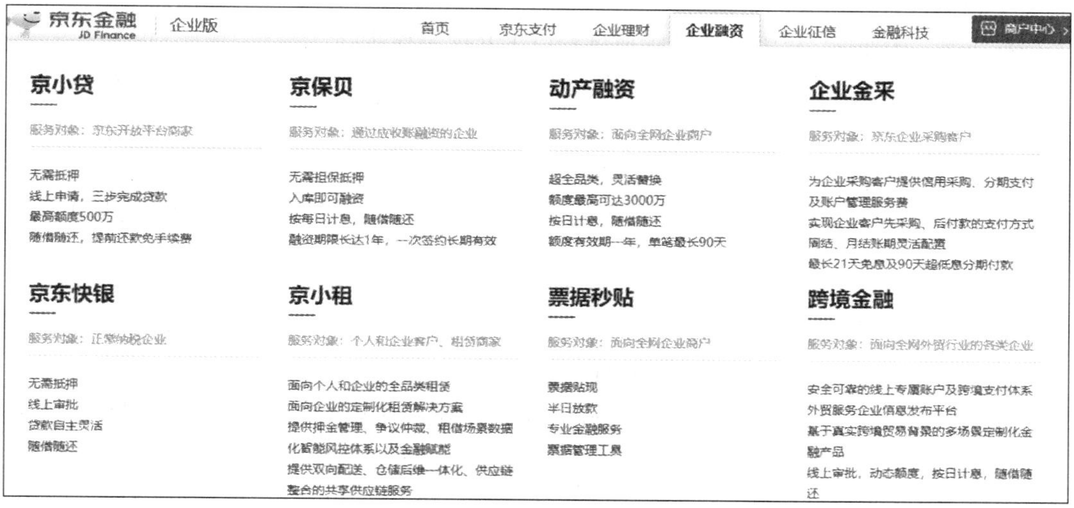

图 8-5 京东金融的企业融资途径

以京小贷为例,京小贷的开通条件为:

(1)在京东开放平台注册经营的商家,且在京东开放平台连续经营 3 个月以上;

(2)有工商营业执照且注册时间满 1 年(以营业执照注册时间为准);

(3)法人年龄 18~65 周岁;

(4)无严重违规记录、信用记录良好并且已开通京东钱包"T+1 结算"功能。

符合以上条件不代表马上可以获得京小贷的申请资格,京小贷将逐批向达到一定要求的商家开放申请资格。

1. 如何申请订单贷

首先登录小贷主页查询授信完成实名认证,店铺开店 3 个月以上由系统判定是否可开通订单贷。订单贷功能无法人工申请,还款期限 2 个月,根据选定的结算还款日,开始自动扣款。

2. 如何申请信用贷

首先登录小贷主页查询授信完成实名认证,店铺开店 6 个月以上由系统判定是否可开通信用贷;信用贷功能无法人工申请,贷款期限及还款方式由系统根据店铺经营情况判定自动授信;按日计息,提前还款无手续费,最长分期期限 12 月。

（三）亚马逊贷款

美国亚马逊公司 2019 年表示，推出一项全新贷款推荐服务，以支持亚马逊平台上数量庞大的中国卖家。这是亚马逊宣布将关闭其在中国电子商务业务后的最新举措。

据美国商业媒体 CNBC 报道，2019 年 5 月中旬，亚马逊推出一项为中国卖家提供运营资金的贷款推荐服务，并与中国本土贷款机构——上海富友商业保理有限公司（以下简称"富友保理"）进行合作开展供应链金融服务。

亚马逊会给符合其门槛要求的卖家发出 offer，即一个入口或链接，进入到富友保理相关平台进行融资产品的申请。

接下来，得到贷款权限的卖家需要进行以下几项操作步骤：

（1）向富友供应链金融平台提交企业营业执照、法人身份证、股东会决议、法人签署的无限连带责任保证书及由中国人民银行出具的法人征信报告等所需电子版文件，绑定店铺，授权富友保理进行融资服务；由富友保理进行预授信。

（2）富友保理会根据卖家的应收账款进行风控测算，凭借风控结果提供预授信额度。

（3）如果卖家对预授信满意，就要进入亚马逊卖家后台中心的 Lending（贷款）入口，再次提交平台所需材料。

（4）富友保理负责审核材料，审核通过后将在 1 到 2 个工作日完成放款。

电商融资，为广大网商提供了一条新的资金渠道。但无论是纯信用贷款还是供应链融资，都要求网商保持良好的信用资质和交易记录，这是风险控制的基础，是所有融资业务的核心。

扩展小知识 1

创业前，很多困难你都不会把它认为是困难，当它突然成为你的困难时，很多人会承受不了压力，就放弃了，这样的人一定不能成功。

——史玉柱

扩展小知识 2

拿钱的 7 个必经之路

路演的 8 分钟技巧

（1）梳理业务；

（2）材料准备；

（3）商业计划书（BP）投递；

（4）投资人沟通；

（5）意向书谈判；

（6）尽职调查；

（7）签署股份购买协议（SPA）。

能力训练

一、选择题

1. 对符合条件的大学生自主创业的,可在创业地按规定申请创业担保贷款,贷款额度为(   )万元。

A. 10   B. 15   C. 20   D. 30

2. 毕业两年以内的普通高校学生从事个体经营(除国家限制的行业外),自身在工商部门首次登记之日起(   )年内,免收管理费、登记类和证照类有关行政事业性收费。

A. 1   B. 2   C. 3   D. 4

3. 京小贷的开通条件之一:法人年龄为(   )周岁。

A. 18～60   B. 20～60   C. 18～65   D. 20～65

4. 创业是创造价值的一个过程,这种价值的创造需要投入必要的时间和付出一定的努力,承担相应的金融、心理和社会风险,并能在(   )方面能到回报。

A. 资金和权力   B. 个人成就感和社会地位

C. 资金和个人成就感   D. 社会地位和休闲时间

5. 考虑到创业可能面临的各项风险,合理的投资回报率应该在25%以上,一般而言,(   )以下的投资回报率,是不值得考虑的创业机会。

A. 25%   B. 20%   C. 15%   D. 10%

6. 大学生创业成功率低的原因,错误的是(   )。

A. 缺乏资金   B. 缺乏经验   C. 缺乏智慧   D. 缺乏资源

二、判断题

1. 大学生应首先掌握丰富的专业知识,因为真正能引起投资人兴趣的一定是那些先进的技术。 (   )

2. 创业过程中,需要留出一部分资金作为风险投资以备不时之需。 (   )

3. 2000年,软银给阿里巴巴投资了10亿美元,持有34%的股份。 (   )

4. 专利权、商标权可以作为投资入股。 (   )

5. 首席运营官(CTO),又常称为运营官、运营总监,是公司团体里负责监督管理每日活动的高阶官员。 (   )

三、分析题

1. 如果你想要创业,你觉得你能通过哪些渠道来融资?

2. 如何快速找到一个投资人?

3. 你知道多少创业投资圈的专业名词?

4. 从你决定开始融资到拿到钱,你觉得需要经历哪些环节?

四、案例分析

广东清远鸡全国闻名,是广东省清远市特产,中国国家地理标志产品。清远鸡有着上千年的养殖历史,是清远宝贵的农业地方品种资源。随着农村电商的发展,清远鸡如何走出家门,满足消费者对它的需求,是个机会也是个痛点。小王家里开了家清远鸡线下门店,小王大学毕业后想借助电商平台推广开来,但苦于没有足够资金周转。他的分析如下：

1. 产品和市场分析

（1）市场——在我国居民消费升级的大背景下，对绿色健康高质量家禽的市场需求，是一个巨大的蓝海市场。

（2）痛点——巨大的市场需求和匮乏的高品质产品和配送整体解决方案之间的矛盾。

（3）产品——本地清远鸡饲养＋线上小程序订购＋线下城市社区实体门店。

2. 盈利模式分析

收入来源于线上订单和线下订单的收入。成本主要花销在货源采购、门店装修和物流配送上。经过目前现有门店的计算和对未来的规划预测，一年内达到 10 家线下门店和线上 100 单，即可实现盈亏平衡。随着规模扩大，边际成本会急剧下降，大规模盈利十分可观。

思考： 小王家的清远鸡门店该如何选择融资模式？

大学生"玩"出
千万营业额网店

项目九

电商创业风险及法律解读

▶ 知识目标

1. 掌握《电子商务法》的基本要点；
2. 掌握电商创业初期的风险及法律解读；
3. 掌握电商创业过程和终止的风险及法律解读。

▶ 能力目标

1. 能够按照《电子商务法》的要求理解电商创业所应遵守的法律法规；
2. 能够有效识别电商创业初期可能面临的风险；
3. 能够有效识别电商创业过程和终止的风险，以及相应的法律解读。

▶ 思维导图

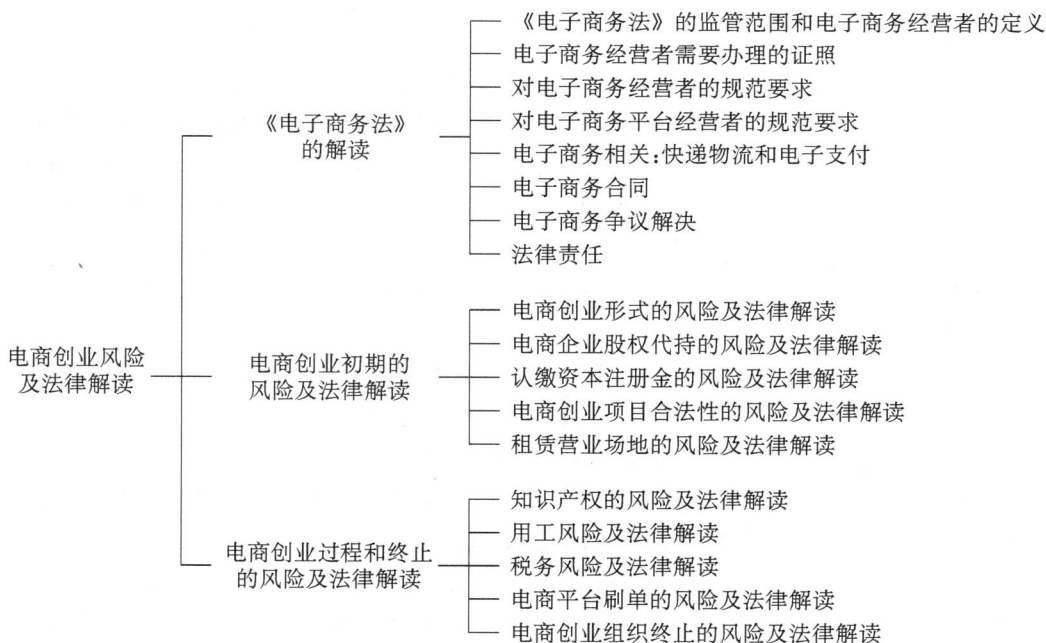

任务一 《电子商务法》的解读

2019年1月1日,备受社会大众尤其是电商界关注的中国首部电子商务法——《中华人民共和国电子商务法》(以下简称《电子商务法》)正式实施。在此之前,与迅猛发展的电商实践相比,国家未对电商进行专门立法,实践中规范、指导电商发展主要依靠部门规章,亟待梳理、补充、修改和完善。由于没有统一的专门法律规定,电商领域呈现监管不统一、多头管理反而管理不好的尴尬局面。根据立法法,我们国家的法律一般都是经过三审,但是《电子商务法》是四审。《电子商务法》从提出到通过,经过了五年的时间,其中三年时间起草,两年时间两届常委会四次会议审议,可见《电子商务法》和其他法律相比显得更加复杂。它的涉及面广、规模大,而且又是个新生事物,很多事看不准,而且发展日新月异,在这种情况下,其制定过程就比较慎重。

在互联网创业的时代,关键词"电子商务"吸引了不少创业者、从业人员和投资者的眼球。在解读过程中出现了不同的观点:一种观点是认为《电子商务法》一出,好多财路都断了,电商创业难度加大了。另外一种观点是认为有了《电子商务法》,以后从事电商就是合法的了,能正正当当地做电商生意了。真实情况是不是这样的呢?下面就让我们一起学习和解读《电子商务法》的重点条款。只有解读到位,规范运作,才能在电商领域创好属于你的业。

一、《电子商务法》的监管范围和电子商务经营者的定义

(一)严格的监管范围

第二条 中华人民共和国境内的电子商务活动,适用本法。

本法所称电子商务,是指通过互联网等信息网络销售商品或者提供服务的经营活动。

法律、行政法规对销售商品或者提供服务有规定的,适用其规定。金融类产品和服务,利用信息网络提供新闻信息、音视频节目、出版以及文化产品等内容方面的服务,不适用本法。

第二十六条 电子商务经营者从事跨境电子商务,应当遵守进出口监督管理的法律、行政法规和国家有关规定。

第七十三条 国家推动建立与不同国家、地区之间跨境电子商务的交流合作,参与电子商务国际规则的制定,促进电子签名、电子身份等国际互认。

国家推动建立与不同国家、地区之间的跨境电子商务争议解决机制。

电子商务具有跨时空的特点,《电子商务法》第二条规定把该法的调整范围严格限定在中华人民共和国境内。但是涉及境外的跨境电商呢?

《电子商务法》四审后增加了一条即第二十六条,是全国人大宪法和法律委员会经审议研究后认为应该增加的。根据审议结果的报告,我国境内的电子商务经营者为消费者从境外采购商品等跨境电子商务活动适用《电子商务法》;我国的消费者从境外购买商品等电子商务活动,按照我国涉外民事法律关系适用法的规定,也可以适用《电子商务法》关于消费者保护的相关规定。同时,从事跨境电子商务活动还应当遵守我国进出口监管的

法律、行政法规。

另外,规范跨境电商目前相关法律规范文件还有《跨境电商标准框架》《对外贸易法》《货物进出口管理条例》等。随着跨境电商综合试验区不断推广,预计国家将根据过渡期政策实施情况,制定针对跨境电子商务的法律法规并与《电子商务法》相衔接。这值得跨境电商从业主体持续关注。

电子商务还有具有跨领域的特点,《电子商务法》把调整范围限定在通过互联网等信息网络销售商品或者提供服务,而对金融类产品和服务,对利用信息网络提供的新闻、信息、音视频节目、出版以及文化产品等方面的内容服务都不在这个法律的调整范围内。可以说,除了上述明确排除的主体外,已基本涵盖了通过互联网进行营销活动的所有经营范围和主体。

(二)电子商务经营者的法律定义

第九条 本法所称电子商务经营者,是指通过互联网等信息网络从事销售商品或者提供服务的经营活动的自然人、法人和非法人组织,包括电子商务平台经营者、平台内经营者以及通过自建网站、其他网络服务销售商品或者提供服务的电子商务经营者。

本法所称电子商务平台经营者,是指在电子商务中为交易双方或者多方提供网络经营场所、交易撮合、信息发布等服务,供交易双方或者多方独立开展交易活动的法人或者非法人组织。

本法所称平台内经营者,是指通过电子商务平台销售商品或者提供服务的电子商务经营者。

在《电子商务法》的五年四审过程中,关于电子商务经营者的法律定义,范围不断扩大,从最初的"电子商务第三方平台和电子商务经营者"到最终定稿的"通过互联网等信息网络从事销售商品或者提供服务的经营活动的自然人、法人和非法人组织,包括电子商务平台经营者、平台内经营者以及通过自建网站、其他网络服务销售商品或者提供服务的电子商务经营者",覆盖范围包括电商平台经营者(如天猫、淘宝、京东等)、电商平台内经营者、自建网站或者App的自营电商,通过微信公众号、微信小程序、微信朋友圈、微信群、私信、头条、抖音、直播、短视频、论坛等各种社交与信息媒体销售商品或者提供服务的经营者。可以说,只要通过互联网销售商品或提供服务,除了个人转让自用二手物品等非经营活动,都要遵守《电子商务法》。

思考题:

通过微信、论坛社区、直播平台等方式销售商品或者提供服务的经营者都属于"电子商务经营者"。那么,与之相对应的社交媒体是否属于《电子商务法》第九条中所指"在电子商务中为交易双方或者多方提供网络经营场所、交易撮合、信息发布等服务,供交易双方或者多方独立开展交易活动的法人或者非法人组织"?

参考案例

(2018)京 0105 民初 11873 号
网购商品包装不达标的诉讼案件

原告王栋在邮政邵阳市分公司经营的网店购买"聚雾盒装野生绞股蓝"等商品,收货后发现"聚霪盒装野生绞股蓝"属于普通预包装食品,但使用保健食品原料绞股蓝,属于不符合食品安全标准的食品,故诉至法院。

被告邮政邵阳市分公司辩称:第一,邮政邵阳市分公司属于网络食品交易第三方平台提供者,在能够提供入网食品经营者湖南绥宁××开发有限公司(以下简称××公司)的真实姓名、地址和有效联系方式的情况下不属于本案的适格被告;第二,即使将邮政邵阳市分公司视为涉案商品的经营者,在邮政邵阳市分公司无法知晓涉案商品不符合食品安全标准的情况下,邮政邵阳市分公司亦无须承担法律责任,本案中,××公司在入网经营时,提供了其营业执照、食品生产许可证、食品经营许可证等材料,邮政邵阳市分公司已尽到了审慎审查义务……

本院认为:本案的争议焦点为:① 邮政邵阳市分公司是否为本案适格被告;……关于争议焦点①,经审查,邮乐邵阳馆的店铺服务一栏中显示公司名称为邮政邵阳市分公司,且邮政邵阳市分公司未在限期内答复邮乐邵阳馆的运营主体,应自行承担不利的法律后果,故本院认定邮乐邵阳馆运营主体为邮政邵阳市分公司。《中华人民共和国电子商务法》第九条规定:本法所称电子商务平台经营者,是指在电子商务中为交易双方或者多方提供网络经营场所、交易撮合、信息发布等服务,供交易双方或者多方独立开展交易活动的法人或者非法人组织。本法所称平台内经营者,是指通过电子商务平台销售商品或者提供服务的电子商务经营者。经审查,邮乐网网页显示其运营主体为××邮乐网络技术有限公司,故××邮乐网络技术有限公司应属电子商务平台经营者,邮政邵阳市分公司经营的邮乐邵阳馆是邮乐网平台中的一个店铺,王栋在邮乐邵阳馆直接购买涉案商品,故邮政邵阳市分公司应属平台内经营者,并非电子商务平台经营者,王栋与邮政邵阳市分公司之间成立合法有效的网络购物合同关系,邮政邵阳市分公司为本案适格被告。

二、电子商务经营者需要办理的证照

(一) 办理市场主体登记

第十条　电子商务经营者应当依法办理市场主体登记。但是,个人销售自产农副产品、家庭手工业产品,个人利用自己的技能从事依法无须取得许可的便民劳务活动和零星小额交易活动,以及依照法律、行政法规不需要进行登记的除外。

第二十八条第一款　电子商务平台经营者应当按照规定向市场监督管理部门报送平台内经营者的身份信息,提示未办理市场主体登记的经营者依法办理登记,并配合市场监督管理部门,针对电子商务的特点,为应当办理市场主体登记的经营者办理登记提供便利。

从事电商的经营者,除了个人销售自产农副产品、家庭手工业产品,个人利用自己的技能从事依法无须取得许可的便民劳务活动和零星小额交易活动,以及依照法律、行政法规不需要进行登记的情况外,都需要办理工商登记;经营者在登记后应公布营业执照相关信息。

关于网店经营者是否需要工商登记,各地之前相关政策不一。现在《电子商务法》加以明确。按照以上规定,电商经营者以办理市场主体登记为原则,不登记为例外。电子商务行为主体无论是自然人还是其他主体,只要表现出持续、稳定的经营行为特征的,则可判定该主体具备了经营者属性,应当办理市场主体登记。以后可能会单独出台电商经营者办理市场主体登记的部门规章,在充分考虑电商经营者特点情况下,确定营业执照的类型,优化营业执照的申领流程,明确登管衔接的规则,细化平台经营者配合登记的便利化措施。

(二)依法履行纳税义务

第十一条 电子商务经营者应当依法履行纳税义务,并依法享受税收优惠。

依照前条规定不需要办理市场主体登记的电子商务经营者在首次纳税义务发生后,应当依照税收征收管理法律、行政法规的规定申请办理税务登记,并如实申报纳税。

第二十八条第二款 电子商务平台经营者应当依照税收征收管理法律、行政法规的规定,向税务部门报送平台内经营者的身份信息和与纳税有关的信息,并应当提示依照本法第十条规定不需要办理市场主体登记的电子商务经营者依照本法第十一条第二款的规定办理税务登记。

《电子商务法》出台之前,很多人认为电商不缴税,一缴税就会倒闭一大片。其实这是对市场经济学的误解,缺乏对税收法律制度的信仰。

电商经营者(包括不需要办理工商登记的经营者)都应当依法履行纳税义务,当然也同时依法享受税收优惠。将税收法律规定在《电子商务法》里重申和强调,是应有之义,是电商领域税收法治化的宣言,也是电商领域行业规范发展和税收执行逐渐收紧的信号。从《电子商务法》的规定来看,并没有为电商平台内经营者单独设立税种,而是明确了作为经营者不区分线上、线下、传统与电商,只要生产经营满足税收要求的,就应当缴纳税款。

(三)取得相关行政许可

第十二条 电子商务经营者从事经营活动,依法需要取得相关行政许可的,应当依法取得行政许可。

根据《中华人民共和国行政许可法》第二条规定,行政许可是指行政机关根据公民、法人或者其他组织的申请,经依法审查,准予其从事特定活动的行为。

《中华人民共和国食品安全法》第六十二条规定,网络食品交易第三方平台提供者应当对入网食品经营者进行实名登记,明确其食品安全管理责任;依法应当取得许可证的,还应当审查其许可证。

一般情况下,如果经营者已经获得了线下经营许可,就不需要再办理线上经营许可。但也有特例,如通过互联网销售药品的,要获得《互联网药品交易服务机构资格证》和《互联网药品信息服务资格证》。

三、对电子商务经营者的规范要求

(一)四大原则和五大保护义务

第五条 电子商务经营者从事经营活动,应当遵循自愿、平等、公平、诚信的原则,遵守法律和商业道德,公平参与市场竞争,履行消费者权益保护、环境保护、知识产权保护、网络安全与个人信息保护等方面的义务,承担产品和服务质量责任,接受政府和社会的监督。

电子商务经营者要遵循四大原则(自愿、平等、公平、诚信)和五大保护义务(消费者权益保护、环境保护、知识产权保护、网络安全与个人信息保护),同时要遵守法律和商业道德,公平参与市场竞争。

参考案例

(2019)粤 0705 司惩 6 号件
淘宝店铺"刷单"的诉讼案件

本院在审理原告陈某与被告余华超、梁有浓、第三人江门市飞洋贸易有限公司合同纠纷一案中,查明江门市飞洋贸易有限公司、余华超、梁有浓利用陈某提供的 100 000 元资金,为江门市飞洋贸易有限公司旗下的淘宝店铺从事"刷单"活动,非法提升淘宝店铺的信誉、虚增产品的销量。江门市飞洋贸易有限公司、余华超、梁有浓的上述行为,违反了《中华人民共和国电子商务法》关于"电子商务经营者从事经营活动,应当遵循自愿、平等、公平、诚信的原则,遵守法律和商业道德,公平参与市场竞争"的规定,严重侵害了消费者的知情权和选择权,扰乱了公平、有序的网络营商环境,损害了社会公共利益,破坏了社会诚信体系,本院依法予以惩处。

对江门市飞洋贸易有限公司、余华超、梁有浓从事非法活动的财物合计人民币 100 000 元,予以收缴。江门市飞洋贸易有限公司、余华超、梁有浓如不服本判决,可在判决书送达之日起十五日内缴充合计人民币 100 000 元。

(二)保障消费者的知情权和选择权

第十七条 电子商务经营者应当全面、真实、准确、及时地披露商品或者服务信息,保障消费者的知情权和选择权。电子商务经营者不得以虚构交易、编造用户评价等方式进行虚假或者引人误解的商业宣传,欺骗、误导消费者。

由于网络交易是一种非面对面的交易,在经营者不提供信息或者不提供完整信息的情况下,在线消费者的知情权就很难实现。所以,《电子商务法》对电子商务经营者提出要求,应对电子商务环境下消费者的知情权和选择权给予特别的保护。

很多人网购之前都会看物品评价,但会发现很多都是好评,很少有差评,其中不乏有一些是靠水军刷出来的;此外,网购收到物品同时还会有好评返现的券来诱使消费者给好评,一旦给了差评,卖家会提出返现金让买家删差评,一旦不同意会不断打电话来骚扰。《电子商务法》对此也给出了回应,以虚构交易、编造用户评价等方式进行虚假或者引人误解的商业宣传,都是欺骗、误导消费者,今后都将依法处理。

参考案例

(2019)津 0112 民初 868 号
关于"虚价销售"的诉讼案件

2018 年 5 月 30 日,原告在被告经营的京东 App 上的京东斐讯旗舰店购买斐讯 K3 路由器一台,订单号:76467662883,支付价款 1 899 元。商品广告称可以"零元购",即付款后经过一年的时间,通过"联壁金融 App"逐月分期返还购买商品支付的购物款,因为可以全额返现,斐讯产品的价格较同配置产品价格高出 3 倍以上;以本案商品为例,其产品宣称价格为 1 999 元,购买后刮开路由器上遮蔽的 K 码,并将 K 码输入"联壁金融 App"用以激活分月返现权益(斐讯 K3 路由器的返现为 12 期,每月 1 期)。

本案争议焦点为:① 销售者的行为是否构成"欺诈";……关于争议焦点①:斐讯旗舰店在涉案商品销售页面以粗体加括弧的形式标注"硬件免费、赠送 K 码"宣传字样,页面中温馨提示部分亦标注有"硬件免费持续进行中……"宣传字样,被告斐赛克斯公司答辩称"K 码"的返现由联壁金融负责,亦佐证了"K 码返现"的销售模式在本案中真实存在,结合"K 码"喷涂在涉案商品底部以及涉案商品包装盒内的"联壁小助手"卡片记载了详细的"K 码"兑换流程等事实,本院认为涉案产品的销售方在销售产品时做出了类似于"还本销售"的宣传,即本案中通过"K 码"分期返还购物款本金的"零元购"模式。《中华人民共和国价格法》第十四条规定,经营者不得利用虚假的或者使人误解的价格手段,诱骗消费者与其进行交易;《中华人民共和国电子商务法》第十七条规定,电子商务经营者应当全面、真实、准确、及时地披露商品或者服务信息,保障消费者的知情权和选择权。电子商务经营者不得以虚构交易、编造用户评价等方式进行虚假或者引人误解的商业宣传,欺骗、误导消费者;国家工商行政管理总局颁发的《侵害消费者权益行为处罚办法》第六条规定,经营者向消费者提供商品或者服务的信息应当真实、全面、准确,不得以虚假的"有奖销售""还本销售""体验销售"等方式销售商品或者服务。本案原告购买商品后,销售方并未按照其宣称的销售模式实际进行购物款返还,该销售模式亦打破了市场经济遵循的等价交换原则,让消费者产生可以免费获取商品的心理期待,足以使不想购买该商品的消费者购买促销商品,属于典型的利用虚假宣传诱骗消费者与其交易的行为,构成欺诈。

(三)定向搜索和搭售提示

第十八条 电子商务经营者根据消费者的兴趣爱好、消费习惯等特征向其提供商品或者服务的搜索结果的,应当同时向该消费者提供不针对其个人特征的选项,尊重和平等保护消费者合法权益。

同一商家、同一产品,不同的消费者却可能面对不同的价格。这种被网民们普遍诟病的"大数据杀熟"的现象,被业界称为"基于大数据算法的消费者歧视",本质上是电子商务经营者通过收集用户画像、支付能力、支付意愿,做到"一人一价",甚至出现"会员价"高于正常价格的怪象。对此,《电子商务法》三审稿增加了上述规定。通过法律规定避免电子商务经营者做出对消费者不利的差别待遇,有利于保障消费者的公平交易权。

第十九条 电子商务经营者搭售商品或者服务,应当以显著方式提请消费者注意,不得将搭售商品或者服务作为默认同意的选项。

细心的朋友会发现,以前他们在电商平台预订飞机票、火车票时,页面上可能凭空冒出酒店、贵宾休息室等额外服务,还被默认打上了勾。针对这种"霸王搭售"现象,《电子商务法》三审稿中增加了上述规定。中国人民大学法学院教授刘俊海认为:搭售行为侵害了消费者的公平交易权。上述规定有利于打造诚实信用、公平公正、多赢共享、包容审慎的电子商务市场生态环境。

（四）押金退还

第二十一条 电子商务经营者按照约定向消费者收取押金的,应当明示押金退还的方式、程序,不得对押金退还设置不合理条件。消费者申请退还押金,符合押金退还条件的,电子商务经营者应当及时退还。

对于押金,《电子商务法》三审稿增加了上述规定。共享单车、共享汽车等平台曾经出现过延迟退款甚至不退款的现象,还有的企业出现资不抵债的情况后,把消费者押金变成企业破产债务,相当于用消费者押金作为企业经营资金。有专家还期待法律做出进一步明确,比如押金的风险怎么控制,专门的第三方监管账号如何落实等。

四、对电子商务平台经营者的规范要求

（一）电商平台的责任承担

第三十八条 电子商务平台经营者知道或者应当知道平台内经营者销售的商品或者提供的服务不符合保障人身、财产安全的要求,或者有其他侵害消费者合法权益行为,未采取必要措施的,依法与该平台内经营者承担连带责任。

对关系消费者生命健康的商品或者服务,电子商务平台经营者对平台内经营者的资质资格未尽到审核义务,或者对消费者未尽到安全保障义务,造成消费者损害的,依法承担相应的责任。

电商平台的责任承担是《电子商务法》立法过程中的核心问题,审议过程中一直存在广泛争议,最终确定了两种责任,一是连带责任,二是相应责任。适用连带责任的情形是电子商务平台经营者知道或者应当知道平台内经营者销售的商品或者提供的服务不符合保障人身、财产安全的要求,或者有其他侵害消费者合法权益行为,而且没有采取必要措施的时候。适用相应责任的情形是对关系消费者生命健康的商品或者服务,电子商务平台经营者对平台内经营者的资质资格未尽到审核义务,或者对消费者未尽到安全保障义务,而且造成消费者损害的。

参考案例

（2019）沪 0112 民初 13134 号
关于"虚假发货"的诉讼案件

原告于 2018 年 11 月 10 日在被告天猫公司设立的"天猫"网站平台上购买了被告家具公司的商品(包含一张床和一个床头柜),共支付 6 000 元,约定送货地址为上海市闵行区。原告下单后,被告家具公司迟迟未发货。经原告反复催促,被告家具公司称于 2018 年 12 月 20 日已发货,但一直未查询到任何物流信息,被告家具公司也无法提供物流公司的有效联系方式,原告至今仍未收到商品。可见,被告家具公司系明显虚假发货,其行为已构成欺诈。因此,原告认为根据消费者权益保护法及其他相关法律规定,被告家具公司应按购买商品价款的 3 倍进行赔偿。期间,原告多次向被告天猫公司进行投诉,但被告天

猫公司均无有效解决方案,也无法提供被告家具公司的有效联系方式。被告天猫公司作为购物平台的设立者,在明知销售者利用其平台侵害消费者合法权益而未采取必要措施,根据相关法律规定,应与被告家具公司承担连带责任。床是必要的生活用品,两被告的行为给原告的日常生活造成严重不便,并已给原告带来了实际损失,为维护自身的合法权益,原告故起诉至法院。

被告天猫公司辩称,不同意原告针对被告天猫公司的诉讼请求。被告天猫公司是信息发布平台的提供商,因交易产生的法律后果应该由用户自行承担。本案是买卖合同纠纷,纠纷主体是天猫平台的买家和卖家,被告天猫公司的主体不适格。天猫平台在交易过程中起到审查的义务,并没有过错,涉案卖家在入驻天猫平台之前,被告天猫公司已经核对过卖家的真实姓名、地址以及有效的联系方式,尽到了事先的审核义务。在天猫平台的服务协议中,不断提醒在交易过程中需要谨慎。

本院认为,关于被告天猫公司是否承担连带责任的问题,《中华人民共和国消费者权益保护法》第四十四条第二款规定:"网络平台提供者明知或者应知销售者或者服务者利用其平台侵害消费者合法权益,未采取必要措施的,依法与该销售者或者服务者承担连带责任";《中华人民共和国电子商务法》第三十八条第一款规定:"电子商务平台经营者知道或者应当知道平台内经营者销售的商品或者提供的服务不符合保障人身、财产安全的要求,或者有其他侵害消费者合法权益行为,未采取必要措施的,依法与该平台内经营者承担连带责任"。本案中,被告天猫公司作为网络交易平台的经营者,并不存在上述法律所提及的行为,同时对被告家具公司的企业信息进行了审核并提供给消费者,对原告进行的投诉也及时进行了审查和处理,故原告要求被告天猫公司承担连带责任之请求,缺乏依据,本院不予支持。

(二)"避风港"原则和"红旗"原则

第四十二条 知识产权权利人认为其知识产权受到侵害的,有权通知电子商务平台经营者采取删除、屏蔽、断开链接、终止交易和服务等必要措施。通知应当包括构成侵权的初步证据。

电子商务平台经营者接到通知后,应当及时采取必要措施,并将该通知转送平台内经营者;未及时采取必要措施的,对损害的扩大部分与平台内经营者承担连带责任。

因通知错误造成平台内经营者损害的,依法承担民事责任。恶意发出错误通知,造成平台内经营者损失的,加倍承担赔偿责任。

"避风港"原则是指在发生著作权侵权案件时,当ISP(网络服务提供商)只提供空间服务,并不制作网页内容,如果ISP被告知侵权,则有删除的义务,否则就被视为侵权。如果侵权内容既不在ISP的服务器上存储,又没有被告知哪些内容应该删除,则ISP不承担侵权责任。后来"避风港"原则也被应用在搜索引擎、网络存储、在线图书馆等方面。

"红旗"原则是"避风港"原则的例外适用,"红旗"原则是指如果侵犯信息网络传播权的事实是显而易见的,就像是红旗一样飘扬,网络服务商就不能装作看不见,或以不知道侵权的理由来推脱责任,如果在这样的情况下不移除链接的话,就算权利人没有发出过通知,我们也应该认定这个设链者知道第三方是侵权的。

《电子商务法》明确了"避风港"原则和"红旗"原则,要求电商平台经营者在知道或者应当知道的情况下,或者在接到知识产权权利人的侵权通知后,及时采取删除、屏蔽、断开链接、终止交易和服务等必要措施维护权利人权利,否则应当与平台内经营者承担连带责任;并且在平台内经营者实施侵犯知识产权行为时未依法采取必要措施的承担罚款最高至200万的行政责任。

值得注意的是,《电子商务法》规定"采取必要措施并将该通知转送平台内经营者",换言之,"转送通知"义务的履行并不能作为电商平台迟延采取必要措施的抗辩。

(三)搜索显示和竞价排名

第四十条 电子商务平台经营者应当根据商品或者服务的价格、销量、信用等以多种方式向消费者显示商品或者服务的搜索结果;对于竞价排名的商品或者服务,应当显著标明"广告"。

作为在我国互联网电商领域第一部综合性、基础性法律,《电子商务法》从更高阶位的法律层面完善了"竞价排名"法律定性和消费者保护的机制,体现了对消费者权益和互联网行业健康发展的维护。但各项规定落到实处,仍然是一项系统工程。应该充分发挥市场在配置资源方面的决定性作用,鼓励支持电子商务各方共同参与电子商务市场治理,推动形成政府监管、企业和行业自律、社会监督的社会共治模式。

(四)明确禁止限制、排斥竞争的行为

第二十二条 电子商务经营者因其技术优势、用户数量、对相关行业的控制能力以及其他经营者对该电子商务经营者在交易上的依赖程度等因素而具有市场支配地位的,不得滥用市场支配地位,排除、限制竞争。

对于电商平台为了遏制竞争对手、要求入驻商户与自己签署独家销售协议的情形,《电子商务法》禁止具有市场支配地位的电商平台滥用市场支配地位,排除、限制竞争。

实际上,2015年10月颁布的《网络商品和服务集中促销活动管理暂行规定》已明确提出"禁止网络集中促销组织者限制、排斥平台内的促销经营者参加其他第三方交易平台组织的促销活动"。

五、电子商务相关:快递物流和电子支付

(一)快递物流

第五十二条 电子商务当事人可以约定采用快递物流方式交付商品。

快递物流服务提供者为电子商务提供快递物流服务,应当遵守法律、行政法规,并应当符合承诺的服务规范和时限。快递物流服务提供者在交付商品时,应当提示收货人当面查验;交由他人代收的,应当经收货人同意。

快递物流服务提供者应当按照规定使用环保包装材料,实现包装材料的减量化和再利用。

快递物流服务提供者在提供快递物流服务的同时,可以接受电子商务经营者的委托提供代收货款服务。

《电子商务法》规定要求快递员要履行"送货上门"的义务,快递员不征求同意就不能

直接把快递放驿站或采取他人代收的方式；并且在交付商品时，应当提示收货人当面查验。事实上，2018年5月1日起施行的《快递暂行条例》就规定，快递企业应当将快件投递到约定的收件地址、收件人或者收件人指定的代收人手中，并告知收件人或者代收人当面验收。还有另外一个亮点的规定是，快递物流服务提供者应当按照规定使用环保包装材料，实现包装材料的减量化和再利用。

（二）电子支付

第五十三条　电子商务当事人可以约定采用电子支付方式支付价款。

电子支付服务提供者为电子商务提供电子支付服务，应当遵守国家规定，告知用户电子支付服务的功能、使用方法、注意事项、相关风险和收费标准等事项，不得附加不合理交易条件。电子支付服务提供者应当确保电子支付指令的完整性、一致性、可跟踪稽核和不可篡改。

电子支付服务提供者应当向用户免费提供对账服务以及最近三年的交易记录。

《电子商务法》对电子支付加以规定的主要目的是合理维护用户合法权益和保障支付安全、防范风险。电子支付是指付款人与收款人通过电子形式的支付指令实现货币资金转移的行为。对于电子支付加以规制既是电子支付行业本身可持续前进的需要，也是电子商务健康发展的需要，还是法治回应新技术变革市场的需要。值得注意的是，电子支付服务提供者应当向用户免费提供对账服务以及最近三年的交易记录，这对电子支付服务提供者提出了时间的硬性要求。

六、电子商务合同

（一）合同的成立

第四十九条　电子商务经营者发布的商品或者服务信息符合要约条件的，用户选择该商品或者服务并提交订单成功，合同成立。当事人另有约定的，从其约定。

电子商务经营者不得以格式条款等方式约定消费者支付价款后合同不成立；格式条款等含有该内容的，其内容无效。

以前在电商平台的格式条款中，一般会包括"本网站上展示的商品和价格等信息仅仅是要约邀请，客户提交订单的行为是订购要约，仅在网站通知商品发出时订购合同才成立"的内容。

其存在的商业逻辑是，在交易量可能大量增加的情况下，电商会按照订单需求后确定订货数量，如果最后无法供货，则以合同未成立的理由向消费者退款。

对此类"超卖"后"砍单"的行为，在之前的司法实践中有法院认为，消费者基于对商品信息的合理信任以及对网购平台的信赖而因为合同未成立所遭受的损失应当由电商予以承担，理由是无论是因标价错误还是库存不足所导致的交易无法实现，均因电商原因造成，而电商对于所售商品信息、标价、库存量的审查及订单管理并不存在技术障碍或使得交易不经济之情形。在《电子商务法》出台之后，上述格式合同将无法作为电商经营者的抗辩理由。

这是一个明确提醒：电商经营者以及平台应该及时做好库存和销量预计的统筹，并且通过完善与供货商之间合同条款或者其他方式，将因供货商原因无法履行买卖合同而被消费者索赔的风险控制在可预计的范围内。

新闻链接

工人日报报道：
4家电商平台未及时修改合同成立条款

本报北京1月7日电(记者杨召奎)今年(2019年)1月1日《电子商务法》正式实施，北京市消费者协会今天发布消息称，该协会当天依照《电子商务法》第49条关于电子合同成立的规定，对京东、苏宁易购、蜜芽网、当当网、唯品会、国美在线、聚美优品、天猫、拼多多等13家电商平台的合同成立条款开展调查后发现，有4家电商平台仍规定实际发货时合同成立。

北京消协在1月1日的调查结果显示，大部分电商平台在《电子商务法》正式实施前及时修改了相关条款，在合同成立条款中规定或补充了"当您作为消费者为生活消费需要下单并支付货款的情况下，您货款支付成功后即视为您与销售商之间就已支付货款部分的订单建立了合同关系"等类似内容，但仍有苏宁易购、蜜芽网、当当网、聚美优品等4家电商平台并未按照《电子商务法》相关规定，未及时修改合同成立条款，仍规定实际发货或发送发货确认邮件时合同成立。

(资料来源：工人日报.2019年1月8日.)

(二) 清晰、全面、明确的告知义务

第五十条 电子商务经营者应当清晰、全面、明确地告知用户订立合同的步骤、注意事项、下载方法等事项，并保证用户能够便利、完整地阅览和下载。

电子商务经营者应当保证用户在提交订单前可以更正输入错误。

《电子商务法》强调对消费者的保护，对电子商务经营者在订立合同时提出了清晰、全面、明确的告知义务。电子商务经营者订立合同需明示步骤及注意事项等，以确保消费者的知情权和选择权。如果表述不清晰、不全面、不明确的话，电子商务经营者将承担不利于自己的后果。

参考案例

(2019)冀07民终1207号
网购时促销未兑现的诉讼案件

一审法院认定事实：王鑫于2018年10月29日在京东电子商务公司的网站中购买了京东拓帆公司销售的美汁源饮料，……王鑫在购买上述物品时，京东电子商务公司的网站页面显示，购买美汁源三重果粒果汁饮料有三种促销活动：① 多买优惠，满两件，总价打8折；② 多买优惠，满两件，总价打7.5折；③满额返券：购买满1元即返茗茶部分商品128减20优惠券。王鑫陈述其参与了满两件打7.5折的活动，但付款时，并没有享受到7.5折的优惠，经与京东拓帆公司、京东电子商务公司协商未果，故诉至法院。

本院二审期间，当事人没有提交新证据，本院查明的事实与一审认定的事实一致。

本院认为,《中华人民共和国电子商务法》第五十条规定,电子商务经营者应当清晰、全面、明确地告知用户订立合同的步骤、注意事项、下载方法等事项,并保证用户能够便利、完整地浏览和下载。电子商务经营者应当保证用户在提交订单前可以更正输入错误。本案中,京东拓帆公司称满两件打 7.5 折的活动需购买两件不同的商品,并未在详情中明确注明参与 7.5 折的优惠活动必须是购买两件不同类型的产品,王鑫提供的购物截图显示,购买页面中显示为"限时促销:满两件,总价打 7.5 折",在付款时,并没有享受到 7.5 折的优惠。京东拓帆公司采用了容易使人误解的宣传方式,并且因其误导而致王鑫做出了购买的行为,也未能保证用户王鑫在提交订单前可以更正输入错误,致使王鑫支付货款。京东拓帆公司采用了容易使人误解的宣传方式应认定为存在欺诈消费者的行为。

七、电子商务争议解决

(一)丰富的争议解决方式

第六十条 电子商务争议可以通过协商和解,请求消费者组织、行业协会或者其他依法成立的调解组织调解,向有关部门投诉,提请仲裁,或者提起诉讼等方式解决。

第六十三条 电子商务平台经营者可以建立争议在线解决机制,制定并公示争议解决规则,根据自愿原则,公平、公正地解决当事人的争议。

《电子商务法》规定了丰富的争议解决方式,不仅可以通过协商和解,请求消费者组织、行业协会或者其他依法成立的调解组织调解,向有关部门投诉,提请仲裁,或者提起诉讼等传统方式解决,还规定了电子商务平台经营者可以建立争议在线解决机制,在自愿原则的前提下,公平、公正地解决争议。

(二)强调电子商务平台经营者的协助义务

第六十一条 消费者在电子商务平台购买商品或者接受服务,与平台内经营者发生争议时,电子商务平台经营者应当积极协助消费者维护合法权益。

由于电子商务平台是电商一个重要的载体,《电子商务法》对电子商务平台提出了很多的法律约束,这也是保护消费者合法权益的必然要求。在消费者与平台内经营者发生争议时,电子商务平台经营者应当积极协助消费者,而不是一味逃避甚至保护平台内经营者。

(三)强调电子商务经营者的举证责任

第六十二条 在电子商务争议处理中,电子商务经营者应当提供原始合同和交易记录。因电子商务经营者丢失、伪造、篡改、销毁、隐匿或者拒绝提供前述资料,致使人民法院、仲裁机构或者有关机关无法查明事实的,电子商务经营者应当承担相应的法律责任。

由于消费者处于信息的弱势一方,当发生争议时,不能完全照搬民事诉讼中的举证责任划分规则,而是应将举证责任适当施加于信息的强势一方即电子商务经营者。《电子商务法》规定,当电子商务经营者不能提供甚至伪造、篡改、销毁、隐匿或者拒绝提供原始合同和交易记录时,电子商务经营者就应当承担相应的法律责任。

八、法律责任

第七十四条 电子商务经营者销售商品或者提供服务,不履行合同义务或者履行合同义务不符合约定,或者造成他人损害的,依法承担民事责任。

第七十五条 电子商务经营者违反本法第十二条、第十三条规定,未取得相关行政许可从事经营活动,或者销售、提供法律、行政法规禁止交易的商品、服务,或者不履行本法第二十五条规定的信息提供义务,电子商务平台经营者违反本法第四十六条规定,采取集中交易方式进行交易,或者进行标准化合约交易的,依照有关法律、行政法规的规定处罚。

第八十八条 违反本法规定,构成违反治安管理行为的,依法给予治安管理处罚;构成犯罪的,依法追究刑事责任。

有的人认为,违反《电子商务法》的规定,只涉及民事责任而已,不会受到刑事处罚,其实这是片面的解读。《电子商务法》专章规定了法律责任,将民事责任、行政责任、治安处罚,甚至刑事处理都纳入进来;其中大部分是行政责任的规定,包括罚款、责令限期改正、违法信息公示、责令停业整顿等。如何规范地进行电商创业,从负面清单解读,也是一种很好的办法。

任务二 电商创业初期的风险及法律解读

前一任务我们对《电子商务法》的重点章节规定进行了法律解读,对法律对于电商创业的规定有了一个大概的认识和了解。现在接下来我们按照时间维度,从电商创业的初期、中期和后期进行风险分析和法律解读。

在电商创业的初期,涉及创业组织形式的选择、股东代持(如有)、项目合法性研究分析、经营场地选择等,这些都有风险的存在。所谓"万事开头难",在电商创业的初期,如果对风险的处理不妥当,将导致后续更多风险产生。

一、电商创业组织形式的风险及法律解读

根据《电子商务法》的规定,电子商务经营者以工商注册登记为原则,不登记为例外,这个例外包括个人销售自产农副产品、家庭手工业产品,个人利用自己的技能从事依法无须取得许可的便民劳务活动和零星小额交易活动,以及依照法律、行政法规不需要进行登记的。所以绝大部分电子商务经营者创业的时候,首先遇到的第一个问题就是要工商注册一个市场主体,这个市场主体采用什么组织形式,直接决定了创业风险的种类和内容。在电商创业中,比较常见的组织形式有个体工商户、有限责任公司和普通合伙企业等。依据我国法律的相关规定,每种组织形式投资者所承担的责任是不相等的。不同的组织形式意味着不同的创业风险,电商创业者应当了解各种组织形式的风险责任,再根据自身的情况选择合适的组织形式。

(一) 个体工商户

《个体工商户条例》第2条第1款规定:有经营能力的公民,依照本条例规定经工商行政管理部门登记,从事工商业经营的,为个体工商户。个体工商户可以个人经营,也可以家庭经营。

在以前的社会认知中,个体工商户是个人实现当老板最直接的方法,自己开个店、申请一张个体工商户营业执照就能开门营业,显得十分容易。但是对于电商创业者来说,不

建议采用这种组织形式。第一个是因为个体工商户大部分还是小富即安的状态，很难做大做强。根据《走第三条道路——与你一起做自由职业者》分析，中国的个体工商户，超过半数为生存型创业，而不是机会型创业。也就是说他们只能自我雇用、自己生存、自谋出路，不具有创造就业机会的功能，他们是自食其力的自由职业者。第二个是重点，个体工商户的经营者须负无限连带责任。《民法通则》第29条明确规定："个体工商户、农村经营户的债务，个人经营的，以个人财产承担；家庭经营的，以家庭财产承担"。《最高人民法院关于适用〈中华人民共和国民事诉讼法〉若干问题的意见》第46条第2款规定，"在诉讼过程中，个体工商户以营业执照登记的业主为当事人。有字号的，应在法律文书中注明登记的字号。营业执照上登记的业主与实际经营者不一致的，以业主和实际经营者为共同被诉人"。可以说，一旦个体工商户出现资不抵债，创业者就要以自己的全额财产对所欠债务承担偿还责任，风险极大。

（二）有限责任公司

法人制的电商创业，大部分情况是注册成立一个有限责任公司为营业载体。有限责任公司中，公司以全部财产承担无限责任，公司股东则以出资额为限对外承担有限责任。正是这种隔离式的设计，投资者形成了一道风险隔离墙，可以大胆创业，最大的经济损失也就是投入公司的金额。

正是因为有限责任公司的这种制度设计，所以一般来说，有限责任公司的风险可控，适合电商创业者。但是，有一些有限责任公司的情况是例外的，这里重点讲一人有限公司（以下简称一人公司）的风险问题。

一人公司，是指"股东"仅为一"人"的公司，这里的"人"，既可以是一个自然人，也可以是一个法人。一人公司在《公司法》里单独列示，可见有其独特性：股东仅为一人，可不设股东会、董事会，营业执照中应特别公示"自然人独资"或"法人独资"，一个自然人只能设立一个一人公司等。

一人公司，因其只有一个股东，在灵活高效经营的同时，亦存在着很大的法律风险，即使公司的债务可能会成为个人的债务。

"有限责任"的实质是股东以其认缴出资额为限对公司承担有限责任，也就是股东只要出资到位、不滥用股东权利等，公司债务与股东个人不再有关系。但是，对于一人公司的股东来说，法律规定，如果其不能证明公司财产独立于个人财产，就需要对公司债务承担连带责任。而这个证明，是需要"股东来举证证明"。在诉讼时，公司的债权人可以在起诉一人公司的同时，直接将公司股东列为共同被告，如股东不能证明公司财产独立于个人财产，就必须对公司债务承担连带的偿还责任。下面分几种情形结合实际案例分析如下：

（1）一人公司股东股权转让后，原股东须对变更前的公司债务承担连带责任。可能很多人认为，只要股权转出去了，那就和我没关系了，要找就找新股东去。法律规定可没那么简单，如果这个债务是在股权转让前发生的，原股东也要对该债务承担连带责任。

参考案例

(2017)最高法民终 868 号

2010年10月14日至2014年12月31日期间，金源公司与恒生矿业签订了数份煤炭买卖合同,金源公司作为买方履行了供货义务,但恒生矿业未全部履行付款义务,金源公司因此起诉恒生矿业,要求其支付货款及利息,并由恒生矿业唯一股东王宣对此承担连带责任。起诉后,王宣转让其所持恒生矿业全部股权。该案一审、二审法院均认为,金源公司所主张的是王宣转让恒生矿业股权前所产生的债务,在王宣未提供证据证明其个人财产独立于恒生矿业财产时,应当对恒生矿业涉案债务承担连带责任,该责任不因恒生矿业公司性质变化而免除。

(2) 受让一人公司全部股权时,新股东对股权变更前的公司债务承担连带责任。原股东对股权转让前的债务承担连带责任,新股东呢?法律规定对新股东更为严格,要求新股东对股权变更前和变更后的公司债务都承担连带责任。这也提醒电商创业者,不要为了贪一时方便,去受让别人的公司尤其是一人公司的股权来做生意,因为信息的不对称性,这种做法的风险极大。

参考案例

(2017)苏 02 民终 2864 号

汇晶公司与彩虹光伏公司于 2012 年 12 月至 2013 年 1 月期间签订数份采购合同,但彩虹光伏公司未依约结清货款,汇晶公司因此提起诉讼,并要求彩虹光伏公司 2014 年 12 月后的唯一股东彩虹劳动公司承担连带责任。虽诉讼过程中,新股东彩虹劳动公司提供了其与彩虹光伏公司的开户许可证,两公司 2015 年、2016 年度审计报告以及彩虹光伏公司 2015 年、2016 年的记账凭证,以期证明两公司独立经营、独立核算,不存在混同的情形,但二审法院认为彩虹劳动公司的记账凭证、审计报告仅能反映其公司自身的财务状况,不能体现与所有关联公司之间的财务往来,而且审计报告系彩虹劳务公司自行委托形成,不能证明其正式性、合法性、完整性,因此,彩虹劳务公司未完成其举证责任,未证明其与彩虹光伏公司之间不存在混同的情形,应当承担连带责任。

(3) "夫妻店""父子店"公司可能会被认定为实质上的一人公司,从而需根据一人公司相关规定由股东承担连带责任。所谓"夫妻店""父子店"公司,即夫妻或父子共同出资设立的公司,在实践中颇为常见。有些是为了规避一人公司的风险,其实这种做法也不一定能规避。目前法律虽然并未确定"推定的一人公司"规定,但法院将此类公司认定为一人有限公司总体上处于较为保守但有部分突破的状态。

参考案例

(2016)吉 04 民终 281 号

在 2016 年袁锦华、于欣欣与辽源市兴龙建筑机械有限责任公司追偿权纠纷案中,一审法院、二审法院都做出了"夫妻店"公司是实质上一人公司的认定,其理由为:袁锦华、于欣欣在夫妻关系存续期间投资设立锦宏公司,其财产组织管理形式为夫妻共同财产制,且未提交证据证明该二人在锦宏公司注册登记时提交过财产分割的书面证明或协议,应认定锦宏公司二股东投资资产为夫妻共同财产,其出资体是单一的,锦宏公司自成立之初即为一人公司。

(三)合伙企业

合伙企业也是一种组织形式,根据《合伙企业法》规定,合伙企业是指自然人、法人和其他组织依照本法在中国境内设立的普通合伙企业和有限合伙企业。普通合伙企业由普通合伙人组成,合伙人对合伙企业债务承担无限连带责任。有限合伙企业由普通合伙人(GP)和有限合伙人(LP)组成,普通合伙人对合伙企业债务承担无限连带责任。

对于普通合伙企业,无论合伙协议是否有无约定对外债务的承担比例,企业的债权人都有权利要求任意合伙人承担所有的债务,也就是说任意合伙人都有责任以自己的全部财产偿还企业的全额债务。合伙人在承担了超过自己应负的债务后有权向其他合伙人追偿,协议有规定债务承担比例或出资比例的,各合伙人按协议承担责任,未约定的按盈余分配比例承担债务,但对造成企业亏损有过错的合伙人,应按其过错程度相应地多承担责任。所以在普通合伙企业中,合伙人对外债务承担的是无限连带责任。

对于有限合伙企业,有限合伙人可以简单地理解为出资人,普通合伙人可以简单地理解为做事的人,只不过他也要出一点点钱表示一下诚意,这就是现实生活中经典的"你(LP)出钱,我(GP)出力"的情况。有限合伙人会在经过一连串手续以后,把自己的钱交由普通合伙人去打理,而普通合伙人则会将有限合伙人的钱拿去投资项目,从中获取利润,双方再对这个利润进行分成。在有限合伙企业中,普通合伙人对合伙企业债务承担无限连带责任,有限合伙人则只以出资为限承担责任。普通合伙人为了风险隔离,同样会采用有限责任公司的载体加以运用,无论是单层模式还是多层嵌套模式,为了规避风险,最底层有限合伙的普通合伙人都会设定为公司形式。通过这样的架构安排,才能最大限度地减小可能的经营风险。

在风险可控的情况下,有些电商创业会采用合伙企业尤其是有限合伙企业的组织形式,这主要是为了进行税务筹划。

新闻链接

财政部、税务总局、发展改革委、证监会等四部委发布《关于创业投资企业个人合伙人所得税政策问题的通知》,创投企业可以选择按单一投资基金核算或者按创投企业年度所得整体核算两种方式之一,对其个人合伙人来源于创投企业的所得计算个人所得税应纳税额。创投企业选择按单一投资基金核算的,其个人合伙人从该基金应分得的股权转让所得和股息红利所得,按照20%税率计算缴纳个人所得税。本通知执行期限为2019年1月1日起至2023年12月31日止。

二、电商企业股权代持的风险及法律解读

电商创业如火如荼,使得很多在工作的人都有了创业的冲动,有一些既冲动又有点求稳

的人就会一边继续上班一边悄悄创业。电商创业现在规定一般是要注册成立实体企业,而登记为公司股东或企业合伙人的情况现在都是对外公示的,任何人都可以公开查询得到。创业者碍于现在工作的员工身份,有些人不愿意过早暴露,所以有了股权代持的做法。

还有另外一种情况,由于电商初创企业在创业初期可能没有充足的资金来吸引和挽留人才,为了稳定团队,核心创始人往往会采用"配股""送股"等方式,吸纳一批员工成为公司的股东。但是,因为电商初创企业团队缺乏稳定性,人员跳槽、更替往往较为频繁。如果把所有员工股东都登记在工商局,这家企业每年可能会因为新股东来、老股东走,需要到工商局来来回回十几次办理;如果老股东不配合,解决起来会更加麻烦。出于上述考虑,初创企业的核心创始人对于股权"代持"是非常偏爱的,通过公司核心股东代为持有员工股东的股权,既方便管理,又可以激励员工。

股权代持,又名委托持股、隐名投资或假名出资,是指实际出资人与名义出资人达成约定,由名义出资人作为名义股东进行工商变更登记,而实际上由实际出资人出资并享有股权收益的一种持股方式。

根据《公司法解释三》第二十四条之规定,《股权代持协议》只要不落入《合同法》第五十二条规定的合同无效的范围,即具有法律效力,并能够成为确定双方权利义务的依据。

《合同法》第五十二条规定:有下列情形之一的,合同无效:① 一方以欺诈、胁迫的手段订立合同,损害国家利益;② 恶意串通、损害国家、集体或者第三人利益;③ 以合法形式掩盖非法目的;④ 损害社会公共利益;⑤ 违反法律、行政法规的强制性规定。

即使股权代持不违法,但是股权代持对于名义股东和实际股东,都还是有很多的风险点。名义股东有代为出资、代为承担补充赔偿责任、被当作"替罪羊"等的风险。实际股东也有如下的风险:

(1)无法提供代持依据之风险。

该种情形是实践过程中经常发生的,即由于双方未签订书面《股权代持协议》或签订的协议无效(因违反《合同法》第五十二条)。

(2)实际股东的显名风险。

实现存在可能的障碍,即实际股东如果想转正成为名实相符的股东,必须要经过其他股东过半数同意。即使这个障碍解决了,根据相关税法规定,对于股权转让过程中的溢价部分(本次股权转让所得与原出资额之差),自然人股东还需要在股权转让时缴纳 20% 的个人所得税,企业股东也需要根据企业财务情况缴纳企业所得税。

(3)名义股东滥用股东权利之风险。

名义股东作为显名股东可能会在股利取得、表决权的行使、资产分配等方面背离实际股东的本意或实施损害实际股东的行为。

(4)名义股东擅自处分代持股权之风险。

虽然实际股东可以因利益受损向名义持股人追偿,但将无法以其为该被处置股权的实际所有人且该处置行为未经其同意为由要求法院判定该等行为无效。该条规定也同样是基于对善意第三人的保护和全社会交易秩序的维护,而认可了工商登记的公示力。

(5)因名义股东个人原因导致代持股权被处分。

名义股东代持的股权有被查封或拍卖之风险。名义股东若为自然人,其离婚或死亡时,代持股权有可能卷入继承或离婚财产分割的法律纠纷。名义股东如为法人,遇到公司合并或分立事项时,代持股权的处置有可能陷入争议。

对于初创企业的创始股东,首先是不建议把股权交给他人代持的。但是,也确实存在某些特殊情况下,创始股东不得不使用他人代持的方式。在这种情况下,建议"隐名"的创始股东在与代持人签订股权代持合同时,要求公司其他创始股东在这份股权代持合同上签署无异议意见,或单独出具书面承诺,确认这名被代持股权的创始股东是公司实际股东。这种提前确认的效力,等于把"公司其他股东半数以上同意"的条件提前锁定,防止日后公司其他股东以"不知代持"为由,拒绝被代持股权的创始股东恢复真实身份。

此外,对于公司股东身份的认定,还有对于是否享有和行使了股东权利的实质性判断。如果一名被代持股权的创始股东,在公司股东会决议上签字,并且这份决议上同时还有其他股东的签字;或者这个"隐名股东"曾经获得了公司对股东的分红,这些都能证明被代持股权的创始股东,他的身份是得到了公司其他股东的认可,在此前提下,股东身份一般都会得到法律的认可。

因此,如果一名公司的创始股东只和股权代持人签订了一份代持合同,到目前还没有任何其他文件或证明,为了避免未来陷入尴尬局面,建议这名创始股东从以上分析的角度,想办法获得能够证明事实上已经行使股东权利、获得其他股东认可的证据,不要真的等到要求恢复身份、其他股东明确表态不同意的那一天。

除了以上所述的风险防控办法,实际股东还可以加上办理股权质押担保、《股权代持协议》公证等方式来维护自身权益。

三、认缴资本注册金的风险及法律解读

修改后的《公司法》将公司注册资本由实缴制修改为认缴制,公司股东可以在公司章程中自行约定认缴出资金额、出资方式以及出资期限等,在公司注册时不一定要实际缴纳出资(除了部分特殊行业要求)。

部分不了解经营风险的股东认为:既然不用实缴,为了让公司显得更有经济实力,就将公司的注册资金写得很高。注册资本真的是越多越好吗?

《公司法》第二十六条规定:"有限责任公司的注册资本为在公司登记机关登记的全体股东认缴的出资额。法律、行政法规以及国务院决定对有限责任公司注册资本实缴、注册资本最低限额另有规定的,从其规定。"该条规定明确了注册资本为各股东认缴的出资总额,但据此规定就自然地认为,在登记机关登记的出资额只是一个数字而已,并无实际意义的理解是非常错误的。

参考案例

(2019)川 0114 执异 56 号

申请执行人黄某立案执行其与成都某装饰工程有限公司承揽合同纠纷一案过程中,以被执行人装饰公司名下无财产可供执行、装饰公司股东孙某未缴纳出资为由,请求追加孙某为本案被执行人。

装饰公司工商信息查询资料显示公司注册资本为 500 万元,股东孙某占 46% 的股份,实缴资本为 0 元,认缴期限为公司注册后的 30 年,即 2035 年 1 月 1 日前。

裁决结果:裁定追加孙某为案件被执行人,孙某在 2 300 000 元的范围内向申请执行人黄某承担偿还责任。

股东对于认缴的金额是确认的,只是可以暂时不缴,是附期限的缴纳。有限责任公司股东承诺缴纳的注册资本属于公司资产,未实际缴纳的部分即为股东对公司的负债。股东未按约定实际缴付出资的,要根据法律和公司章程承担民事责任,已按时缴足出资的股东或者公司本身都可以追究该股东的责任。公司股东应在承诺的认缴期限内缴纳出资,同时以认缴的出资额为限承担责任。

因为股东不切实际地虚高出资额,实际又没有能力实缴,往往会设定很长的认缴期限,虽然认缴期限股东可以在公司章程中约定,但是该时限也并非越长越好。

事实上,公司的注册信息通过工商系统官网向社会公示,并接受社会监督,其中认缴的注册资金是否到位、何时到位亦是公示内容。

所以,公司运营过程中,认缴期限太长势必引起合作伙伴对公司诚信和实力产生怀疑,公司及股东应根据自身实力、经营规模和企业未来规划确定认缴期限,该期限应是合理和可期的。

有限责任公司股东出资,要根据公司所处的行业、经营规模和发展前景设置适当的注册资本。如果不切实际地认缴注册资本,一旦公司经营出现问题,这些危机将使股东承担巨大的法律风险,甚至承担终身都无法清偿的债务,这一点必须引起股东足够的重视。

同时也要意识到"只认不缴"是违约行为,会影响公司的诚信;而且监管部门会对公司出资情况进行抽查,对于未兑现认缴承诺的,主管部门将按照《公司法》的相关规定进行处罚,并将其列入"经营异常名录"向社会公示,这对公司未来经营和发展也会产生不利影响。

四、电商创业项目合法性的风险及法律解读

在火热的电商创业大潮中,很多创业者利用网络技术的力量,改变了社会生活的方方面面。但是网络技术也是一把"双刃剑",也有一些创业者走入误区,奔着流量,奔着营业额,却忽视了法律的存在。

看电商创业项目合不合法,首先要看你要从事的项目是否已经立法,如果已经立法,而你按照法律的规定做,就是依法办事,自然也就合法。所谓的合法就是合乎法律的规定。依法办事受到法律保护,违法操作就要受到法律制裁。但情况往往是,对于已经立法的项目,大都是一些很多人知道并从事的项目,这样的项目拿来电商创业的难度可能比较大,所以很多人创业可能想着从事还没立法规范的项目。

对于一些还没有立法规范的项目,即使有很多人在做,但之所以没立法,要么是项目运行时间短,国家还没有发现或来得及立法;要么是国家已经知道,但出于项目本身的特性,还没有立法。对于这类项目,早在改革开放初期,邓小平就有一个明确指示:"对于任

何新生事物,我们都要看清其主流,是否有利于社会、造福于人民。如果有利于社会,造福于人民,我们都要大力支持,与之相抵触的相关法律都要加以修改,为其让道。"滴滴之所以能得到发展并最终壮大,也是有利于社会,改变了过去打车难的局面。

(一)非法经营罪的解析

非法经营罪,是指违反国家规定,有下列非法经营行为之一的犯罪:① 未经许可经营法律、行政法规规定的专营、专卖物品或其他限制买卖的物品的;② 买卖进出口许可证、进出口原产地证明以及其他法律、行政法规规定的经营许可证或者批准文件;③ 未经国家有关主管部门批准,非法经营证券、期货或者保险业务的,或者非法从事资金结算业务的;④ 从事其他非法经营活动,扰乱市场秩序,情节严重的行为。

非法经营罪在我国刑法中属于口袋罪,很多行为都容易落入其法网。一般而言,非法经营罪需要是违反了前置法,未获得审批、许可,而经营的行为。电商创业者在经营中,应该注意的是自己经营的内容,特别在企业经营的某些特殊项目上,是否有行政许可,在超出自己经营范围的内容中,要特别小心,多向有关部门咨询请示,多做相关调查。

参考案例

(2019)京 01 刑终 569 号
非法经营罪的诉讼案件解析

2014 年 2 月 26 日,被告人经慧祥经他人转让接收经营中能大业(北京)国际投资有限公司,其通过公司市场部及委托代理公司的方式发展客户,并在未经国家有关主管部门批准的情况下,吸引投资人通过自建的"中能订货系统"在线上进行黄金、白银期货交易。经会计师事务所审计,2014 年 2 月 26 日至 2015 年 5 月间,投资人通过银行账户转入"中能订货系统"进行投资经营的数额为人民币 2 834 万元。经投资人报案,被告人经慧祥于2017 年 10 月 25 日被公安机关抓获归案。法院认为,被告人经慧祥违反规定,未经国家有关主管部门批准非法经营贵金属期货交易业务,情节特别严重,其行为已构成非法经营罪,应予惩处。鉴于被告人经慧祥当庭认罪,对其酌予从轻处罚,判决:① 被告人经慧祥犯非法经营罪,判处有期徒刑十年,并处罚金人民币两百万元。② 责令被告人经慧祥退赔投资人账户中无法取出钱款的经济损失。

(二)不正当竞争行为的解析

不正当竞争行为,是指经营者在市场竞争中,采取非法的或者有悖于公认的商业道德的手段和方式,与其他经营者相竞争的行为。引发不正当竞争纠纷的不正当竞争行为有违反诚信原则、虚假宣传行为、侵犯商业秘密、商业诽谤行为等。有些电商创业者为了快速发展自己的事业,不惜铤而走险,盘外出招,这在道德上和法律上都是不被接受的。常见的不正当竞争行为有以下几种:

(1)在网站和搜索引擎中,经营者擅自使用他人长期、广泛使用的企业名称,使相关公众产生混淆误认的,构成不正当竞争。对于企业长期、广泛对外使用,具有一定市场知名度、为相关公众所知悉,已实际具有商号作用的企业名称简称,可以视为企业名称予以保护。擅自将他人已实际具有商号作用的企业名称简称作为商业活动中互联网竞价排名关键词,使相关公众产生混淆误认的,属于不正当竞争行为。

（2）与"老字号"无渊源的企业或个人注册与其近似的商标,并以其历史进行宣传的,构成不正当竞争纠纷的虚假宣传。与"老字号"无历史渊源的个人或企业将"老字号"或与其近似的字号注册为商标后,以"老字号"的历史进行宣传的,应认定为虚假宣传,构成不正当竞争。而与"老字号"具有历史渊源的个人或企业在未违反诚实信用原则的前提下,将"老字号"注册为个体工商户字号或企业名称,未引人误认且未突出使用该字号的,不构成不正当竞争或侵犯注册商标专用权。

（3）游戏作品所展现的人物名称和人物关系以及具体故事情节均与文字作品相同,构成对涉案文字作品的改编。游戏作品所展现的人物名称除同音字替换外,与文字作品中的人物名称在呼叫上基本相同。同时,人物关系、故事情节发展、细节处均与文字作品相同,构成对涉案文字作品的改编。应综合文字作品的知名度、游戏作品运营时间及侵权人对文字作品的使用程度等因素确定赔偿额。

（4）使用知名商品的特有名称或者是包装装潢造成消费者的混淆,构成不正当竞争。未经权利人许可和授权,在经营店面的招牌以及对外订餐卡片上还印有权利人品牌的相关字样。这些宣传文字与权利人产品的宣传相同,足以使消费者将两个饭店产生关联性的联想,造成消费者的混淆。因此,该行为构成了不正当竞争。

（5）新型不正当竞争行为类型。主要是指网络环境中一方的行为直接干扰另一方提供的产品的行为,主要包括修改产品、阻碍软件和屏蔽广告三类。修改产品主要表现为修改他人提供的互联网产品。阻碍软件主要表现为设置障碍妨碍他人软件的安装和运行,诱导用户卸载他人软件。屏蔽广告主要表现为屏蔽或过滤他人网站或软件中的广告。

在百度诉珠穆朗玛案中,北京一中院提出了"不得破坏他方合法经营模式,也不能阻碍他方公司与客户之间的正常交流"规则,即一家互联网公司的经营模式不得建立在破坏他方合法经营模式的基础上,对他人可持续经营造成损害,也不能阻碍他方公司与客户之间的正常交流。

在百度诉联通青岛分公司等案中,青岛中院提出了"不能未经他人许可、利用他人的服务行为或者市场份额来进行商业运作并从中获利"的规则,即从事互联网业务的经营者应当通过诚信经营、公平竞争来获得竞争优势,不能未经他人许可,利用他人的服务行为或市场份额来进行商业运作并从中获利。

在爱奇艺诉北京极科极客案中,北京知产法院提出了"不得恶意破坏他人的经营模式上的某一链条"的规则,即在互联网企业的市场竞争中,应当遵守的商业道德包括对于竞争对手经营模式的尊重等内容。如果其他经营者采用恶意破坏经营模式上的某一链条的手段,达到增加自身网络用户的目的,其行为就应被法律所禁止。

"不得破坏他方合法经营模式,也不能阻碍他方公司与客户之间的正常交流""不能未经他人许可、利用他人的服务行为或者市场份额来进行商业运作并从中获利"和"不得恶意破坏他人的经营模式上的某一链条"三种规则在表述上虽有不同,但实质内容大同小异,都是禁止干扰他人的经营模式。

五、租赁营业场地的风险及法律解读

电商创业初期,一般需要租赁营业场地。相对稳定的租赁营业场地,可以让创业企业和创业者们安心创业,但还是有一些租赁的营业场地因为合同设计或其他事项的把控不严,导致风险的出现,影响了创业事业的发展。

(一)出租人非所有人的情形

在这种情况下,与电商创业者(承租人)签订租赁合同的出租方并非房屋的所有权人,我国《物权法》并没有对该种情况做具体的规定。

如果出租人事前取得了事实处分权或者事后得到了所有权人的许可,承租人的租赁权可以类推适用所有权人为出租方的相关法律规定,否则承租权的法律保障将会大打折扣。

(二)先租后卖:买卖不破租赁

房屋先租后卖的案例在实务界常有发生,对于相对缺乏法律常识的电商创业者来说,遇到这种情况会让其处于非常被动的状态。

立法者早在修订《合同法》时,就对作为经济弱势群体的承租人进行了特殊保护。《合同法》第229条规定:"租赁物在租赁期间发生物权变动的,不影响租赁合同的效力"即承租人能够以租赁合同来对抗房屋的所有权人。

作为承租人的创业者在租赁期遇到先租后卖的情形时完全不必惊慌,应当寻求法律救济,保护自己的合法权益。

(三)租金上涨

第一种情况是出租方在续订租赁契约时要求调高租金,毫无疑问这是合理、合法的,同时也是承租方和出租方自由协商的结果。

第二种情况是出租方在租赁期间内要求上涨租金,对于这种情况只要契约约定的租金没有严重地偏离市场行情,承租方都有充足的理由拒绝出租方的请求,并要求双方按照租赁契约继续履行。为了避免因场地的租赁而陷入不必要的纠纷,建议在租约中明确约定租金事项。

任务三　电商创业过程和终止的风险及法律解读

在经过了电商创业初期的准备阶段,就进入到电商创业的实施阶段了。在电商创业过程中,虽然不能说风险无处不在,但还是要有风险的意识,才能顺利达到最后的成功。有一部分人成功,当然也有一部分人失败,如何做好电商创业终止时的风险控制,也很重要。

一、知识产权的风险及法律解读

热播剧《精英律师》的《中华人民共和国知识产权法》让法律专业人士吐槽不已,因为我国并没有制定《中华人民共和国知识产权法》,而是按不同领域分为《专利法》《商标法》和《著作权法》等几部法律。不过从热播剧的角度来看,社会民众对于维护知识产权的法律意识正在日益加强。

对于淘宝的假货问题，马云曾有精彩的回应。他表示自己也很委屈："我很冤枉，淘宝不生成假货，是社会上生成假货在淘宝上容易被发现而已，我没有办法把这个假货打掉，因为我不是执法机构，我没有办法把他关到监狱里。"

拼多多作为新贵的电商平台，便宜是其核心竞争力之一，也符合消费者购物心理。在拼多多平台上，很多商品卖得很便宜，或者让人感觉很便宜的。对于假货横行的质疑，拼多多创始人黄峥认为，"拼多多才 3 岁""需要更多的时间""其他电商平台也有""如今是站在前辈的肩膀之上，我们肯定会治理得更快更好"。

在新出台的《电子商务法》对电商平台规定的法定责任加码的情况下，是否会倒逼电商平台对平台内的电商企业加大知识产权的保护力度，还待以后的效果呈现。不过，对于大部分的电商创业者来说，其定位还是在平台内的电商企业。如何加强自身的知识产权意识，赚"干净"的钱，还是赚"不太干净"的钱，是摆在电商创业者面前的一道选择题。只有抵抗住短期的利益诱惑，才有可能实现中长期的发展和盈利。下面说说几种常见的电商企业侵犯他人知识产权的情况。

（一）实用新型的风险及法律解读

《专利法》第二条规定，本法所称的发明创造是指发明、实用新型和外观设计。发明，是指对产品、方法或者其改进所提出的新的技术方案。实用新型，是指对产品的形状、构造或者其结合所提出的适于实用的新的技术方案。外观设计，是指对产品的形状、图案或者其结合以及色彩与形状、图案的结合所做出的富有美感并适于工业应用的新设计。

一般来说，在电商领域，实用新型和外观设计受侵犯的情况比较多。实用新型专利是指对产品的形状、构造或者其结合所提出的适于实用的新的技术方案。实用新型专利只保护产品，而产品必须具备两个要素：第一，它是个物品；第二，它的产生必须经过生产制造过程。实用新型保护的产品具有确定的形状、构造，占据一定空间。以摆放、堆积等方法获得的非确定的产品形状特征或者生物的或自然形成的形状特征，不能作为实用新型产品的构造和形状的特征。实用新型必须是适于实用的技术方案，即该产品必须能够在产业上制造，并且能够产生积极效果。实用新型须是一项新的技术方案，即之前未被公开披露。

由于实用新型较发明的申请门槛低，适合普通大众的创意和申请。一些创意可能在同一个时间内，由不同的人想到，但法律给予知识产权的是以申请时间的先后为准的。所以有了新的产品或技术方案，建议第一时间申请实用新型专利；如果已经有人申请了，还可以看其专利是否无效，如果存在无效的情况可以提出无效申请。当然，实际情况中，有些专利申请人为了扩大他的知识产权保护范围，有意加大专利权的权利要求范围。别人申请无效时，只能让他扩大的部分无效，而他符合实用新型专利的部分权利要求还是有效的，是不能被侵犯的。有些电商企业以为对方的实用新型专利被宣告部分无效，就不受法律保护，没有忌惮地生产和销售该实用新型专利的产品，结果受到法律的惩罚。

《专利法》第七十条规定：为生产经营目的的使用、许诺销售或者销售不知道是未经专利权人许可而制造并售出的专利侵权产品，能证明该产品合法来源的，不承担赔偿责任。《专利法实施细则》第八十四条规定：销售不知道是假冒专利的产品，并且能够证明该产品合法来源的，由管理专利工作的部门责令停止销售，但免除罚款的处罚。因此，对于经销商来讲，在不知道是侵权产品的前提下，如果能够证明该产品的合法来源，虽然也会被判定为侵权行为,但是一般只需要承担停止侵权的民事责任,不再承担赔偿损失的民事责任,同时也可以免除部分行政处罚责任。一般来说,产品合法来源的证据包括正规的进货渠道,正规的订货合同,正规的销货发票,正规的产品说明书和三包卡等。

参考案例

(2018)粤民终 695 号
专利侵权的诉讼案件解析

谢益长于 2012 年 7 月 13 日向国家知识产权局申请名称为"防触电保护盖"的实用新型专利,并于 2013 年 3 月 13 日获得授权,专利号为 ZL20122035××××.3。

2015 年 6 月 9 日,"广东泽浩科技有限公司"与谢益长签订《专利实施许可合同》,该合同中约定谢益长将案件专利以独占许可方式授权给泽浩公司实施,许可期限为 2015 年 6 月 9 日至 2020 年 12 月 31 日止;同时约定对于第三方的侵权行为由谢益长与侵权方进行交涉或提起诉讼,被许可方协助。

2015 年 10 月 19 日,谊佳公司就上述专利向国家知识产权局提出无效宣告请求,该局于 2016 年 4 月 27 日做出第 28845 号无效宣告请求决定书,宣告 ZL20122035××××.3 号实用新型专利权部分无效,在专利权人于 2015 年 12 月 7 日提交的权利要求 1～2 的基础上维持专利权有效。

2016 年 11 月 8 日,国家知识产权局就案件专利出具的专利登记簿记载:专利实施许可合同的备案,许可人:谢益长;被许可人:广东泽浩科技有限公司,许可类型:独占许可;许可期限起止日:2015 年 6 月 9 日至 2020 年 12 月 31 日;许可备案生效日:2015 年 6 月 10 日;年费信息:第 5 年度年费已缴纳。2017 年 1 月 18 日,泽浩公司缴纳了该年度的年费。

2015 年 8 月 28 日,泽浩公司委托代理人王某在广东省广州市广州公证处公证人员监督下使用该处电脑登录显示商铺名称为"汕头市谊佳电器实业有限公司"的阿里巴巴店铺,网店首页显示有"爆款自产直销"等内容。该店铺展示有一款"母婴用品防触电插座保护盖双马安防保护盖电源、插头保护盖"的产品,单价为 14.8 元,库存为 99 739 套,并载有"全网首发、独家专利"等宣传内容。90 天内商品成交记录显示为 1 292 套。广东省广州市广州公证处公证人员见证了上述过程,对泽浩公司委托代理人登录网站的操作过程进行了截屏及打印,并出具了(2015)粤广广州第 160402 号公证书。

法院认为,泽浩公司、谢益长明确主张以 2015 年 12 月 7 日修改后的专利权利要求 1 作为保护范围。根据上述规定,将被诉产品所实施的技术方案与案件专利权利要求 1 记载的全部技术特征进行比对,被诉产品为二相插座及三相插座防触电保护盖,均由由盖体和插脚构成;其盖体设有一把手,其插脚的大小和位置与电插座相匹配,二相插座保护盖设有两个插脚,三相插座保护盖设有三个插脚;其盖体把手的一端两侧设有圆柱转轴,盖体内侧设有两夹槽夹住圆柱转轴,夹槽与转轴构成一个活动铰接;保护盖的盖体设有一个盖孔,把手穿过该盖孔。可见,被诉产品所实施的技术方案与案件专利权利要求 1 记载的全部技术特征一致,谊佳公司对此亦无异议,故被诉侵权技术方案落入案件专利权保护范围。

    法院判决：① 汕头市谊佳电器实业有限公司于判决发生法律效力之日起停止制造、销售、许诺销售侵害名称为"防触电保护盖"、专利号为 ZL20122035××××.3 实用新型专利权的产品；② 汕头市谊佳电器实业有限公司于判决发生法律效力之日起十日内赔偿广东泽浩棒棒猪科技股份有限公司、谢益长经济损失及合理支出共计 100 000 元；③ 驳回广东泽浩棒棒猪科技股份有限公司、谢益长的其他诉讼请求。

（二）外观设计的风险及法律解读

    外观设计也是电商行业被侵犯的一个重点领域。有些抄袭者在侵犯别人的实用新型专利的时候，还顺带侵犯了别人的外观设计，属于双重侵权。

    外观设计给人更直接的视觉感受，是否相同或相似，一般一眼就能看出。一般能提出的抗辩理由是现有设计。《专利法》第六十二条规定："在专利侵权纠纷中，被控侵权人有证据证明其实施的设计属于现有设计的，不构成侵犯专利权。"根据《专利法》第二十三条第四款及《专利审查指南》第五章的规定，现有设计是指申请日（有优先权的，指优先权日）以前在国内外为公众所知的设计，包括申请日以前在国内外出版物上公开发表过、公开使用过或者以其他方式为公众所知的设计。依据专利权的保护范围应与专利权人的创新性贡献相适应的原则，专利权人只能就其相对于现有设计的创新性贡献获得专利保护，因此现有设计不应纳入外观设计专利权保护范围。另外，我国对外观设计专利申请仅进行初步审查，而向国家知识产权局专利复审委员会提出专利无效请求的行政程序和司法程序周期较长。允许被控侵权人在外观设计专利侵权民事诉讼中提出现有设计抗辩，有利于提高诉讼效率，维护公众合法权益。

    《最高人民法院关于审理侵犯专利权纠纷案件应用法律若干问题的解释》第十四条规定："被诉侵权设计与一个现有设计相同或者无实质性差异的，人民法院应当认定被诉侵权人实施的设计属于专利法第六十二条规定的现有设计。"判定现有设计抗辩是否成立，可以采用三步对比法。首先，对比被诉侵权设计与现有设计，判断是否相同；其次，若被诉侵权设计与现有设计不相同，则进行三方对比，确定区别设计特征；再次，分析区别设计特征对整体视觉效果的影响。

参考案例

（2018）粤民终 545 号
外观设计侵权的诉讼案件解析

    2016 年 1 月 18 日，容楚林向国家知识产权局申请名为"工字加强型经典遮阳篷曲臂"的外观设计专利权，2017 年 5 月 10 日获得公告授权，专利号为 ZL20163003××××.1，该专利至今有效。

    容楚林的代理人经公证在天猫商城"fonorose 旗舰店"（该网店经营者：台州海锦电子商务有限公司）购买并取得被诉侵权产品。经当庭拆封，公证封存的产品为遮阳棚一套，其中的曲臂即为本案被诉侵权产品。

海锦公司主张被诉侵权产品使用的是现有设计,并提交了淘宝网产品截图作为现有设计抗辩文件。容楚林认为被诉侵权产品与海锦公司提交的淘宝网产品截图所载明的现有设计产品完全不同,且该图片上传时间无法确定,不能证实该现有设计公开时间在涉案专利申请日之前,因此海锦公司现有设计抗辩不成立。

法院认为,本案为侵害外观设计专利权纠纷。《最高人民法院关于审理侵犯专利权纠纷案件应用法律若干问题的解释》第八条规定,在与外观设计专利产品相同或者相近种类产品上,采用与授权外观设计相同或者近似的外观设计的,人民法院应当认定被诉侵权设计落入专利法第五十九条第二款规定的外观设计专利权的保护范围。被诉侵权产品与涉案专利产品均为曲臂,是相同种类产品。涉案专利设计整体呈长条状,由上臂和下臂组成,两臂之间由关节连接,曲臂管呈两边凸起,中间有平整的凹槽,曲臂完全展开时呈现开口较大的 V 字形。法院经审查认为,被诉侵权产品的整体设计与涉案专利相同,落入涉案专利权的保护范围。

法院判决:① 海锦公司于判决发生法律效力之日起立即停止销售、许诺销售装有侵犯容楚林专利号为 ZL20163003××××.1、名称为"工字加强型经典遮阳篷曲臂"的外观设计专利权产品的遮阳篷,并删除包含侵权产品的网页;② 海锦公司于判决发生法律效力之日起十日内赔偿容楚林经济损失共 4 万元;③ 驳回容楚林的其他诉讼请求。

(三)著作权的风险及法律解读

著作权不仅包括对文字作品的保护,在电商领域,更重要的是对图片作品的保护。随着智能手机的普及,人人都成了"摄影师",图片的价值日益凸显,随之而来的版权问题也越来越突出,图片版权侵权早已泛滥。

《著作权法》规定,使用他人作品必须经过著作权人的许可,除了因个人学习、时事报道、科学研究等十二种情形下使用可以不经著作权人许可,不向其支付报酬,但应当指明作者姓名、作品名称。在使用图片时一定要注意,免费网站免费下载并不代表可以任意使用,无法得知著作权人、不具有侵权故意都不能成为推卸责任的借口。

一些人可能觉得对原作品进行局部修改,就不算是侵权了,这种想法是错误的。著作权分为著作人身权与著作财产权,其中的著作财产权包括复制权、改编权、发行权等多项权利。未经著作权人同意,改造和使用著作权人的图片,同样构成侵权。

参考案例

(2017)渝民终 385 号

2015 年 10 月 30 日,四季团公司对涉案图片在重庆市版权局进行了作品登记,并获得了作品登记证书,登记号:渝作登字-2015-F-00112926,作品名称:2015-01-永川蝶舞咖啡(09)。首次发表时间:2015 年 1 月 31 日。

四季团公司发现京东公司经营的网站上(http://tuan.jd.com)使用了四季团公司依法享有著作权的图片,遂向重庆市大足公证处申请证据保全公证。

法院认为,本案是著作权侵权纠纷。《中华人民共和国著作权法》第十一条规定,著作权属于作者,如无相反证明,在作品上署名的公民、法人或者其他组织为作者。四季团公司举示了作品登记证书及附图等证据,京东公司并未举示否定四季团公司系著作权人的反驳证据,故涉案图片的著作权人是四季团公司,其依法享有的著作权受法律保护。京东公司虽举示了《团购开放平台合作协议》以及《技术服务框架协议》,但该两份协议的主体均系案外人,尤其是《技术服务框架协议》所涉商家"萤石私人影院杭州店",与本案所涉图片没有任何关联,故不能实现京东公司的证明目的。此外,虽然涉案网页在"商品介绍"右侧标注有"本商品由汉海信息技术(上海)有限公司提供",以及网页上涉案图片右下角带有"点评"及 Logo 的水印,但均不足以证明,京东公司网站内的图片系由案外人自行上传,即从证据的证明效力上,对四季团公司指控京东公司侵权的证据难以形成优势,故京东公司关于其仅提供电子商务平台服务,涉案图片系大众点评网自行上传的抗辩,难以成立。

法院判决如下:① 被告北京京东叁佰陆拾度电子商务有限公司立即停止使用侵权图片,并在本判决生效之日起十日内向原告重庆四季团科技有限公司书面赔礼道歉(道歉内容须经本院审核);② 被告北京京东叁佰陆拾度电子商务有限公司于本判决生效之日起十日内向原告重庆四季团科技有限公司赔偿经济损失及合理费用合计 350 元;③ 驳回原告重庆四季团科技有限公司的其他诉讼请求。

(四)商标的风险及法律解读

商标侵权在我国是很常见的一种侵权行为,尤其是在电商领域,大家都想着傍大牌,有些消费者也喜欢买所谓的"B货"产品。根据《商标法》第五十二条的规定,侵犯注册商标专用权的行为主要包括以下几种:

一是未经注册商标所有人许可,在同一种商品或类似商品上使用与注册商标相同或近似的商标的行为。

二是未经商标注册人同意,更换其注册商标并将该更换商标的商品又投入市场的行为。这种行为在理论上也称为"反向假冒"行为。

三是销售侵犯注册商标专用权的商品的行为。结合《商标法》第五十六条第三款的规定,即销售不知道是侵犯注册商标专用权的商品,能证明该商品是自己合法取得并说明提供者的,不承担赔偿责任。因此,这种形式的商标侵权行为是需要销售者主观明知为要件的。

四是伪造或擅自制造他人注册商标标识或者销售伪造、擅自制造的注册商标标识的行为。须注意的是,这种侵权行为是商标标识的侵权行为,包括"制造"和"销售"两种行为。

五是给他人的注册商标专用权造成其他损害的行为。

电商创业者要有自信的心态,自造属于自己的品牌,没必要为了一些可能的短期利益去冒险,创业就要创长青基业,创民族和世界的品牌,以质量和实力取胜。

参考案例

(2018)浙民终 205 号
非法使用"商标"的诉讼案件解析解析

杭州啄木鸟公司于 2000 年 4 月 6 日经浙江省杭州市市场监督管理局注册成立,营业期限从 2000 年 4 月 6 日至 2020 年 4 月 5 日止,注册资本 800 000 元,经营范围:批发、零售鞋类、皮具(依法须经批准的项目,经相关部门批准后方可开展经营活动)。2001 年 2 月 21 日,杭州啄木鸟公司取得注册号为第 1525486 号"啄木鸟"注册商标,核定使用商品为第 25 类,包括鞋;靴;鞋垫;足球鞋,有效期限自 2001 年 2 月 21 日至 2011 年 2 月 20 日止。2010 年 10 月 15 日,经国家工商行政管理总局商标局核准续展注册有效期自 2011 年 2 月 21 日至 2021 年 2 月 20 日止。

青田啄木鸟公司于 2010 年 10 月 20 日经青田县市场监督管理局核准注册成立,注册资本 1 000 000 元,经营范围:皮鞋、皮具、箱包制造、销售。啄木鸟(集团)有限公司于 1998 年 11 月 21 日、1999 年 4 月 7 日分别取得注册号为第 1224862 号鸟型注册商标和第 1260890 号"PLOVER"注册商标,核定使用商品均为第 25 类,包括纺织品(服装);皮带(服饰用);鞋;内衣;大衣;皮衣(服装);制服;手套;运动衣衫;妇式无袖胸衣(衬衫假前胸)。鸟型注册商标有效期自 1998 年 11 月 21 日至 2008 年 11 月 20 日止,"PLOVER"注册商标有效期自 1999 年 4 月 7 日至 2009 年 4 月 6 日止。经国家工商行政管理总局商标局分别于 2008 年 7 月 28 日、2009 年 6 月 5 日核准续展注册有效期自 2008 年 11 月 21 日至 2018 年 11 月 20 日及 2009 年 4 月 7 日至 2019 年 4 月 6 日。2015 年 12 月 16 日,啄木鸟(集团)有限公司授权青田啄木鸟公司在中国区域内(香港、台湾、澳门除外)生产销售第 1224862 号鸟型、第 1260890 号"PLOVER"品牌鞋类:皮鞋、拖鞋、布鞋、休闲鞋、胶鞋、凉鞋系列产品。授权期限自 2016 年 1 月 1 日至 2017 年 12 月 31 日止。青田啄木鸟公司在京东商城经营"plover 女鞋旗舰店"。

庭审中经比对,杭州啄木鸟公司主张青田啄木鸟公司在京东商城"plover 女鞋旗舰店"店铺网页中"商品介绍"项下"品牌:啄木鸟(PLOVER)"的"啄木鸟"三个字与其第 1525486 号"啄木鸟"注册商标相同,青田啄木鸟公司对两者相同无异议,但认为其使用"啄木鸟"三字并非商标使用。

法院认为,京东商城"plover 女鞋旗舰店"店铺网页中"商品介绍"项下显示"品牌:啄木鸟(PLOVER)","啄木鸟(PLOVER)"标识作为品牌标注,其中 PLOVER 系青田啄木鸟公司享有商标使用权,但啄木鸟三字使用在前,字体、大小等与 PLOVER 均相同,其使用该标识构成商标使用,且啄木鸟三字与涉案商标完全相同,故青田啄木鸟公司在其网店销售页面上使用上述标识行为未经商标注册人的许可,侵害了杭州啄木鸟公司第 1525486 号"啄木鸟"注册商标专用权,应承担停止侵害、赔偿损失的民事责任。判决青田啄木鸟公司立即停止在京东商城"plover 女鞋旗舰店"销售宣传中使用"啄木鸟"商标标识的行为,并赔偿杭州啄木鸟鞋业有限公司经济损失 50 000 元(含维权合理费用等)。

二、用工风险及法律解读

随着企业的发展,业务能力的扩大,企业必定会招聘员工入职。而劳动合同的签订是员工入职的必经程序,为了保障劳资双方的合法利益,我国《劳动法》已对劳动合同的签订时间、形式和内容都进行了详尽的规定。企业应当与劳动者签订符合法律规定的劳动合同。一些电商创业者善于和员工打鸡血，画未来美好愿景，但在劳动合同的规范方面却草草了事，埋下用工风险的种子。

（一）事实劳动关系的风险及法律解读

事实劳动关系，是指用人单位与劳动者之间存在劳动关系，但没有签订书面劳动合同的情形。一些电商创业者忙于创业，可能连负责基本的人力资源管理的员工都没有，他们认为反正会给工资，不拖欠工资就行，签不签劳动合同无所谓，这是缺乏法律认知的表现。还有一些企业的档案管理混乱，即使签了劳动合同，一转身就把合同不知道放哪里了，被员工控告时有苦说不出。如果存在事实劳动关系，会有以下的风险责任：

（1）企业不签劳动合同的行为违反了法律的规定，属于违法用工；

（2）事实劳动关系期间企业需要依法给予劳动者各项待遇，还需要支付两倍工资，增加企业的用工成本；

（3）事实劳动关系在一年后可以成为无固定期限劳动合同，不利于企业人力资源的管理。

通过上述内容的了解，我们应该知道不签劳动合同的用工风险有多大。而且现实中还有一些专门"碰瓷"的员工工作几个月就离职后诉诸劳动仲裁，要求企业支付两倍工资，因为他在入职时就留了一手，比如签劳动合同时故意写错姓名和身份证号，故意找借口不签劳动合同等，这些都对企业构成了潜在的巨大威胁。

当然，如果真的没有签订劳动合同或签订后丢失的，企业还可以通过其他文件比如明确约定了劳动合同主要内容的《员工录用审批表》来证明，尽量将没签劳动合同的用工风险化解。

参考案例

《最高人民法院公报》2013 年第 12 期

被告单晶晶于 2011 年 6 月 30 日入职原告泛太物流公司，担任人力行政部员工，其月工资标准为税前 4 000 元，税后实发金额 3 652.94 元，泛太物流公司支付单晶晶工资至 2011 年 7 月 31 日。被告单晶晶主张原告泛太物流公司未与其签订书面劳动合同，泛太物流公司提出单晶晶入职后该公司与其签订了 3 年期的劳动合同，因单晶晶负责保管员工档案，其离职时擅自将劳动合同等材料带走。

法院认为，依据泛太物流公司提供的《工作职责》的内容，单晶晶负责公司员工的档案管理工作，其虽否认负责上述工作，且否认《工作职责》中自己签字的真实性，但经法院释明，其未申请对上述签字的真伪进行鉴定，应当承担上述事实不能查明的不利法律后果，即法院对《工作职责》的证明力予以确认，采信泛太物流公司关于单晶晶负责员工档案管理的主张，但仅凭借单晶晶负责保管档案以及其持有部分泛太物流公司文件的事实并不足以证实泛太物流公司曾与单晶晶签订有书面劳动合同书。反而，单晶晶持有的《员工录用审批表》中明确约定了其工作部门、工作地点、聘用期限、试用期、工资待遇等，并附有泛太物流公司法定代表人苏树平的签字，上述审批表内容已经具备劳动合同的要件，特别是上述《员工录用审批表》现由单晶晶持有并由其作为证据提供，即其认可上述审批表的内容,因此法院认为该审批表具有劳动合同的性质。故单晶晶要求泛太物流公司支付2011年7月30日至2011年8月30日期间未签订劳动合同的二倍工资差额,其中2011年7月30日至2011年8月17日期间系包含在上述审批表所载明的合同期限内,其中2011年8月17日后双方已经解除劳动合同关系,故泛太物流公司无须支付上述期间二倍工资差额。综上,对泛太物流公司提出的无须支付未签订劳动合同的二倍工资差额的主张,法院予以支持。

(二)非全日制用工的风险及法律解读

非全日制用工合同是指以小时计酬为主,劳动者在同一用人单位一般平均每日工作时间不超过四小时,每周工作时间不超过二十四小时的用工形式。非全日制用工合同是一种灵活用工的形式,因为不需要支付"五险一金"等成本,适合比较需要控制用工成本的电商创业企业。但是如果运用不当,就会得不偿失,本来想控制成本,却造成成本加大的境界。

非全日制用工的风险主要是将本应是全日制的用工当成非全日制用工,爱贪小便宜,变相签订了非全日制用工合同。出现合同无效,形成事实劳动合同关系。

第二个风险是保险缴纳。虽然不用缴纳"五险一金",但企业要为非全日制劳动者缴纳工伤保险。一旦劳动者发生工伤事故,没有缴纳的企业不仅要承担相应的赔偿责任,而且因其行为的违法性要受到相应的行政处罚。

参考案例

(2018)晋04民终197号
劳动保护权益的诉讼案件解析

2011年8月10日,原告郭某与被告三元石窟煤业签订了非全日制用工合同书。之后原告郭某一直在被告处从事司炉工工作。2017年4月,原告再未到被告处工作,因此双方发生劳动争议。

法院认为,劳动者的合法权益受到法律保护。原告郭某2011年8月起在被告处从事司炉工工作,双方形成劳动关系。被告在仲裁阶段主张原被告签订的是非全日制用工合同,可以随时解除劳动关系。根据原告所提供证据可以证明,原告每天工作时间为8个小时,且从被告给付原告工资的形式可以看出工资是按月支付,这与双方所签订的非全日制用工不相吻合,从原告所举的证据本院应予认定原告系全日制用工。2017年4月,被告以双方系非全日制用工,可以随时解除劳动关系为由口头通知原告解除双方的劳动关系,亦不符合法律规定。原告自2017年4月起再未到被告处上班,双方的劳动合同已经无继续履行的可能,原告要求被告支付赔偿金的请求应当予以支持。根据《中华人民共和国劳动合同法实施条例》第二十五条规定,用人单位违反劳动合同法的规定解除或者终止劳动合同,依照劳动合同法第八十七条的规定支付了赔偿金的,不再支付经济补偿,故对于原告要求被告支付经济补偿金的诉讼请求本院不予支持。关于原告要求被告支付其未签订劳动合同的双倍工资和加班工资的请求因原告未提供证据,本院不予保障。关于原告要求被告补缴其2010年3月至2017年8月间社会保险费用的相关请求,本院认为社会保险费的征缴应属于行政机关的行政职责,不属于人民法院的受案范围。据此,依据《中华人民共和国劳动法》第一百条,《中华人民共和国劳动合同法》第三十六条、第四十八条、第八十七条,最高人民法院《关于审理劳动争议案件适用法律若干问题的解释(三)》第九条,《中华人民共和国民事诉讼法》第六十四条第一款、第一百四十四条之规定,判决:① 被告山西煤炭运销集团三元石窟煤业有限公司在本判决生效后十日内支付原告郭某赔偿金34 680元。如果未按照判决指定期间履行金钱给付义务,应当依照《中华人民共和国民事诉讼法》第二百五十三条之规定,加倍支付迟延履行期间的债务利息。② 驳回原告郭某的其他诉讼请求。

(三)劳动合同试用期的风险及法律解读

《劳动合同法》对试用期时间限定为:劳动合同期限三个月以上不满一年的,试用期不得超过一个月;劳动合同期限一年以上不满三年的,试用期不得超过两个月;三年以上固定期限和无固定期限的劳动合同,试用期不得超过六个月;以完成一定工作任务为期限的劳动合同或者劳动合同期限不满三个月的,不得约定试用期。

有些电商创业企业对劳动合同试用期的规定不甚了解,或者只知道试用期时间不能超过法律规定这一点,而其他的规定没有很好的掌握,造成了一定的用工风险。除了上述的时间限制之外,劳动合同试用期还有以下几个法律规定要点需要掌握:

(1)约定次数:同一用人单位与同一劳动者只能约定一次试用期。

(2)试用期性质:试用期包含在劳动合同期限内。劳动合同仅约定试用期的,试用期不成立,该期限为劳动合同期限。

(3)薪资待遇:劳动者在试用期的工资不得低于本单位相同岗位最低档工资或者劳动合同约定工资的百分之八十,并不得低于用人单位所在地的最低工资标准。

还有一些电商创业企业认为试用期不给签订劳动合同,过了试用期才签订不迟,这就涉及双倍工资赔偿的问题了。根据《劳动合同法》第八十二条的规定,用人单位自用工之日起超过一个月不满一年未与劳动者订立书面劳动合同的,应当向劳动者每月支付两倍的工资。这里需要注意的是,法律规定的是用工之日起,试用期也是在用工的时间段内。如果在试用期内不与员工签订书面劳动合同,公司并不能免除依法应当承担的法律责任,相反,公司在试用期内不与员工签订书面劳动合同,不仅没有降低成本,而且增加了企业的负担,同时,也为企业今后的健康发展设置了障碍。

(四)随意解除劳动合同的风险及法律解读

有些电商创业企业的人员流动性大,强调优胜劣汰,对不符合企业发展的员工一律辞退。比如抖音就经常出现这样一个相似的搞笑短视频:一个高管看见一个员工模样的人上班的时候在偷懒,就过去问他:"你一个月工资多少钱?"答曰:"8 000"。高管立即拿出8 000块现金扔给他,让他走人。那人一拿就离开了,后来才知道那人只是来公司送快递的。这个视频虽然搞笑,但也折射出大家对解除劳动合同、解雇员工的认知误区。

企业正常解除员工的劳动合同需要支付 $N+1$ 的经济补偿金。员工在企业工作 N 年就要支付 N 个月的工资;$N+1$,其中的 $+1$ 就是所谓的代通知金,提前30天通知就不用支付,如果没有提前 30 天通知,那么就需要支付这一个月的工资作为代通知金。

如果劳动者存在《劳动合同法》第三十九条规定的行为之一的,用人单位可以依法单方解除劳动合同,且无须向劳动者支付解除劳动合同补偿金:

劳动者有下列情形之一的,用人单位可以解除劳动合同:

(1) 在试用期间被证明不符合录用条件的;

(2) 严重违反用人单位的规章制度的;

(3) 严重失职,营私舞弊,给用人单位造成重大损害的;

(4) 劳动者同时与其他用人单位建立劳动关系,对完成本单位的工作任务造成严重影响,或者经用人单位提出,拒不改正的;

(5) 因本法第二十六条第一款第一项规定的情形致使劳动合同无效的;

(6) 被依法追究刑事责任的。

在实践中,用人单位依据上述条款解除劳动合同却最容易发生法律风险,演变为违法解除,从而承担支付违法解除劳动合同赔偿金(2N)的风险,或者面临被生效判决撤销解除劳动合同决定,恢复劳动者劳动关系的风险。面临上述风险很大一部分原因是用人单位在诉讼中不能对其解除劳动合同所依据的事实成立举证成功,以及不遵守解除劳动合同的合法程序。

用人单位在依据上述条款解除员工劳动合同时,要把握好 3 个方面:一是能够呈现解除劳动合同合法有效的事实证据。例如,以严重违纪解除劳动合同的应当提供员工严重违反规章制度的证据,提供公司规章制度已经向员工送达的证据。二是要履行送达程序。在做出解除劳动合同决定后,依法向员工本人送达解除劳动合同通知书。三是用人单位在单方解除劳动合同时,如果企业有工会的,应当事先将解除劳动合同的理由告知工会组织。

另外,有些员工也不是企业想解除劳动合同关系就能解除的。《劳动合同法》第四十二条规定了企业不得解除劳动合同的禁区,一旦有以下情况,即使企业想给钱解雇也是解雇不了的。

劳动者有下列情形之一的用人单位不得依照本法第四十条、第四十一条的规定解除劳动合同:

(1) 从事接触职业病危害作业的劳动者未进行离岗前职业健康检查。或者疑似职业病人在诊断或者医学观察期间的。

(2) 在本单位患职业病或者因为因工负伤并被确认丧失或部分丧失劳动能力的。

(3) 患病或者非因工负伤,在规定的医疗期内的。

(4) 女职工在孕期、产期、哺乳期的。

(5) 在本单位连续工作满十五年,且距法定退休年龄不足五年的。

(6) 法律、行政法规规定的其他情形。

三、税务风险及法律解读

电商行业以前基本上都是不缴税的。对于自然人的电商,以前是不做工商税务登记的,不缴税也就被认为是理所当然的;对于企业型的电商,只要是客户不要求开发票的,就不缴税,而要求开发票的客户占比也是比较小的,所以也是无法按照实际收入缴税的。在这种状态下的纳税情况,其实是有很大的风险的。因为交易是透明的,每一笔平台交易记录上都是永久保留的,且没有时限。

税务机关之前一直是放水养鱼的状态,《电子商务法》施行后,税务机关就有法律依据,要求天猫、淘宝、拼多多等平台的经营者提供商家的交易记录明细。针对资金流水,相信很多电商经营者都会各有各的法子,来尽可能地避税。但是主要的依据还是各大平台的交易记录,只要税务机关获得了平台的实际交易记录,便无处躲藏。

建议电商经营者健全自己公司的内账登记,做好成本利润表,为将来可能的税务追缴和以后正常的税务征收提供纳税成本抵扣的依据。

另外,通过私人账户收款来逃避缴纳税款的方式,其实是有较大风险的。金税三期之后,税务稽查力度在逐渐加大,除了公司账户,公司法定代表人或实际控制人或主要负责人的个人账户也纳入稽查范围。如果出现数据异常,系统就会自动预警,税收管理人员自然就会关注到。即使收款账户是公司财务人员,那也难以避免用其他凭证代替发票使用,相关的成本费用的列支就难免混乱。金税三期之后大数据可以抓取第三方数据。例如,本月该企业的用电成本激增,税务局可以通过调取电力公司数据来进行相应验证。当代收款人与公司发生矛盾时,代收款人可能不同意将全部公司款项予以返还,也会导致纠纷产生。

如果避税不当,还可能违反《刑法》规定,涉嫌犯罪。《刑法》第二百零一条规定,纳税人采取欺骗、隐瞒手段进行虚假纳税申报或者不申报,逃避缴纳税款数额较大并且占应纳税额百分之十以上的,处三年以下有期徒刑或者拘役,并处罚金;数额巨大并且占应纳税额百分之三十以上的,处三年以上七年以下有期徒刑,并处罚金。

电商征税是社会经济发展的必然结果,没有必要逆历史潮流而行。如何能将征税这个"坏事"变成"好事",合理利用税收优惠等政策,才是摆在电商创业者面前的一道考题。

新闻链接

2019年11月10日《惠州日报》
税局送政策上门,助理企业迎战"双十一"

一年一度的"双十一"网商盛宴已进入倒计时,惠州市众多电商企业早已进入备战状态。为助力惠州电商再创新佳绩,国家税务总局惠州市惠城区税务局充分发挥税收职能作用,主动送政策上门,解决企业遇到的困难,助力企业轻松迎战"双十一"。

落实减税降费,为企业减负。"自4月1日起增值税税率下调以来,我们公司减税超700万元,减税幅度超19%。公司把享受到的减税红利用于IT软硬件的提升、人员服务培训等等,力争在今年的'双十一'把最好最优质最优惠的服务和产品回馈给广大用户!"TCL集团旗下惠州酷友网络科技有限公司财务部部长李鹏南高兴地说。

作为惠城区电商企业"巨头",TCL集团旗下的惠州酷友网络科技有限公司最近格外忙碌,加班加点地备战"双十一"。而这只是惠城区众多电商企业加快产业创新、技术创新、提高生产技能和服务水平的缩影。

　　李鹏南告诉记者,经过几年的努力,加上各项税收优惠政策的落地实施,惠州酷友网络科技有限公司已经成为国内传统家电制造行业在电商方向发展的领先者,无论是运营模式还是业务规模都处于领先地位,去年年度销售额已突破 90 亿。

(资料来源:惠州日报.2019 年 11 月 10 日.)

四、电商平台刷单的风险及法律解读

　　"不刷单等死,刷单找死"。面对刷单的诱惑,可能很多电商创业者都控制不住自己,但刷单有风险,刷之前还是先考虑清楚。

　　(一)刷单可能面临的税务风险

　　根据一些报道,现在已经有税务系统针对电商平台的商家所主动申报的销售收入与实际应纳税额出现较大差距的情形要求其补税并按照相关法律法规处以罚金。税务机关不管你是真实交易还是虚假刷单,他们只认交易平台的交易数据,所以电商经营者是有苦说不出,自己挖的坑,只能自己跳。

　　(二)组织网络刷单的法律风险

　　部分商家为了达到刷单的目的,有时会通过专业的刷单公司"一条龙"服务达到成交量激增的目的。针对有策划、有设备、有步骤、有技术、有成员形成规模化的有组织刷单群体,常规的管控手段是市场监管局的行政处罚。

　　随着修订后的《反不正当竞争法》出台(于 2018 年 1 月 1 日正式生效),打击虚假宣传的力度进一步提升。根据《反不正当竞争法》第二十条违反本法第八条对商品作虚假或者引人误解的商业宣传,或者通过组织虚假交易等方式帮助其他经营者进行虚假或者引人误解的商业宣传,由监督检查部门责令停止违法行为,处二十万元以上一百万元以下的罚款;情节严重的,处一百万元以上两百万元以下的罚款,可以吊销营业执照。对比之前的旧版《反不正当竞争法》,修改后的《反法》对虚假宣传由之前的行政处罚二十万元封顶直接调整为二十万元起步,两百万元封顶。

　　为了肃清网购环境,促进公平竞争,保护消费者的知情权,营造公平竞争的环境,2016 年度出现了"电商起诉刷单平台第一案",即浙江淘宝网络有限公司、浙江天猫网络有限公司诉杭州简世网络科技有限公司不正当竞争纠纷一案在杭州西湖区人民法院落槌。杭州简世公司于 2014 年成立傻推网,主要业务是从事网络刷单炒信等,商家在此平台上发布刷单任务,"刷手"接单并提供服务,在此过程中,商家支付给"刷手"费用的 20% 将作为佣金被傻推网收入囊中。此外,长期有刷单需求的商家可以"入会",会费有 268 元/月和 1 980 元/年两种选择。一直以来,该公司的主要利润来源就是佣金和会费。法院认为,简世公司组织炒信的行为违背了公平、诚实信用原则和商业道德,严重侵害消费者利益并扰乱了电商平台的经营秩序,一审判决简世公司赔偿两原告经济损失以及合理开支 20.2 万元。

　　(三)网络刷单可能面临的刑事风险

　　一些电商平台的经营者虽然未向刷单专业户寻求合作,但是向公司员工或者多数个

朋友寻求帮助,由同事、朋友、员工在电商平台上下单、付款,不实际发货,在电商平台上确认交易成功并将相应的价款退还给下单人员的。根据《最高人民法院 最高人民检察院关于办理非法从事资金支付结算业务、非法买卖外汇刑事案件适用法律若干问题的解释》(2019年2月1日施行)的规定,该行为只要金额达到了一定的标准,即构成非法经营罪。详见该解释的第一条第一款:违反国家规定,使用网络支付接口方法,以虚构交易、交易退款等非法方式向指定付款方支付货币资金的,属于刑法第二百二十五条第三项规定的"非法从事资金支付结算业务"。

五、电商创业组织终止的风险及法律解读

电商创业组织终止是指创业组织彻底结束营业活动和市场主体资格的彻底消灭。在创业组织终止活动中潜在的风险主要包括创业组织没有进行依法注销登记,且被他人恶意盗用的风险。

如果创业者选择以个体工商户作为创业组织形式,那么创业组织在终止后,创业者还应当对创业组织在存续期间所负的债务承担无限责任。如果创业者选择以有限责任公司作为创业组织形式,创业者则可以通过公司注销程序,使自己免于承担创业组织所不能的部分债务。

电商创业失败后,有些电商创业者没有对创业载体即创业组织进行合法的处理,认为失败了卷铺盖走人就行,没有法律意识,造成了失败后的二次风险。

如果公司没有走正常的注销程序,而公司又没有正常的营业和年检,那一定会被工商管理部门吊销。如果每月不去定期报税,一定会被税务局上"黑名单",将来再想注销时,要交罚款甚至是其他处罚后才可以做税务注销,然后才能继续工商注销等行为。

如果公司被吊销执照而不及时申请注销的,则会存在以下法律风险:

(1)处罚与罚款。根据公司登记条例规定,公司登记事项发生变更时,未依照本条例规定办理有关变更登记的,由公司登记机关责令限期登记;逾期不登记的,处以1万元以上10万元以下的罚款。

(2)法定代表人进入"黑名单"。根据《公司法》第一百四十七条第四款"担任因违法被吊销营业执照、责令关闭的公司、企业的法定代表人,并负有个人责任的,自该公司、企业被吊销营业执照之日起未逾三年"的人"不得担任公司的董事、监事、高级管理人员"。国家工商行政管理总局《公司法人的法定代表人登记管理规定》也明文规定:担任因违法被吊销营业执照的公司的法定代表人,并对该公司违法行为负有个人责任,自该公司被吊销营业执照之日起未逾三年的,不得担任其他公司的法定代表人。

(3)股东的"连带责任"。依据《最高人民法院关于适用〈公司法〉若干问题的规定》(二)第十八条的规定,有限责任公司的股东、股份有限公司的董事和控股股东因怠于履行义务,导致公司主要财产、账册、重要文件等灭失,无法进行清算,债权人主张其对公司债务承担连带责任的,人民法院应依法予以支持。

(4)董事、控股股东、实际控制人的"债务清偿责任"。依据《最高人民法院关于适用〈公司法〉若干问题的规定》(二)第二十条的规定,公司未经清算即办理注销登记,导致公司无法进行清算,债权人主张有限责任公司的股东、股份有限公司的董事和控股股东,以

及公司的实际控制人对公司债务承担清偿责任的,人民法院应依法予以支持。

（5）将涉及无照经营。被吊销营业执照的公司,应当将营业执照公章、合同专用章等缴回原登记机关,拒不缴回的,属违反登记管理法规的行为,可以提请当地公安机关协助收缴。利用应收缴的营业执照从事经营活动的,按无照经营论处。构成犯罪的,依法追究刑事责任。

另外,一些地区对被吊销企业也颁布了进一步限制与处罚措施,比如按照上海市工商行政管理局在建的公司信用信息平台:一些被吊销营业执照和严重违法违规的公司及其负有责任的法定代表人的不良信息将被锁入警示信息库,实行分类监管,并逐步推行"黑名单"制度,扩大失信行为的公示范围。这些不良信用记录并不因公司消亡或责任人离职而终结,不良记录将在相对较长的时间内在责任人个人名下不能消除,使其承担失信于社会的后果。严重的,将影响个人购房的银行贷款问题。

能力训练

一、单选题

1. 根据规定,涉及域名的侵权纠纷案件,由侵权行为地或者被告所在地的中级人民法院管辖。对难以确定的原告,发现该域名的计算机终端等设备所在地可以视为（   ）。

A. 原告所在地   B. 被告所在地

C. 侵权所在地   D. 侵权行为地

2. 电子商务法,是调整以数据电文为交易手段而形成的因（   ）所引起的商事关系的规范体系。

A. 交易形式   B. 交易内容

C. 交易方式   D. 交易结果

3. 关于数据电文的法律效力,正确的表述是（   ）。

A. 由于数据电文的易篡改性,其法律效力是不能确定的

B. 由于数据的电文是一种新的形式,其法律效力需要等待法律的明确规定

C. 数据电文是否具有法律效力,由有关的当事人约定

D. 不得仅仅以某项信息采用数据电文形式为理由,而否定其法律效力

4. 网上银行作为高新技术的银行服务手段,与传统的银行服务体系相比,具有以下特征（   ）。

A. 更好的客户服务模式   B. 经营成本大大提高

C. 更安全的付款方式   D. 增加了交易成本

5. 为保护消费者的权益,许多国家的法律赋予消费者在一定期间内使用商品,并无条件解除合同的权力。这个无条件退货或解除合同的期间,被称为（   ）。

A. 解除合同期   B. 变更合同期

C. 撤销合同期   D. 冷却期限

二、多选题

1. 对于一家淘宝店来说,交易所涉及的电子信息主体包括（   ）。

A. 金融机构   B. 认证机构

C. 消费者   D. 网络服务提供商

2. 小张在网上购买一箱水果,下单时把地址填错导致收货失败,从电子信息交易合同来看,小张属于违约方,小张可以采取以下哪些救济方式?(　　)。

A. 实际履行   B. 责令改正

C. 继续使用   D. 中止合同

3. 电子商务对以纸质文件为基础的传统法律规范带来的冲击表现在以下哪些方面?(　　)。

A. 书面形式问题   B. 主体资格问题

C. 签名问题   D. 证据效力问题

4. 电子货币的特征有(　　)。

A. 数字化形式   B. 电子化手段

C. 主题广泛性   D. 结算方式票据化

5. 支付宝作为第三方,在电子商务交易中也从事认证服务,支付宝具有什么条件?(　　)。

A. 依法成立的法人组织

B. 具有与认证服务相适应的专业技术人员和管理人员

C. 具备为用户提高认证服务和承担风险责任的能力

D. 具有符合国家安全标准的技术和设备

三、思考题

小张打算在淘宝、拼多多等几大主流平台开店,售卖家乡的特产食品。请从电子商务法的角度给小张一些法律建议。

参考文献

1. 胡剑锋,彭学兵.创业管理:理论流程与实践[M].第二版.北京:高等教育出版社,2019.
2. 缑婷,鲍洪杰,刘泽文.市场分析与创业机会识别[M].北京:经济管理出版社,2017.
3. 李昆益.创业之旅:机会、模式与行动[M].北京:中国人民大学出版社,2019.
4. 姚飞.创业营销——案例与微课[M].北京:中国纺织出版社,2017.
5. 谌飞龙.创业营销:创业项目包装与推介[M].北京:机械工业出版社,2017.
6. [美]米内特·辛德胡特.创业营销:创造未来顾客[M].北京:机械工业出版社,2009.
7. [瑞士]亚历山大·奥斯特瓦德.商业模式新生代[M].北京:机械工业出版社,2016.
8. 杨卫军.创新创业基础[M].北京:高等教育出版社,2018.
9. [美]菲利普·科特勒,凯文·莱恩·凯勒.营销管理[M].第 15 版.上海:格致出版社,2016.
10. 由建勋.创新创业实务[M].北京:高等教育出版社,2016.
11. 郑春芳,王婷,张翠波.跨境电商:理论、政策与实操[M].北京:经济科学出版社,2019.
12. 汪占熬.跨境电子商务创业[M].杭州:浙江大学出版社,2019.
13. 陆金英,祝万青,王艳.跨境电商操作实务(亚马逊平台)[M].北京:中国人民大学出版社,2018.
14. 纵雨果.亚马逊跨境电商运营从入门到精通[M].北京:电子工业出版社,2018.
15. 李鹏博.揭秘跨境电商[M].北京:电子工业出版社,2015.
16. 邓志超,崔慧勇,莫川川.跨境电商基础与实务[M].北京:人民邮电出版社,2017.
17. 胡令.电子商务理论与实务[M].第 2 版.北京:人民邮电出版社,2017.
18. 张瑞夫.跨境电子商务理论与实务[M].北京:中国财政经济出版社,2017.
19. 关继超.跨境电商[M].广州:广东人民出版社,2016.
20. 冯潮前.跨境电子商务支付与结算实验教程[M].杭州:浙江大学出版社,2016.
21. 左锋.跨境电商物流业务操作[M].北京:中国人民大学出版社,2018.
22. 易静.跨境电子商务客户服务[M].北京:人民邮电出版社,2019.
23. 林海.新媒体营销[M].北京:高等教育出版社,2019.
24. 李京京,王莉红.新媒体营销[M].北京:人民邮电出版社,2019.
25. 余红,张雯.新媒体用户分析[M].北京:高等教育出版社,2019.
26. 高光泽.新媒体引流:移动社交微电商实战秘籍[M].北京:电子工业出版社,2017.
27. 艾尔·巴比.社会研究方法.[M].第 11 版.北京:华夏出版社,2009.
28. 古斯塔夫·勒庞.乌合之众:大众心理研究[M].王浩宇,译.北京:北京联合出版公司,2016.

29. 米尔顿.深入浅出数据分析[M].李芳,译.北京:电子工业出版社,2010.

30. 凯文·凯利.失控:全人类的最终命运和结局[M].张行舟,陈新武,王钦,译.北京:电子工业出版社,2016.

31. 苏杰.人人都是产品经理[M].北京:电子工业出版社,2012.

32. Donald,Norman.设计心理学[M].北京:中信出版社,2010.

33. Neuman,William,Lawrence.社会研究方法:定性和定量的取向[M].郝大海,译.北京:中国人民大学出版社,2007.

34. 戴维·S.穆尔.统计学的世界[M].第5版.北京:中信出版社,2003.

35. Nathan Yau.鲜活的数据:数据可视化指南[M].向怡宁,译.北京:人民邮电出版社,2012.

36. 史蒂夫·布兰克.创业成功范式——硅谷创业教父的忠告[M].北京:机械工业出版社,2016.

37. 李笑来.斯坦福大学创业成长课[M].天津:天津人民出版社,2016.

38. 埃里克·莱斯.精益创业:新创企业的成长思维[M].北京:中信出版社,2012.

39. 鲁百年.创新设计思维:设计思维方法论及实践手册[M].北京:清华大学出版社,2015.

40. 张玉利等.创业管理[M].第四版.北京:机械工业出版社,2016.

41. 尚旭东.管理就是带团队:带出高效团队就靠这几招[M].北京:人民邮电出版社,2015.

42. 梁红波.大学生创新与创业[M].上海:同济大学出版社,2018.

43. 邓文达.邓朝辉.李一.大学生创新与创业[M].北京:人民邮电出版社,2016.

44. 斯晓夫.吴晓波.陈凌.邬爱其.创业管理[M].杭州:浙江大学出版社,2016.

45. 杨芳.刘月波.大学生创新与创业教程[M].天津:南开大学出版社,2017.

46. 李家华.创业基础[M].北京:清华大学出版社,2015.

47. [美]罗伯特·史蒂文·卡普兰.哈佛商学院最受欢迎的领导课[M].北京:中信出版社,2018.

48. 赵伟.抓执行:不会带团队,你就只能干到死[M].北京:当代中国出版社,2014.

49. 马忠.公司财务管理案例分析[M].北京:机械工业出版社,2015.

50. 莱西.硅谷合伙人[M].北京:人民邮电出版社,2014.

51. 王艳茹.创业财务[M].北京:清华大学出版社,2017.

52. 王艳茹.初创企业财税[M].大连:东北财经大学出版社,2019.

53. 埃里克,莱斯.精益创业:新创企业的成长思维[M].吴彤,译.北京:中信出版社,2012.

54. 张正华.创新思维、方法和管理[M].北京:冶金工业出版社,2013.

55. 李良智.创业管理学[M].北京:中国社会科学出版社,2007.

56. 房西苑.资本的游戏[M].北京:机械出版社,2008.

57. 马忠.公司财务管理[M].第二版.北京:机械工业出版社,2015.,

58. 张元萍.创业融资和风险投资[M].北京:中国金融出版社,2006.

59. 朱一平.风险资本治理机制研究[M].北京:中国经济出版社,2007.

60. 成思危.风险投资在中国[M].上海:上海交通大学出版社,2007.

61. 雷家骕.高技术创业管理[M].北京:清华大学出版社,2008.

62. 桂曙光.创业之初你不可不知的融资知识[M].北京:机械工业出版社,2010.

63. 刘曼红,Pascal Levensohn.风险投资学[M].北京:对外经济贸易大学出版社,2011.

64. 李家华.创业基础[M].第2版.北京:清华大学出版社,2015.

65. [美]勒纳·利蒙·哈迪蒙.风险投资、私募股权与创业融资[M].北京:清华大学出版社,2015.

66. 戈利斯.企业与风险投资[M].天津:天津大学出版社,2004.

67. 王韬,陈平路.税收理论与实务[M].北京:科学出版社,2013.

68. 桂曙光.创业之初你不可不知的融资知识[M].北京:机械工业出版社,2016.

69. 保罗·A.冈波斯,乔希·勒纳.风险投资周期[M].北京:经济科学出版社,2002.

70. 乔希·勒纳,费尔达·哈迪蒙.风险投资和私人权益资本案例[M].北京:经济科学出版社,2002.

71. 布莱恩·E.希尔.风险投资揭迷[M].上海:上海交通大学出版社,2003.

72. 唐伟,车红.种下股权的苹果树——56大股权场景实操[M].北京:机械工业出版社,2016.

73. 蔡聪.创业公司的动态股权分配机制[M].北京:机械工业出版社,2017.

74. [美]迈克·莫耶.切蛋糕:创业公司动态股权分配全案[M].王闻,李筱莹,常逸昆,译.北京:民主与建设出版社,2016.

75. 马永斌.公司治理之道[M].北京:清华大学出版社,2013.

76. 江苏省知识产权局.企业知识产权管理实务[M].北京:知识产权出版社,2016.

77. 冯晓青.企业知识产权战略[M].第四版.北京:知识产权出版社,2015.

78. 张晓煜.企业知识产权管理操作实务与图解[M].北京:法律出版社,2015.

79. 刘如翔.企业知识产权法律风险提示[M].北京:法律出版社,2014.

80. 叶虹.大学生创业法律实务[M].第二版.北京:清华大学出版社,2015.

81. 徐永前.企业法律风险管理操作风险[M].北京:法律出版社,2013.